高校青年教师成长基础丛书
李波　主编

高等教育政策与法规

薄存旭　主　编
刘福才　副主编

山东大学出版社
·济南·

图书在版编目(CIP)数据

高等教育政策与法规 / 薄存旭主编.—济南：山东大学出版社，2021.3

(高校青年教师成长基础丛书 / 李波主编)

ISBN 978-7-5607-6812-0

Ⅰ. ①高…　Ⅱ. ①薄…　Ⅲ. ①高等教育－教育政策－中国－教师培训－教材②高等教育法－中国－教师培训－教材　Ⅳ. ①G649.20②D922.16

中国版本图书馆 CIP 数据核字(2021)第 022944 号

策划编辑　滕希功
责任编辑　滕希功
封面设计　济南泽坤广告

出版发行　山东大学出版社
社　　址　山东省济南市山大南路 20 号
邮政编码　250100
发行热线　(0531)88363008
经　　销　新华书店
印　　刷　泰安金彩印务有限公司
规　　格　720 毫米×1000 毫米　1/16
　　　　　17.25 印张　318 千字
版　　次　2021 年 3 月第 1 版
印　　次　2021 年 3 月第 1 次印刷
定　　价　58.00 元

《高等教育政策与法规》编委会

主　编　薄存旭
副主编　刘福才
编　委　（以章节为序）
郑立群　朱忠琴　孙丽芝　吴仁英
梁东荣　张世爱　李子彦　谢艳娟
陈国华　刘福才　薄存旭

前　言

我国高校新入职青年教师往往经历了从受高校教育到在高校工作的过程，优点是专业学识比较扎实，专业能力比较强；而高校教师需要承担三项基本职能，即教学、科研和社会服务，其中科研是关键支撑，否则教学和社会服务就失去了存在的坚实基础。新入职青年教师的科研训练大多是在导师引导之下开展的，选题方向、研究内容、思维方式、研究方法、成果运用去向大多以学术思维训练为主，他们对国家和社会发展需要、学术领域前沿领域以及科研对教学的支撑方式并不太熟悉。实际上教学、科研和社会服务工作不能仅仅局限在琐碎性、分散性的点上，还需要高站位，即站在国家及区域高等教育政策与法规改革的位置上俯视，只有站在改革的前沿，才能看清楚具体的课堂教学、科研项目和社会服务工作。为此，山东省高师培训中心组织了相应培训，并为新入职青年教师编写了相应教材。

本教材的主题是高等教育政策与法规，旨在为高等教育新入职青年教师了解国家和区域教育改革在该领域中的主要相关动向作出解释和解读，使他们在人才培养、科学研究和社会服务活动中辨清方向，为更好完成本职工作提供必要的支撑。为此，本教材坚持“学术性与科普性相结合、理论性与实践性相结合、基础性与探索性相结合”的原则，既介绍了本领域中的相关理论和法规要求，也提出了未来改革需要开拓的领域和要点，希冀为高校新入职青年教师做好必要的引导和帮助。

本教材是集体智慧的结晶，共十一章，具体分工如下：第一章，郑立群副研究员（山东省教育科学研究院）；第二章，朱忠琴副教授（山东师范大学）；第三章，孙丽芝副教授（曲阜师范大学）；第四章，吴仁英副教授（临沂大学）；第五章，梁东荣教授（山东第一医科大学）；第六章，张世爱副教授（临沂大学）；第七章，李子彦副教授（泰山学院）；第八章，谢艳娟副研究员（青岛市教育科学研究院）；第九章，陈国华副教授（聊城大学）；第十章，刘福才副教授（济南大学）；前言和

第十一章，薄存旭教授（临沂大学）。全书由薄存旭教授统筹和通稿，刘福才副教授做了大量协助性工作。

本教材出版得到了山东师范大学高师培训中心主任邹文教授、临沂大学高等教育研究院院长李波教授的大力关注和指导，在此一并表示衷心感谢。

本教材在编写过程中，受编者学识和能力限制，在提纲构架、内容筛选、观点择取、体例编写等方面可能还存在一些不足，期待同仁大力斧正。

薄存旭

2020 年 8 月 12 日于泉城济南

目　录

第一章　高等教育政策概论

章节提要

高等教育政策属于公共政策领域，既具有公共政策的基本属性，又具有教育和高等教育政策的独特属性。中华人民共和国成立70多年来，我国高等教育政策改革先后经历了三个关键阶段，高等教育发展水平也实现了质的飞跃。高等教育政策的基本功能包括导向功能、协调功能、管制功能，效能、公平、质量、合法是其基本价值追求。新中国建立之后，高等教育价值也经历了从一元价值追求到多元价值追求的转变，高等教育政策合法化是中国教育政策改革的重要趋向。

第一节　高等教育政策的属性与中国当代发展历程

高等教育政策是权威性公共政府机构在一定时期内为实现特定目标所制定的关于高等教育事务的公共政策，它是指导高等教育的一种行动准则，因高等教育问题而产生，又为解决高等教育问题而制定。所以，高等教育政策研究必须以关注高等教育问题为前提和最终目的，主要解决高等教育是“为什么”和要“怎么办”的问题。研究高等教育政策，一般先从“高等教育政策”的概念内涵入手，遵循研究的“概念—事实—逻辑”的基本思路。

一、高等教育政策的属性

高等教育政策属于公共政策领域，具有公共政策的基本属性；高等教育政策又属于教育政策的组成部分，具有教育政策的独特属性；高等教育政策还不同于基础教育和其他序列教育，具有高等性的本质特征。那么，在研究高等教育政策的内涵时，可从公共政策的基本属性、教育政策的独特属性和高等教育的本质属性来深化理解。

（一）公共政策的基本属性

公共政策学创始人拉斯韦尔（H.Lasswell）认为，政策是包含目标、价值以及策略的大型计划，将政策与计划等同。[①] 我国学者多强调公共政策制定主体的特定性与权威性，将其视作对人们行为产生影响与制约的系列规则、策略以及计划。公共政策就其本质而言是一种对人们行为产生引导与约束作用的价值准则与规范，具备以下基本属性：

1.正式性与强约束性

公共政策不同于日常生活中的传统、习俗、价值观念以及意识形态，这种价值准则与规范由正式组织机构制定并颁布，对群体或组织内部成员具有约束力，能产生较稳定影响，具有一定强制性。

2.广泛的社会适用性

公共政策的社会适用性与制定主体密切相关。如中央机构制定的政策全国范围适用，地方机构制定的政策在本辖区范围适用；税收政策适用于各项税收，高等教育政策适用于高等教育领域。

（二）教育政策的独特属性

教育政策有广义和狭义两种理解。狭义的教育政策，在我国是"由党中央和中央政府所授权的部门或地方政府制定的，不经过立法程序，对教育机构、个人教育行为都具有指导性，它体现着一种意向，回旋余地较大，在具体贯彻中常常可以因人、因事、因条件而异，就是说，教育政策具有较多的灵活性和弹性"[②]，在此将立法部门的教育法排除在教育政策之外。广义的教育政策，不仅包括各级政府和教育行政部门制定的规章、制度、条例，也包括由立法部门制定的具有法律约束力的教育法律法规。教育政策作为特定领域的公共政策，其独特属性主要与教育领域的特殊性相关，可概括为以下五点：

---

① 参见陈振明：《政策科学——公共政策分析导论》，北京：中国人民大学出版社 2003 年版，第 48 页。

② 顾明远：《中国教育大系：现代教育理论丛编》，武汉：湖北教育出版社 1994 年版，第 1337 页。

1.教育性

教育政策的逻辑起点是教育问题,而非其他社会公共问题。教育政策是对教育场域问题的调解和利益的分配,它以维护教育活动的正常秩序、保障教育事业的发展为直接目的,以促进教育对象个性化的全面发展为根本宗旨。同时,教育政策活动的过程也是公民参与教育事务、了解教育知识、增进公共意识的机会,其过程本身就具有教育意义。

2.公益性

公益性是教育政策的基本性质,公益价值是教育政策的应然追求。教育政策的公益性在于其本身具有公共属性,它具有的强制调节力来源于政府在公共教育中的权责。教育政策实施过程需要公民的民主参与,需要维护公共教育利益分配、协调教育利益和相关利益群体关系。

3.政治性

教育政策的政治性在于,教育政策由政府主导制定和执行,并以国家公权力为依托发挥教育调节作用。政府公权力对教育政策的积极参与和在教育政策中的重要地位,决定了教育政策具有政治性。教育政策,除了服务教育发展之外,还能够在一定程度上作为政治活动的工具,如传递政治价值观、协调教育与其他社会活动领域的关系等,从而维护政治统治,实现一定政治目的。

4.文化性

教育政策的特殊性是其具有文化特性。从深层次的内在文化视角切入研究,可提高教育政策的文化敏感性。寻求教育政策所要解决教育问题的新突破,是当前和未来教育政策研究的一个重要问题和方向。开展教育政策研究,要特别注意教育政策研究的文化转向,培养与塑造教育政策研究的“草根情结”。进一步说,就是不仅要把教育政策看成是政治产物,还要意识到它作为文化的一部分而存在。同时,教育政策自身的特点、政策与文化的关系等,都为教育政策研究提供了立场转变的必要性和可能性。如,世界范围内的教育公平和教育质量问题,表面看是经济不均衡发展问题,但其深层次是对不同群体的文化漠视、歧视和压迫问题。认识到这一点,对于相关教育政策的制定、运行及功能的有效实现有重要的意义。

5.历史性

教育政策是历史性的产物。它与特定时期、特定社会条件息息相关,是社会历史观念的反映。教育政策的变迁反映了教育实践和社会实践的历史进程,历史性是教育政策时空存在意义的直接体现。教育政策的历史性,首先体现在教育政策是对过去教育实践和政策实践的延续,即虽然教育政策要面向当下教育问题,但也要以过去的教育实践和政策实践为基础。其次,教育政策对未来的教育实践和社会实践起预见和引导作用。教育政策活动往往是对未来教育发展和社会进步的期待与向往，对未来教育可能产生影响和作用。最后，教育政策源于教育传统，基于教育现实，面向未来教育，是在不断适应教育情境和社会情境的变化中进行自我调整和完善的动态活动过程。

（三）高等教育的本质属性

根据《中华人民共和国教育法》，可将我国当前的教育阶段划分为学前教育、初等教育、中等教育、高等教育四个阶段。认识高等教育的本质，就需要把高等教育与其他类型和层次的教育区别开来。因此，高等教育不仅具有教育的基本属性，还具有自身独特属性，即它培养具有高级专门知识和才能的人，从而满足社会对高层次专门人才的需要。高等教育之所以称之为高等教育，在于它进行的是一种专业教育，使学习者具有某种专业方面的能力和素质，这是对高等教育中的"高等"所作的一种特殊界定。

由于高等教育是建立在中等教育基础上的各种专业教育，它担负着培养专门人才、开展科学研究、从事社会服务等多重任务。

因此，高等教育政策在内涵上不仅具有普通教育政策的所有属性，还应具有"高等"的专业教育属性，应与其他教育阶段的教育属性区分开来。

二、我国高等教育政策的当代演变

中华人民共和国成立 70 多年来，我国教育事业发展都是以某些重要政策文件为先导与基本方针予以推进的，以我国高等教育政策阶段性、标志性的政策文件为主线，华东师范大学学者吴遵民将高等教育政策的变革大致划分为三个阶段。

（一）新中国成立到十一届三中全会之前

20 世纪 50 年代初，全国有高等学校 205 所、私立大学 82 所。而私立大学又分为中国人自己创办的大学和外国传教士创办的教会大学。初期，中央政府对私立大学采取"积极支持，逐步改造，重点补助"的方针，对于办学成绩优良而有困难的私立高等学校，政府给予必要扶持和经济补助。但由于当时的政治环境和国家建设的需要，从 1949 年底到 1951 年底，国家先在京、津、沪等地对北京大学、清华大学、复旦大学等高校进行小范围的局部调整。教育部于 1950 年 8 月颁布了《私立高等学校管理暂行办法》，通过改组董事会，规定私立高等学校的办学方针、任务、学制、课程教学、管理等政策，加强对私立大学的改造力度。1951 年 11 月，教育部召开全国工学院院长会议，会议决定以华北、华东、中南三个地区的工学院为重点进行院系调整，并拟定了有关学校的调整方案。1952 年开始进行全国范围内的院系调整。

1952年，以华北、东北、华东为重点，根据“以培养工业建设人才和师资为重点，发展专门学院，整顿加强综合大学”的方针，对高校按大学、专门学院和专科学校三种类型进行调整，重点发展专门学院，整顿加强综合大学，并把私立学校并入公立学校或改为公办，私立大学在中国大陆逐渐消失。至1953年，以中南区为重点，对华北、东北、华东地区进行专业调整，西北、西南进行局部的院系和专业调整。这是对1952年院系调整的补充和延续，原则上改组旧的庞杂的大学，加强和增设工业高等学校并适当增加师范学校，对政法、财经等院系采取适当集中、大力整顿及加强培养与改造师资的办法，为今后发展准备条件。1955～1957年，进行高校布局调整，重新调整高校院系、专业设置和分布，将沿海地区的一些高校同类专业迁入内地。这样，既提高了内地大学的办学能力，又改变了当时高等学校过于集中在少数大城市的状况。到1957年底，高等院校的院系调整基本结束。此时，全国有229所高校、323种专业，其中工科专业183个。

这次大规模的院系调整，尽管存在诸多问题，但仍具有重要的高等教育改革意义，不仅奠定了我国社会主义高教事业的基础，而且改变了旧中国不能培养学科配套工程技术人员的落后状况，从而保证了为建立国家独立的工业体系和经济发展对专门人才的需求。缺陷也比较明显，一是削弱了一些社会科学和人文学科的基础，二是抹消了一些大学特有的传统学科的特色。

(二)十一届三中全会到20世纪90年代中期

1978年以后到20世纪90年代中期，中国高等教育发展主要通过改革体制、改变办学方式来实现。20世纪80年代初期，我国确立“以经济建设为中心”的基本路线，为满足国家发展需要大量素质人才的需要，高等教育迫切需要冲破既有高效管理机制和模式的束缚，扩大办学自主权。1985年国家颁布《中共中央关于教育体制改革的决定》，明确提出：“在教育事业管理权限的划分上，政府有关部门对学校主要是对高等学校统得过死，使学校缺乏应有的活力；而政府应该加以管理的事情，又没有很好地管起来。”中央认为，要改变这种状况，必须从改革高等教育体制入手，有系统地进行改革。

1.改革高等教育办学体制

高等教育办学体制的改革主要表现在三个方面：一是中心城市举办的“市高校”兴起，突破了以往“只有中央和省两级政府办学”的体制。至1991年，我国中心城市举办的市属高校已达到了全国高校总数的30%左右。二是民办高等教育的兴起，进一步突破了单一办学体制。至1991年，经省级人民政府批准的民办高等学校达到400多所。三是“一校两制”“一校多制”的发展，开辟了我国高教办学体制改革的新局面。“一校两制”有两种实践：一种是指隶属关系单一变成多样，实际是“多方投资，共同管理”；另一种是在一所大学中，既有公办部分，又有民办部分。

2.改革高等教育管理体制

改革高等教育管理体制主要是转变政府职能，加大地方投入，扩大高校的办学自主权。《中共中央关于教育体制改革的决定》指出：“当前高等教育体制改革的关键，就是改变政府对高等学校统得过多的管理体制。”“政府要转变职能，由对学校的直接行政管理，转变为运用立法、拨款、规划、信息服务、政策指导和必要的行政手段，进行宏观管理。”在政府与学校关系上，要按照政事分开的原则，通过立法，明确高等学校的权利和义务，使高等学校真正成为面向社会自主办学的法人实体，在学生专业调整、机构设置、干部任免、经费使用、职称评定等方面，进一步扩大高等学校的办学自主权。

3.改革大学招生的计划制度和毕业生分配制度

改革大学招生的计划制度和毕业生分配制度，主要改变高等学校全部按用人单位委托招生和国家包分配的办法。1986 年，国家教委、财政部、劳动人事部等有关部门联合制定《高等学校毕业生分配制度改革方案》，提出我国高校毕业生就业制度改革的长远目标是：在国家就业方针政策指导下，逐步实行毕业生自主择业、用人单位择优录用的制度。该方案曾率先在清华大学、上海交通大学等试行并总结了经验。1989 年，国务院批转了《国家教委关于改革高等学校毕业分配制度的报告》和《高等学校毕业分配制度改革方案》。同年，又有 100 多所高校按两个文件精神，逐步实施“一定范围内的双向选择”的就业办法。据统计，到 1991 年，我国自费生已达到 11.34 万人，占在校大学生的 5.2%；委培生达 20.7 万人，占在校大学生的 9.48%。国家对面向边远地区和工作环境艰苦的行业实行定向招生，国家计划外的少数自费生毕业后可以由学校推荐就业，也可以自谋职业。

4.改革高校收费制度

1993 年，《中国教育改革和发展纲要》规定：“改革学生上大学由国家包下来的做法，逐步实行收费制度，高等教育是非义务教育，学生上大学原则上均应缴费。”对于家庭经济困难的学生，国家设立贷学金给予帮助；对于品学兼优的学生和报考国家重点保证的、特殊的、条件艰苦的专业的学生，国家、企事业单位、社会团体和学校均可设立奖学金给予奖励。经过一系列改革，逐渐建立起了中央和省两级管理、以省为主的管理体制，增强了省级政府统筹管理教育的权力和责任，保证了我国高等教育更好地适应和促进区域经济社会的发展，并且通过丰富的办学形式，改革高等教育投入方式等举措调动了地方政府、社会力量和家庭等多种资源，为以后的高等学校扩招、高校在校生短期内增加两倍的规模提供了体制和资源的支持。

诚然，大学扩招和改革高校收费制度的政策有利于改变国家包办教育，能满足更多普通民众子弟接受高等教育的愿望，同时对高等教育从精英化走向民众化具有极大的推动作用。但任何事情都有一个“度”，如果忽视教育发展规律与质量，盲目高速发展，只能是物极必反。

（三）20 世纪 90 年代末至 21 世纪

1995 年，国家提出实施“科教兴国战略”，之后又提出“人才强国战略”，这些方针政策都对我国教育事业的发展提出了更高的要求，促进了高等教育改革的深入展开。特别是 1999 年发布的《中共中央国务院关于深化教育改革全面推进素质教育的决定》，为这一时期高等教育的改革和发展指出了前进方向。

这一时期是我国高等教育面临的前所未有的发展时期。自 1998 年，随着高校扩招，高等教育规模迅速扩大。1999 年，《中共中央国务院关于深化教育改革全面推进素质教育的决定》规定，要继续“进一步扩大高等学校招生、专业设置等自主权，高等学校可以到外地合作办学”，“深化学校内部管理体制改革，扩大招生规模”。这一年，高等学校普通本专科招生 159.68 万人，比上年增长51.32万人，增长 47.4%。高等教育毛入学率达到 10.5%，比上年度提高 0.7 个百分比。后来，高等院校连年大幅扩招，至 2005 年，全国各种形式的高等教育在校生总规模超过 2300 万人，高等教育毛入学率达到 21%，比 2004 年提高 2 个百分比。

高等院校大规模扩招的同时，我国的高等教育实现了由精英教育到大众教育的转型，使更多人可以接受高等教育。但是，随着高校规模迅速扩张，高等教育的质量却逐渐下滑，自 2005 年起，高等教育开始将工作重心由前一阶段的重视规模发展，转向在规模持续发展的同时更加注重提高质量。教育部提出，要把提高高等教育质量摆到突出的战略位置，要把握好发展节奏，控制好招生规模，并准备花大力气实施“高等学校教学质量和教学改革工程”。那么，要提高高等教育质量，就必须调整高等教育结构，使高等教育从单一结构向多元结构转化，并根据社会需要培养高质量人才，这是重要的政策举措之一。

在高等院校实行改革的过程中，国家继续扩大高等院校的办学自主权，建立了自主招生制度。自 2003 年始，高等院校进行自主招生改革。2003 年，教育部批准了 22 所高等院校可以对一部分特长生有 5% 的自主招生权力。2004 年，教育部又批准了 6 所学校拥有自主招生的权力；2005 年，再新增14 所。至此，我国自主招生的高校已达 42 所。

此外，我国高等教育的发展在这一时期还重视教育的国际化趋势。改革开放以来，高等教育与外国高等教育的联系逐渐加强，合作办学亦获得很大发展。

20世纪70年代以来，政府先后制定并出台了一系列在全国具有重要指导意义的相关政策、规定和措施，并启动了若干资助项目，鼓励优秀留学生为国家发展服务。在此期间，国家设立了“教育部留学服务中心”“留学回国人员科研启动基金”等，同时还实施了“春晖计划”，设立了“长江学者奖励计划”，吸引和支持在外留学人员回国工作或以多种方式参与中国的教育、科技与经济建设。从1978年到2003年底，中国共有70多万人通过国家公派、单位公派和自费留学等渠道，前往108个国家和地区学习与研究。1985年来，已有近18万中国留学人员学成后回国工作。他们把在外国学到的新思想、新理论、新方法应用到自己的工作岗位上，对国家的发展作出了突出的贡献。据2003年11月中国教育部一项调查统计显示，有84.29％的中国科学院院士、75.14％的中国工程院院士、教育部直属的72所大学中的62.31％的博士生导师、77.61％的正职校长、47.77％的院系所级负责人为留学回国人员。与此同时，国内400多所高校还接收来华留学生。这些政策和措施在很大程度上促进了我国高等教育的国际化发展，推动了国际交流，从而使我国的高等教育与国际高等教育的发展有了紧密的接触。在国家“十一五”规划期间，教育部还确定了从2004～2010年的高等教育发展规划，即到2010年要使高等教育的毛入学率达到23％～25％，使高等教育招生规模年均增长10％左右。

2011年，“高等学校创新能力提升计划”（简称“2011计划”）出台，国家逐渐淡化“211工程”“985工程”。根据“2011计划”重大需求，我国高等教育以不同的学科领域和机构为主导，开始协同创新，更加强调高校体制机制改革而非财政拨款，力图为有实力、有创新精神的高校和机构提供更多自主空间，但实际上缺乏资金支持的协同创新中心并没有迸发出期待中的生机与活力。

2014年，全国取消重点学科审批；2015年，停止对“2011计划协同创新中心”的认定；2016年6月，教育部宣布一批涉及“211工程”“985工程”以及“优势学科创新平台”“特色重点学科项目”的文件失效，“211工程”和“985工程”建设由此退出历史舞台。

2015年10月，国务院印发《统筹推进世界一流大学和一流学科建设总体方案》，在肯定以往重点建设政策成效的基础上，指出其身份固化、竞争缺失、重复交叉等问题。为此，国家决定统筹推进“世界一流大学和一流学科”建设（简称“双一流建设”），以“双一流”建设作为现阶段高等教育建设的重点。“双一流”建设旨在推动一批高水平大学和学科进入世界一流行列或前列，首次从国家高度明确提出中国高等教育走向世界的要求，推动中国高校在国际高等教育评估体系中稳步前进，增强中国高校在世界高等教育体系中的竞争力。在向世界高等教育强国进军的过程中，“双一流”建设以学科建设为“点”，以大学建设为

"面",采取"点""面"结合、协同推进的方式统筹学科与大学建设,有针对性地推动已经拥有世界一流学科的高校向"世界一流大学"的目标迈进,推动已经享有一定国际声誉的高校在国际竞争中再上一个台阶:在国家"双一流"建设政策的号召之下,各省市的"双一流"建设方案也陆续出台,"世界一流大学和一流学科"建设成为当今高等教育建设政策的主旋律。[①]

我国高等教育的上述发展,都应归功于国家一系列高等教育政策的出台。从高等教育政策的发展来看,高等教育政策在整个国家教育政策领域中具有相对独立的地位。

第二节 高等教育政策功能

社会是一个整合的系统,为保持这一系统的均衡和持续存在,它就必须履行某些功能。教育的功能就是将社会的价值准则和标准内化于社会成员,服务于社会系统及其内部结构的稳定与均衡。高等教育政策的功能,即通常所说的高等教育政策的作用,指高等教育政策在运动过程中为实现一定的教育目的所发挥的效力或所起的作用。关于教育政策的功能,学术界普遍达成共识的是孙绵涛"导向、调节、管理"和张新平"导向、调节、控制"三种功能的提法。本书据此将高等教育政策的基本功能简要概括为导向功能、协调功能、管制功能。

一、导向功能

政策的导向功能是指政策引导人们的行为或事物的发展朝着政策制定者确立的方向发展。它包含两项重要的内容,高等教育政策的导向功能通常从此两方面体现。

(一)规定高等教育事业发展目标

高等教育政策是引导高等教育事业发展和高等院校办学方向的行动指南。政府部门为解决某个教育政策问题或实现某个教育政策理想,通过高等教育政策对高等教育事业发展方向和学校办学行为进行直接或间接的引导,告知和鼓励高等教育往特定方向努力。所以,高等教育政策目的与目标越明确,就越有利于高等教育政策导向功能的发挥。如《国家中长期教育改革和发展规划纲要(2010—2020年)》中关于高等教育提出"全面提高高等教育质量""提高人才培

---

① 参见张伟、张茂聪:《我国高校一流大学建设的校际经验——基于6所高校一流大学建设方案的文本分析》,《中国高教研究》2018年第5期。

养质量”“提升科学研究水平”“增强社会服务能力”“优化结构，办出特色”等，这就是一种对高等教育发展规划的引导，为我国高等教育事业的发展提出了愿景和规划蓝图，成为这十年高等教育努力的目标和方向。

(二)统一高等教育事业发展的行动措施

教育政策导向功能之所以能够产生与存在的一个重要原因是教育政策能有效统一人们的意志，使人们按照政策规定的原则与要求行动，从而最大程度地保障教育目标的顺利实现。那么，这就需要制定一系列促进高等教育事业发展的行动措施，保障高等教育政策的顺利实施。如2004年3月，国务院正式批转了教育部《2003—2007年教育振兴行动计划》，其中，有关高等教育的政策部分，确定了加强高水平大学和重点学科建设、促进高等学校质量提升和教学改革、深化教育投入制度改革等措施。进一步调整、优化办学和布局结构，促进高等教育持续、健康、协调发展。一是要在以往5年规模快速增长的基础上，把握好发展节奏，促进普通高等教育、成人高等教育、教育培训、现代远程教育、自学考试等各类高等教育持续、协调发展。普通高等教育应该进入一个增幅适当放缓的阶段。二是努力实现规模、质量、结构、效益的相互协调。特别是要推动各类高校合理分工定位，形成各具特色的人才培养、科技贡献和社会服务方式。

总之，教育行政部门是政策的主要制定者，不管政策本身是否符合高等教育发展的客观规律，它总能引起高等教育发生某些变革。从作用方式上看，高等教育政策的导向功能有直接导向功能和间接导向功能之分。前者是指教育政策对其调整对象的直接作用。譬如，改革开放以来我国高等教育重大政策的直接导向，在高校合并、扩招以及重点高校建设甚至课程建设方面发挥了重要作用。一般来说，高等教育政策制定者在考虑有关教育政策时，比较重视其直接导向作用，而容易忽视间接导向功能。有时虽然也能对间接导向功能作出一些预见，但更多的情况是始料不及的。由此可见，在制定和实施教育政策时，要看到教育政策的直接导向功能的重要性，同时也不可轻视教育政策的间接导向功能，因为间接导向功能有时产生的效果也是非常大的。

二、协调功能

从系统论意义角度看，教育政策本身是一个系统，系统之间以及系统内部各要素之间不断地产生各种各样的碰撞与冲突，就需要对其加以协调与控制。所有教育政策都具有协调功能，高等教育政策亦不例外。高等教育政策的协调功能，指在国家发展进程中，既起到协调和平衡教育系统内部各个子系统之间关系的作用，也起到协调和平衡教育系统与其他社会子系统之间的关系的作用。

(一)协调教育政策系统内关系

高等教育事业是一个庞大的系统工程,高等教育政策则保障了教育的权利。作为利益的“显示器”和“调节器”,组成这个系统的各个子系统之间需要协调。比如,培养创造性人才是我国教育政策的基本目标,高等教育政策和基础教育政策在促进创新人才培养的目标设定上需要相互衔接、逐步递进、系统规划。但实际上,中小学校长、大学校长、教育局局长等对创造性人才培养的相关问题有一些不同的理解,甚至存在相互偏离的现象,这与相关教育政策缺乏正确的引导和要求是有关系的。

经验表明,教育政策的协调功能是以一个全面、配套的教育政策体系为条件的。各种教育政策只有纵向一致、横向协调且相互配合、相互补充,而不是相互矛盾和抵触,才有可能发挥其协调功能。

(二)协调教育政策系统与其他系统之间的关系

教育政策的属性是多功能性,这决定了高等教育政策的协调性。不同领域的教育政策以及教育政策与其他社会子系统之间都需要协调。教育事业的发展不只是教育系统内部的事情,而是需要社会各方面共同努力。这就涉及教育政策与其他领域政策的协调和配套问题,而且很多时候是教育政策如何获得其他部门和领域相关政策支持的问题。事实上,在我国教育政策实践中,各部门之间、不同领域政策之间相互冲突的现象并不少见,致使某一制定得比较好的政策因为缺乏配套政策支持而难于有效落实。

所以,高等教育政策在协调教育发展过程中的各种不平衡关系时,应掌握利益需求的最佳满足界限,妥善处理各种矛盾和利益关系;违背了适度原则,就会物极必反,产生新的不平衡。因此,在分析高等教育政策协调功能时要把握教育政策协调功能的三个基本特点:一是多维性。教育政策所要协调的对象,不是单一的,而是多方面的。协调某一事物,正是为了使该事物与其他事物取得相对平衡。二是动态性。协调的过程,是在发展中由失衡、不协调状态向平衡、协调、稳定发展转化的过程。三是适度性。适度本身也是一种协调的显现。

三、管制功能

教育政策管制功能,又可称之为“控制功能”,指其对人们的行为或教育事业发展的方向所产生的规制与保障作用。教育政策控制具有静态控制和动态控制两种形式,本书以此来具体分析高等教育政策的管制功能。

(一)静态控制

静态形式的教育政策控制是由教育政策本身的合理性与强制性产生的。教育政策的管制功能实际上是由教育政策本身的规范性决定的。制定控制标准是发挥教育政策控制功能的前提和基础，所以高等教育政策管制功能的发挥必须标准明确、合理。没有一套明确、合理的政策控制标准，就无法检查、计量和鉴定政策执行的效果及偏差，自然也就无法采取正确有效的纠偏措施。

（二）动态控制

动态形式的教育政策控制是在教育政策执行过程中产生的，政策控制的手段必须严密、封闭。管理科学认为，一个系统内的管理手段只有形成严密、封闭的回路，才能发挥有效的管理功能。教育政策控制功能的发挥也离不开一个严密、封闭的政策控制手段体系的支持。为此，必须建立、健全教育政策控制的各个机构，并且明确各种控制制度、法规和措施的时间。高等教育政策在付诸实施的过程中，随着外界情况的变化、所要解决问题性质的变化以及新情况和新问题的不断涌现，都要求教育政策必须不失时机地作出调整和更新，加强教育政策的控制功能。

总之，在实施高等教育活动中，高等教育政策的控制功能非常重要，高等教育政策的贯彻执行离不开及时有效的控制。理论和实践都表明，任何教育政策的贯彻执行往往不是一帆风顺的。任何教育政策制定者及政策对象的错误思想和行为，会在相当大的程度上影响和妨碍政策的贯彻落实。

第三节　高等教育政策价值取向

教育政策是价值选择的结果，教育政策研究必须重视价值问题。[①] 高等教育价值观可以说关系着社会的进退与国家的兴衰，影响着高等教育目的的确定、高校人才培养目标的确立、高等教育功能的选择及高等教育活动的评价。高等教育政策研究中，价值是一个不可回避的重要领域，涉及高等教育的选择性问题，不仅体现着人们对高等教育需要的某种满足，还体现了人们对高等教育的主动追求。因此，研究我国高等教育政策价值取向，必须从教育政策价值追求和高等教育价值取向分析解读。

一、教育政策的价值追求

教育政策作为人的活动，追求一定的价值目标是其重要特性。探究教育政策的价值追求，对于我们认识教育政策本质、分析教育政策价值取向具有重要

---

① 参见劳凯声、刘复兴：《论教育政策的价值基础》，《北京师范大学学报（人文社会科学版）》2000年第5期。

意义。[①]

（一）教育政策价值分析

1.教育政策价值

教育政策应以正确的价值观来引导教育事业发展。作为一种指导教育事业发展的公共资源，教育政策秉持的价值观念和价值标准对教育政策的实施效果会产生重要影响。教育政策活动主体的价值观念将以蔓延性的状态参与到教育政策活动的全部过程之中，可以说，不存在没有价值追求的教育政策。

教育政策实质上是一种价值选择，价值选择又反过来影响教育政策实践。教育政策的制定和执行都是具有一定价值观念的主体活动，这些主体在制定和执行教育政策时，要面对各种教育发展要素之间的关系、面对各种利益相关者的利益追求，并根据所要处理的各种事物之间的价值差序作出一定的政策选择。教育政策的活动主体作出选择的依据就是其价值观念和价值标准，即在他们的观念中，何种价值是处于优先地位的。反之，价值选择作为分析问题的背景，影响着教育政策的制定、执行、评估的运行全过程。正如美国学者福勒（F. C. Fowler）所指出的：观念、信念和价值铸就人们界定教育政策问题的方式，也制约着人们解决教育问题的途径和能力。因此，如果忽视教育政策背后的价值体系，就无法深刻理解政策。所以，教育行政管理人员在思考教育政策时，应该先问自己：什么价值使得人们提出一种政策主张？在这一政策主张中是否蕴涵价值冲突？这一政策主张背后的社会、政治和经济对该主张有何假设？[②]

2.教育政策的价值分析

教育政策的价值分析有助于深刻理解教育政策。教育政策是不同价值观念博弈的产物，考察教育政策背后的价值观念，有助于我们理解教育政策的实质；分析教育政策的价值追求，也为教育政策评估提供标准。教育政策评估的价值标准是建立在道德、伦理、观念、文化等社会和政治价值观基础上的，旨在确定一项公共政策的价值影响。[③] 价值观念作为一种引导性的力量，为界定教育政策的目标指明方向，也为考察教育政策目标是否实现提供尺度。在此基础上，倡导符合现代教育发展理念的价值观念，并且以具有正当价值追求的教育政策引领现代教育发展、指导教育政策诸项活动，是教育政策研究的重要任务。

---

① 参见褚宏启：《教育政策学》，北京：北京师范大学出版社 2011 年版，第 69～73 页。

② 参见[美]弗朗西斯・C.福勒：《教育政策学导论》，许庆豫译，南京：江苏教育出版社 2007 年版，第 98 页。

③ 参见谢明：《公共政策导论》，北京：中国人民大学出版社 2002 年版，第 239 页。

（二）教育政策价值追求内容

1.教育政策追求效能价值

所谓效能，追求的是事物的合目的性。教育是一种目的指导下的实践活动。在不同的社会、时期、政治体制下，人们对教育目的的理解不同，但是无论何种背景，教育政策作为教育活动的规范体系，都体现着特定时代对教育目的的表达，也是教育活动实现教育目的的保障。追求效能价值即追求教育政策在最大程度上为教育目的的实现服务。

2.教育政策追求效率价值

教育政策效率指政策的投入与产出之比。究其实质，教育政策的目的是对公共教育资源的分配。与其他社会资源的利用一样，教育资源的分配也追求资源配置的效率。如何利用有限的教育资源对教育事业的发展发挥最大的作用，是其追求的价值所在。

3.教育政策追求公平价值

教育政策作为公共教育资源的配置，其过程和结果都要追求公平。当前，我国社会各领域还存在较为严重的不公平现象，其中，个体接受教育机会和结果的不公平是影响最为深远的不公平。我国党和政府的宏观政策强调建设公平正义的社会，教育是实现社会公平正义的重要机制，理应在公共教育资源分配时追求公平价值，实现公共教育资源在区域之间、城乡之间、民族之间、个体之间的公平配置，缩小教育发展的差距，进而缩小社会发展的差距。

二、高等教育价值取向

（一）高等教育价值取向内涵

目前，关于我国高等教育价值取向内涵的界定莫衷一是，比较具有代表性的观点有三：一是认为高等教育价值观指高等教育的价值在人们观念上的反映，是对高等教育价值功用的系统认识和基本看法；二是认为高等教育价值取向是高等教育主体对高等教育的价值判断和在价值判断基础上根据自身需求来进行教育选择时所表现出来的一种价值倾向性[①]；三是认为高等教育价值取向是人们对“高等教育是什么”“高等教育应该怎么办”“高等教育应发挥什么作用”等有关高等教育基本问题的价值判断。在综述诸位学者观点的基础上，本书将教育价值表述为：教育价值是教育这一活动满足教育主体需要的程度。

由于价值取向是价值主体依据自身的需要对价值客体所作出的价值判断与价值选择，因此，可认为高等教育价值取向是高等教育主体在面对或处理高

① 参见瞿葆奎：《教育基本理论之研究》，福州：福建教育出版社 1998 年版，第 410～412 页。

等教育领域中的各种问题、矛盾、冲突和关系时所持的价值立场、价值态度及其表现出来的价值倾向。不同高等教育主体存在着各自有别的需要，不同高等教育主体在某一特定时期对于特定的高等教育会有不同的价值取向。

（二）高等教育价值取向变迁

中华人民共和国成立后的70多年里，我国社会经历了几个转折期，相应地，高等教育政策的制定也呈现出不同价值取向。

1.一元价值取向阶段

1949～1989年，从高等教育政策演变的角度看，一元价值取向分为政治中心取向阶段和经济中心取向阶段。1979年以前，中华人民共和国的高等教育价值取向表现出明显的政治中心倾向。如1950年，《高等学校暂行规程》规定：高等学校的宗旨是培养全心全意为人民服务的高级建设人才。该规程强调了高校培养的人才应该服务当时具有特殊政治背景的“人民”这一群体。1956年，教育部颁发《中华人民共和国高等学校章程草案》规定：高等学校的基本任务是适应国家社会主义建设的需要，培养具有一定的马克思列宁主义水平、实际工作所必需的基本知识、掌握科学和技术的最新成就和理论联系实际的能力，并且身体健康、忠实于祖国、忠实于社会主义事业和随时保卫祖国的高级专门人才。显然，在当时过渡时期的高等教育比较注重学生的全面培养，并且突出思想政治觉悟方面的要求，强调“人才”的忠诚度，其政治取向仍十分明显。在“文化大革命”时期，高等教育甚至演变成了阶级斗争的工具，集中体现在“四人帮”提出的“宁要有社会主义觉悟的劳动者，也不要有文化的资产阶级精神贵族”的教育目的的表述中。党的十一届三中全会之前，为力求当时政局的稳定，通过掌握高等教育的政治方向，使之传播与宣传新中国的政治理念、意识形态，调控、主导中华人民共和国的舆论和规范，培养年轻一代的社会主义政治理念与社会主义思想品德，以促进和保障当时的社会政治制度与路线的巩固和发展无疑具有明显的现实意义。

改革开放以后的前十年，随着社会主义市场经济体制的确立，高等教育对社会的贡献日益增大，其经济中心取向的价值观十分明显。如1985年，中共中央《关于教育体制改革的决定》旗帜鲜明地指出了当时的高等教育就是要为社会主义经济建设培养人才，其经济指向性分外突出。进入90年代后，培养“建设者”和“接班人”成为最权威的关于教育目的的表述。1985～1989年期间，在我国的教育方针中，高等教育目的的基本精神没有变化，一直主张高等教育就是要为经济建设培养“四有”人才。

2.二元价值取向阶段

所谓二元价值取向，即政治中心取向与经济中心取向。自1990年至1997

年，我国高等教育坚持政治中心与经济中心并存。1989年，党的十三届七中全会通过《中共中央关于制定国民经济和社会发展十年规划和“八五”计划的建议》，提出了，“继续贯彻教育必须为社会主义现代化服务，必须同生产劳动相结合，培养德、智、体全面发展的建设者和接班人的方针，进一步端正办学指导思想，把坚定正确的政治方向放在首位，全面提高教育者和被教育者的思想政治水平和业务素质”。这是中共中央针对当时高等教育明确提出的教育方针，其中，既强调高等教育要培养社会主义现代化建设者与接班人，又强调要将政治方向放在高等教育首位；不仅强调了受教育者政治素质和业务素质，而且也强调了教育者的政治素质与业务素质。其政治中心取向与经济中心取向的高等教育价值观均非常明显。

自1990年后的很长一段时间，我国高等教育在注重教育价值的经济取向时，丝毫没有在政治取向上懈怠。如1993年，中共中央国务院颁发的《中国教育改革和发展纲要》提出：“教育必须为社会主义现代化建设服务，必须与生产劳动相结合，培养德、智、体全面发展的建设者和接班人。”从“教育必须为社会主义现代化建设服务”这句话中明显可见，当时的教育方针将“社会主义”(政治中心取向)与“现代化建设”(经济中心取向)放在了同等重要的位置。1995年，《中华人民共和国教育法》第五条规定：“教育必须为社会主义现代化建设服务，必须与生产劳动相结合，培养德、智、体等方面全面发展的社会主义事业的建设者和接班人。”该规定再次将“教育必须为社会主义现代化建设服务”放在首位，一方面明显反映了教育必须坚持“社会主义”取向，另一方面明显反映出教育必须服务“经济建设”，清晰地折射出高等教育的二元价值取向。无论是政治中心取向还是经济中心取向，其出发点都是立足于社会发展的需要，因而它们均属于社会本位价值取向，故高等教育的二元价值取向也可称为“社会价值取向”。

3.三元价值取向阶段

三元价值取向的“三元”，指个人价值取向、社会价值取向、知识价值取向。1998年《中华人民共和国高等教育法》颁布，彻底打破了先前二元价值取向的格局。从此，我国高等教育价值取向走向了个人价值、社会价值与知识价值“三元”共存的格局，它们分别主张：高等教育应该培养全面发展的人；高等教育应该促进社会政治、经济与文化等全方位的发展；高等教育应该坚持学术研究，以实现对知识进行选择、整理、传递、保存、创造与更新。这一论断，同样可从相关教育政策中找到依据。如1998年《中华人民共和国高等教育法》第四条规定：“高等教育必须贯彻国家的教育方针，为社会主义现代化建设服务，与生产劳动相结合，使受教育者成为德、智、体等方面全面发展的社会主义事业的建设者和接班人。”同时，第五条明确规定：“高等教育的任务是培养具有创新精神和实际能力的高级专门人才，发展科学技术文化，促进社会主义现代建设。”由此看出，国家不仅强调高等教育要为社会主义事业服务、促进社会主义社会的发展，而且还要培养全面发展的、具有创新精神和实际能力的人，以之提升人的价值；同时还必须大力开展科学研究，发展科技文化，以之体现出高等教育的知识价值。这时的高等教育同时坚持个人价值、社会价值和知识价值的“三元”价值取向。但是，个人价值与知识价值的实现是为了更好地实现社会价值，所以说，高等教育的社会价值取向仍占优势。

第四节　高等教育政策合法性

教育政策的合法性表明教育政策的价值选择符合政府政治的教育需要和社会公众的教育需要，合法性体现教育政策的合目的性。在我国，政府的政策是高等教育事业改革的主要推动力。《中华人民共和国教育法》规定：高等教育由国务院和省、自治区、直辖市人民政府管理，而高等教育政策的合法性应符合政府需要。同时，在我国高等教育大众化的发展进程中，政府制定的高等教育政策的合法性、有效性、科学性、可行性、前瞻性直接决定着高等教育的发展方向。

一、高等教育政策“合法性”内涵

“合法性”是从西方引进的概念，直观上通常被理解为合乎法律，国内学界多借鉴西方的政治合法性解释。政治合法性只是合法性问题最显著的时代表征。国内在翻译出版哈贝马斯的《在事实与规范之间》时，将“validity”译为“有效性”。在这一意义上，教育政策合法性是国家政治合法性的必要组成，是社会稳定的重要保证。如果从高等教育发展史的角度看，当代中国高等教育所取得的在规模和质量上的重大成就，就是高等教育政策系统整体有效性的反应。

（一）高等教育政策合法性定位

哈贝马斯认为，合法性专门用来指称一种政治制度，其后来对法律合法性的追述实质上也是在为构建法治国家做准备，法律成为保证国家政权合法性的依据。这一理论虽然具有乌托邦色彩，但对于现实却具有很好的借鉴意义。在凭借合法的法律构建合法的政权这一理念指引下，政权的合法性需要合法的法律以及一切合法的制度来保障成为政治实践的必然选择。对于政治合法性基础与结构的分析使我们认识到：国家政策（包括教育政策）是政治合法性结构中的中坚力量，即制度架构的合法性是政策有效性能够实现的前提。

1.理解高等教育政策

国内外对高等教育政策的理解受到不同背景的影响。国外学者关于公共政策的理解更多受到学术理论的影响，很多新兴理论成为界定教育政策的依据。这不仅丰富了人们对公共政策的认识，而且还为公共政策研究提供了多重视角与多种方法。相较而言，国内对于教育政策的界定受到更多的政治影响，这是教育政策必然的政治功能影响所致，其实质是教育的政治功能。国内外对教育政策理解的差异验证了不同民族思维方式之间的差别。袁振国在《教育政策学》中对教育政策的定义进行了专门的分析，并从政策分析的角度提出：从社会实践的角度看，给教育政策下定义是没有意义的问题，认为只要政策的提议者能为他(们)的特殊目的找出一个合理的依据，那么，这样的政策定义就必须被承认。[①] 因此，对于政策分析者来说，指出分析所依据的定义是符合规则的，至于将此定义视为教育政策的本质就会犯以偏概全的常识性错误。

2.政治与高等教育政策

教育与政治的关联有史可载，古今中外的很多政治学著作也被视为教育学著作。高等教育政策作为国家在教育领域施行的一种统治措施，其合法性与国家统治的合法性具有内在的同一性。高等教育政策合法性与国家政治合法性和社会合法性是被包含与包含的关系，高等教育政策内在的规范性内容也必须符合国家建制的基本理念。社会主义国家以人民的利益为根本利益，这也将成为高等教育政策规范的基本要求，构成了高等教育政策合法性的基本内容。因此，高等教育政策是国家权威表现的一个方面，高等教育政策合法性就是高等教育政策的权威基础。公共政策的权威性与合法性是紧密相联的。实际上，它们是同一个问题的两个方面。既然政策的合法性是通过为大众所认可、接受的合法化过程取得的，那么，只要政策具有合法性，它就必然具有权威性。另一方面，合法性的核心是认同，包含了谁认同、认同什么、为什么认同以及认同的程度等几个方面的内容。

以认同为基础的高等教育政策合法性必然受到这一构成性特征的影响，并使得基于不同内容、不同理由的认同分化为不同的层次。由于国家政治基本结构主要表现为政府体系的设置，所以各级政府、各部门等都成为人们认同的对象，而且认同的内容以及认同的程度也有所不同。以此为据，能够对高等教育政策合法性与政治合法性进行区分。如果高等教育政策是国家颁布的，那么二者的认同主体具有一致性。但二者在“认同什么”这一问题上存在区别：对于高等教育政策的认同也就是对国家政权认同的一个方面，但对国家政权的认同却

① 参见袁振国：《教育政策学》，南京：江苏教育出版社2001年版，第245～264页。

并不等同于对教育政策的认同，也就是说，虽然认同了国家这一政权主体，却不等于认同主体诸多方面的行为表现。国家政权的合法性是一个由社会各方面彼此交错构成的网状体系，包含了多方面、多层次的合法性。因此说，高等教育政策以及其他方面的合法性问题只是政治合法性问题的一部分。

（二）高等教育政策合法性范畴

进一步理解教育政策合法性的内涵，还可以从教育政策合法性内在包含的几对范畴加以说明。教育政策合法性范畴表现在：教育政策合法性的关系属性、合法性与合理性的证明关系、教育政策合法性内容与形式的区分。此三个方面是理解教育政策合法性内涵的基础。

1.教育政策合法性的关系属性

教育政策是国家调整在教育领域发生的人们之间利益关系的一种方式，而合法性表示的是人们对国家调整方式的认同。教育政策合法性构建起国家与大众的关系，这种关系的基础是认同。所以说，合法性危机就是一种认同危机。认同的过程是单向的，是大众对教育政策的认同。从这一点来看，教育政策合法性具有主观心理色彩。尽管认同具有单向性，但认同总是发生在双方构成的关系之中。因此，教育政策合法性总是以主、客体互动的形式存在，表现为合法性的建立、合法性的维持，以及合法性出现问题到走向衰落，再重建合法性。尤其是在社会转型期，教育政策合法性构成基础会发生变动。就教育政策来说，大众对教育政策的认同是教育政策合法性的基础。

2.教育政策合法性与教育政策合理性

以认同为基础的教育政策合法性是与大众的认知发展水平相关的。就个体来说，每个人的认知水平由于受教育程度、家庭环境等的影响而有所不同；就人类整体而言，不同时代的人们的认知情况更有天壤之别。社会发展的过程也就是人类思维进步、知识增长、认知方式拓展的过程。就好比我们现在不会认同古代教育政策的合法性，甚至过去几年的教育政策在今天的人们看来也不具有合法性。可见，认同取决于人类自身的发展。哈贝马斯说，无论何时，我们一旦使用“合理的”这样一种说法，也就在合理性和知识之间建立起了一种紧密的联系。[①] 合理性水平是与知识相关的，知识显然是由人掌握的，合理性归根结底与人的认识程度相关。知识与价值显然不同，但价值作为与人相关的范畴，受到人的认识水平的影响。由此，我们不难推测，对教育政策的认同也是与人的认知水平相关的，认知水平的高低决定了教育政策合法性标准的差异程度。这

---

① 参见[德]哈贝马斯：《交往行为理论（第一卷）》，曹卫东译，上海：上海人民出版社 2004 年版，第 8 页。

也就是哈贝马斯所说的合法性的辩护系统的竞争。教育政策合法性属于历史范畴的根本原因在于它受到人的理性发展水平的限制。

(三)教育政策合法性的结构

合法性既具有深刻的思想内涵,又包含丰富的社会意义,而且还具有特殊的政治功效。这使得教育政策合法性研究也必然受到合法性本身结构性存在的影响,也就是说,教育政策合法性研究必定是建立在跨学科基础之上的。因此,从不同的角度看,教育政策合法性研究将显示出不同的研究倾向,并包含不同的内容。

1.合法性的思想内涵

高等教育政策必须具有合法性,这是人类合作生活的必然选择。基于社会共同体而存在的教育政策,总是特定文化的产物,并因此具有该文化所赋予的正义属性;而在具体实践中,教育政策规范合法性有时需要通过"公平的妥协"[①]来实现。教育政策合法性具体表现为:保证人们对一种社会有效性的期待;能够经受对教育政策规范有效性的检验,也就是得到伦理的证明或辩护。教育政策合法性在深层次上是受制于国家的历史文化传统的,这可以作为教育政策合法性的正义属性。同时,教育政策合法性是依赖于历史情境、文化基础以及共同体成员基于历史文化而形成的价值倾向和他们的现实利益状况的存在。教育政策规范的有效性也只有基于这些最基本的现实才能获得真切的辩护。无疑,这使得构成教育政策合法性的理由具有了相对性,所谓的规范有效性也成为相对的有效性。这并非意味着教育政策合法性是没有标准的,相对有效性是合法性的历史性之必然。

2.合法性的社会基础

高等教育政策是社会制度化的体现,在社会实践中,教育政策以具体的教育制度形态存在。由单项教育政策到教育政策体系形成的过程就是教育制度化的过程。制度与人类史一样古老,它是人类社会固有的一种属性,只要存在社会,就必然存在制度。从人类有意识地利用制度来规范群体生活开始,人类文明也就进入了新的发展阶段。当前,在我国教育政策研究领域,对于教育政策合法化和教育政策法律化的认识主要有:教育政策合法化是指经政策规划的道德教育政策方案上升为法律或获得合法地位的过程,因此包括教育政策的法律化和教育政策的合法性两方面含义。教育政策的法律化是指国家有关政权机关依据法定权限和程序所实施的一系列立法活动。教育政策的合法性,是指

① [德]哈贝马斯:《在事实与规范之间——关于法律和民主法治国的商谈理论》,童世骏译,北京:三联书店2003年版,第37页。

国家有关的政权机关遵循一般已确立的原则或一般所接受的标准，对教育政策方案的审查活动。因为并非所有的教育政策都上升为教育法律，对于那些没有上升为法律的教育政策，通过有关机关审查之后，就获得了合法性。可见，这里的合法性和合法化中的"法"指的是法律。

3.国家政治和社会秩序合法性的基本组成部分

教育政策合法性能提升国家政治统治的合法性权威，有利于社会稳定。保证教育政策合法性，需要在教育政策实施过程中增加政府行政的合理性，尤其表现在行政部门如何合理地支付国家税收的环节上。现代国家可以称为"税收国家"，在这个意义上，国家政策输入危机与输出危机集中地表现在税收的支出与收入环节上。如果不能合理地使用税收，必然会使行政系统在合理性上发生危机，进而无法实现行政所要满足的对合法性的需要，合法性危机也随之产生。

从国家社会整体角度看，我国政治与行政的统一使教育成为国家政治合法性的重要表现领域，政府在教育行政上的合法性是政治合法性的重要组成。作为国家在教育领域实施的一种统治措施，教育政策与国家颁发的其他一切政策并无二致，在合法性上表现为与国家政治制度的合法性一致。也就是说，教育政策合法性代表了人们对于国家在教育领域的权威的信仰和信任。因此，国家统治合法性的基础是体现在社会各领域微观层面中的。

二、高等教育政策的合法化

高等教育作为社会的一个子系统，在维护政府权威方面具有至关重要的作用。因此，如何实现高等教育政策的合法性，关系到高等教育政策方案是否能获得公意支持，关涉高等教育政策的正当性。所以，我们不仅要理解高等教育政策的合法性，更应当重视高等教育政策合法性的现实转化，要从高等教育政策现实转化所需要具备的三个关键条件入手。

（一）合法的高等教育政策主体

高等教育政策主体是指对高等教育政策方案予以审议、核定并颁布的政策主体，高等教育政策主体的合法性指具有宪法和法律赋予的法定权利和权限的政策主体。不同决策领导体制下，合法的教育政策主体往往不同。如在中国现行政治体制下，合法的高等教育政策主体一般包括国务院、教育部及各省级教育行政机构等。

（二）合法的高等教育政策内容

高等教育政策内容的合法性指高等教育政策主体予以颁布的教育政策在内容上不能与既定的宪法、法律以及教育法律相抵触，必须合乎有关法律和教育法律的原则和具体规定。高等教育政策内容的合法是教育政策合法化最本质的要求,如果高等教育政策内容不合法,那么即使政策主体和政策制定程序合法,所颁布的教育政策也未必合法。随着社会的发展,一些既存的高等教育政策本身有可能存在各种问题,新制定的教育政策也有可能与之相冲突,但这并不意味着新制定的高等教育政策内容不合法,而是要考虑如何适时地对原有政策、法律进行调整或予以废止。

(三)合法的教育政策程序

高等教育政策程序的合法性主要是指高等教育政策合法化的具体运行步骤要符合法定的程序和环节。在民主与法制社会中,高等教育政策的程序合法是教育政策内容合法的重要保证,只有经过合法的决策过程,高等教育政策的方案才能成为合法的教育政策。一般来说,由行政系统制定的教育政策,其程序一般包括法制部门的审查—领导决策会议讨论—行政首长的签署发布。同时,为保证上述合法化程序的运行,在实际的高等教育政策合法化过程中,往往需要一些监督和保障制度对这个过程予以保证。

〔**经典案例**〕

关于我国职业技术师范院校的政策演进

我国职业技术师范院校政策经历了一个从无到有、循序渐进的演变过程。1959 年 10 月 2 日,原国家劳动部党组给李先念副总理的请示报告中提出,要建立培养技工学校师资的师范学校。“现有的 600 多所技工学校缺少教师近 1 万人……大量培养师资已经成为当前亟待解决的问题。”1960 年,国务院批准劳动部党组报告,建立 4 所技工教育师范学校,分别设在天津、上海、沈阳、开封。后更名为技工教育师范学院,属专科层次,由原国家劳动部主管。1961 年,4 所技工教育师范学院因 3 年自然灾害先后停办,下放到地方,改制为技工学校。

1979 年 1 月 10 日,国家计委、教育部向国务院提交《关于增设四所技工教育师范学院的请示报告》(计劳〔1979〕09 号):“目前,技工学校的师资不足、质量不高的问题相当突出。解决师资问题是办好技工学校、提高办学质量的重要条件之一。”经国务院领导圈阅批准,同意增设 4 所技工师范学院,即天津技工师范学院、吉林技工师范学院、山东技工师范学院、河南技工师范学院。1985 年,《中共中央关于教育体制改革的决定》提出:“要建立若干职业技术师范院校……使专业师资有一个稳定的来源。”1979 年至 1988 年,全国先后建立了 11 所独立设置的职业技术师范院校。1994 年至

2000 年，这 11 所独立设置的职业技术师范院校中有 4 所被合并到其他高等院校；其他有的改名，有的未变动；另有 1 所学校改制为职业技术师范类。

2001 年至今，教育环境发生较大变化，职业技术师范教育院校的发展也随之发生变化。主要表现为：随着高职院校的发展，职业技术师范院校容易被混同为专科高职院校，易给招生、引进人才带来不利影响，因此有 7 所院校更名。同时，随着高等教育扩招和普通高校合并，职业技术师范学院吸纳其他院校，扩大规模，增加了专业数量和招生数量。这些院校的办学实力逐渐增强，办学层次逐渐提高，已由培养专本科毕业生提升到培养硕士层次毕业生。

〔案例评析〕

通过上述案例可以看出，我国职业技术师范院校的变迁与职业教育政策大环境息息相关。职业技术师范院校所定位的师范性是为中等及高等职业学校输送师资，其重要特征是开展职业技能训练。师范性要体现技能培养和传授，这是立校之本和核心特色体现，弱化师范性则失去明确方向，也与国务院新颁发的《国家职业教育改革实施方案》规定的“加强职业技术师范院校建设”不相适应。经过近 40 年的发展变迁，现存的 8 所独立设置的职业技术师范院校已由原来办学层次较低的单一职业教育师范性院校发展成为多层次、多学科、多元化的办学和发展格局。院校办学实力有了明显提高，但同时也出现了“师范性”“职业性”弱化的趋势。这都与不同时期职业教育政策环境密不可分。

推荐阅读：

[1]陈振明：《政策科学——公共政策分析导论》，北京：中国人民大学出版社 2003 年版。

[2]顾明远：《中国教育大系：现代教育理论丛编》，武汉：湖北教育出版社 1994 年版。

[3]劳凯声、刘复兴：《论教育政策的价值基础》，《北京师范大学学报(人文社会科学版)》2000 年第 5 期。

[4]褚宏启：《教育政策学》，北京：北京师范大学出版社 2011 年版。

[5][美]弗朗西斯·C.福勒：《教育政策学导论》，许庆豫译，南京：江苏教育出版社 2007 年版。

[6]谢明：《公共政策导论》，北京：中国人民大学出版社 2002 年版。

[7]瞿葆奎：《教育基本理论之研究》，福州：福建教育出版社 1998 年版。

[8]袁振国：《教育政策学》，南京：江苏教育出版社 2001 年版。

第二章　高等教育政策制定、执行与评估

章节提要

高等教育政策是一个由制定、实施和评价构成的连续和动态过程，包括教育政策制定、教育政策执行和教育政策评价等环节。高等教育政策制定，涉及教育政策问题的认定、教育政策目标的确立、政策方案设计与选择、政策合法化等内容。政策公布、政策得以合法化之后，便是高等教育政策的执行。教育政策执行是将教育政策精神与内容转化为现实、实现政策目标的过程。教育政策执行包括宣传、计划、组织落实、实验、全面实施、协调与监控等环节。教育政策执行过程，往往受部分因素影响而产生政策失真的问题，需要在政策执行过程中进行监督与纠正，以提高教育政策执行效果。为了保证教育政策的有效运行与不断完善，需要进行教育评估，即对政策运行的全过程进行系统分析、判断与总结，提示存在的问题与不足，从而为修订和完善教育政策、有效运行教育政策服务。政策评估可以通过过程对比法、经验判断法来进行。

第一节　高等教育政策制定

教育政策制定是指政党、政府等社会实体，根据一定历史时期的社会政治、经济、法律制度和教育现状，提出教育工作的行动依据和行为准则的过程。教

育政策制定是教育政策过程的逻辑起点，影响着后续教育政策过程的推进与走向。

一、教育政策制定的主体和原则

教育政策制定涉及教育政策“反映谁的意志”和“服务于谁”的重要问题，而这两大问题与教育政策制定主体、教育政策制定原则有着密切的关联。

（一）教育政策制定主体

教育政策制定主体是指直接或间接地参与政策制定的个人、团体或组织，包括教育立法者、教育行政机关、司法机关、政府职能部门、利益团体、研究机构、智囊团、大众传媒和普通公众等。

（二）教育政策制定原则

1.公平原则

教育政策的首要任务就是遵循教育的公共性，公平、公正地配置教育资源，切实维护每一个个体公平获得教育资源、接受平等教育、获得平等发展机会的权利，这是教育政策制定的公平原则，也是教育政策制定的首要原则。

2.民主原则

教育政策制定的民主原则是指在教育政策制定的各个阶段都要实行大众参与、集体领导和少数服从多数的原则，实质是各项政策要尽量协调相互矛盾和冲突的社会各方利益。因此，在一项教育政策的制定中，要尽量反映和平衡政策所涉及的社会各方面的利益和要求。当然，在此基础上最终提出的政策，必然不是每一方面都是最满意的，但在此基础上的该政策是各方都能基本接受的结果。

3.科学原则

教育政策制定的科学原则要求借助一定的科学理论和方法用于指导政策制定过程。具体而言，它首先要求制定政策时要全面了解信息。信息是制定、实施政策的基础和前提，要注重信息准备，保证掌握信息的准确性和全面性。其次，它要求政策制定要有系统观念，运用系统的理论和方法去分析教育政策各要素的关系。

4.效益原则

制定政策的目的，是为了取得良好的执行效益。在制定教育政策的时候，必须考虑到执行过程，确保教育政策的执行有利于促进教育事业发展、能够带来良好的社会效益。这就是效益原则的要求。

5.统筹原则

教育政策受政治、经济、文化等因素的影响，因此，在制定教育政策时，需要从系统论的角度出发，综合分析教育政策制定的内、外部环境，从社会大背景中考虑教育发展，统筹兼顾各个方面要素，平衡教育系统内部各要素的关系。

6.弹性原则

教育政策具有强烈权威性，这一权威性特征要求政策形成后具有一定的稳定性和规范性，不能朝令夕改。但教育政策环境会发生变化，需要根据现实变化进行相应调整。这就要求教育政策制定时在规定性方面保留一定的伸缩范围，使教育政策在客观条件发生某种变化时仍能适用。

二、高等教育政策制定的程序

教育政策制定是指确认教育政策问题、论证教育政策解决方案、选择与出台教育政策解决方案并将教育政策方案合法化等一系列的动态性活动。简言之，教育政策制定是判定教育政策问题和对政策方案进行选择的过程。教育政策制定程序大致分为认定教育政策问题、确定教育政策目标、设计教育政策方案、论证教育政策方案、选择教育政策方案、教育政策公布实施六个步骤。（参见图 2-1）

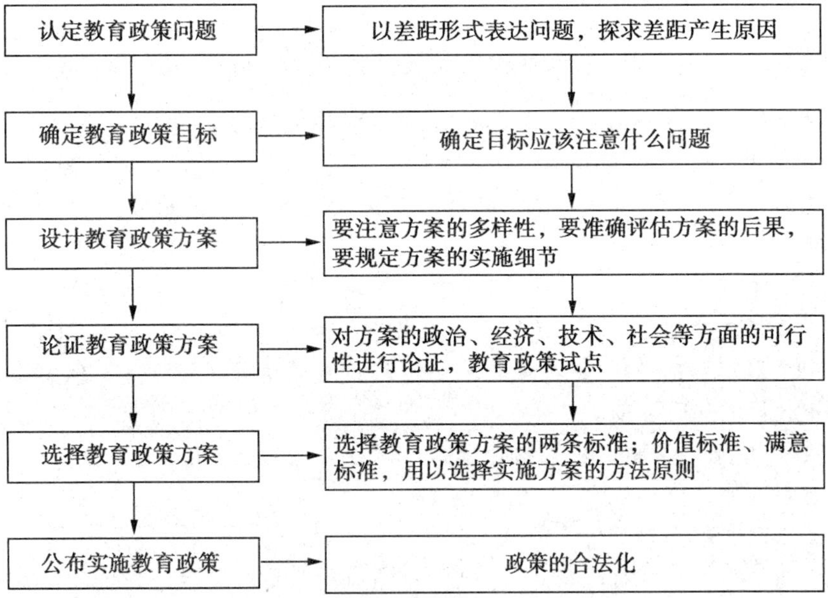

图 2-1　教育政策制定的步骤

（一）教育政策问题认定

教育政策问题认定是教育政策制定过程的起点。政策制定是针对一定的政策问题而进行的。所谓政策问题，是指那些被认为是关系大多数人的利益，有可能引起社会矛盾和冲突，影响社会稳定，或者是不解决就会妨碍社会发展的问题。对高等教育而言，政策问题主要是涉及高等教育管理体制、高等教育质量、高等学校学科建设、高等学校教师专业发展、高等教育经费管理等问题。人们及时地认识和发现政策问题，并把它列入政府的政策议程，直接影响着政策的制定过程。

教育政策制定的首先工作就是要对现实中的教育问题进行审视，从而确认要研究解决的教育政策问题。如选择高校青年教师生存、高校教师评价等问题作为教育政策问题。

并不是所有的教育问题都可以转化为教育政策问题。潜在的教育政策问题转化为真正的教育政策问题，是需要一定条件的。袁振国指出了教育问题转化为教育政策问题的七个标准[①]：

第一，教育问题的影响有多大。是全国性的问题还是地方性的问题或是某一地区的问题，是持久性的问题还是突发性的问题。

第二，问题是否清楚。问题的本质是什么，起因是什么，涉及的主要对象是哪些人。一个教育问题什么时候成为一个政策问题，在什么地方成为一个政策问题，通过什么方式解决以及解决到什么程度等都要考虑。

第三，问题的严重程度。在人们的认识中，问题严重到什么程度是一个相对的问题，因为它离不开一个人的主观判断，不同的价值观念、态度立场和认识水平对问题严重程度的认定往往是不同的。对这两种程度差异的正确判断，直接关系到政策的及时性与分寸。

第四，影响问题的因素。问题是由教育自身的原因引起的，还是社会问题在教育上的反映。

第五，代价。教育问题的代价即考虑解决某一问题付出的代价大还是获得的回报大。

第六，是否具有导向性。优先考虑代表发展和变化的未来趋势的问题。

第七，是否可以评估。政策是否具有明确的目标和目标达成的指标。

（二）教育政策目标确定

政策目标是实施政策后所希望达到的效果。政策目标和政策问题直接相关。政策目标是根据政策所要解决的问题确定的，它的目的是要消除产生问题的根本原因。在确定政策目标时，一方面要正确处理政策利益关系，要考虑到与长远目标的衔接，不能只考虑眼前的需要；要考虑到全局，不能只考虑高等教

① 参见袁振国：《教育政策学》，南京：江苏教育出版社2000年版，第22～23页。

育某一局部的需要。另一方面,教育政策目标的确立要兼顾各种条件与可能,从中找到一个合理的“点”。

一般来说,良好的教育政策目标应具有针对性、先进性、可行性、规范性等特征。针对性是指教育政策目标必须针对教育的实际问题;先进性是指政策目标针对的问题应该是体现发展方向性的问题;可行性是指教育政策目标应高于现实水平且通过一定努力可以实现;规范性是指教育政策目标应当符合法律法规,体现和反映广大人民群众根本利益和教育愿望。

(三)教育政策方案设计

教育政策目标确定之后,接着就是要设计教育政策方案。教育政策方案设计与论证是教育政策制定过程的核心环节。它的任务和目的是针对教育政策问题和政策目标,提出实现的途径、策略和措施。教育政策方案的设计与论证,要注意以下问题:

1.教育政策方案要多样

只有对同一政策问题设计出多种政策方案,才能在比较和鉴别过程中作出最优和最可行的选择,从而提高政策方案设计的科学性和可行性;同时,在多种方案设计的过程中,应抓住政策问题的关键要素,积极开拓思路,合理借鉴、吸收已有的政策与措施,实现政策创新。

2.对政策结果要有一定的预测和估计

在政策设计过程中,还要预估到方案实施后的全部正、负效果,并对可能产生的问题提出解决对策。这种预测和估计,一方面是对政策方案预期达到的结果变化和效应进行模拟和推测;另一方面,还应当估计和预想到该政策方案的实施可能带来的副作用,以及预期达到的结果之外、与政策目标没有直接关系的其他情况。

(四)教育政策方案论证

教育政策在正式确立与公布之前,必须经过全面的可行性论证,主要是从政治方面、经济方面、技术方面、社会方面等进行论证。

1.政治方面

政策的顺利实施,要获得社会和利益集团的拥护和接受。政策方案应尽可能兼顾国家与人民群众的利益,主要涉及政策主体意愿和需要的满足程度、社会组织的支持程度和利益主体(如学生、教职工等)的拥护程度。这三者是论证教育政策方案可行性必不可少的政治资源。

2.经济方面

每一种教育政策方案的制定与实施,都需要一定的物质基础和财力支持。如免费师范生政策,就需要国家给予大力的财政支持;学校的奖学金政策就需要学校、社会组织的支持。

3.技术方面

教育政策在技术上能否达到预期目标，对其顺利实施有着至关重要的影响。论证教育政策方案的技术可行性，主要包括两个方面：一是某项政策要达到预期目标，是否具备实施的技术手段；二是依据现有技术，能够在多大程度上实现政策目标。

4.社会方面

政策方案的制定与实施，需要考虑社会各方对该政策方案的认同、接受和支持程度。

（五）教育政策方案选择

在前面一系列工作的基础上，政策主体需要在多个备选方案中进行选择，这是教育政策制定过程的决策环节。政策方案的选择过程，存在着一个价值标准和满意标准的问题，包含对方案实施后的作用、效果和有可能带来的影响作出判断。教育政策方案选择有赖于专家的参与程度、领导人的决策能力等。

（六）教育政策公布实施

选择教育政策方案之后，需要将该方案合法化为真正具有权威性的政策，使之得以有效执行，这是教育政策合法化的问题。教育政策合法化是指教育政策方案上升为法律或者获得合法地位的过程。我国行政机关教育政策合法化包括提出草案、审查草案、批准草案和公布政策四个步骤。经过这四个步骤，教育政策成为正式的官方文件，得以公布实施。

三、高等教育政策制定的模式

教育政策制定的模式主要解决谁来制定教育政策和制定什么样的教育政策这两个关键性问题。谁来制定教育政策涉及教育政策主体的构成与作用，制定什么样的教育政策涉及政策要达到什么样的理想和目标。由于政策主体所持的理念、价值观、方法论不同，在具体教育政策的制定中会形成不同的、相对稳定的制定程序与步骤，形成教育政策的制定模式。

教育政策制定模式是对教育政策制定的程序和步骤的概括，是政策的理论工作者在总结政策实践的基础上进行理论探索的结果。借用教育政策模式可以为政策主体制定教育政策提供一定的思路和逻辑方法。针对不同教育问题的政策制定，需要采用不同的方法。教育政策制定的构成模式，有理性模式、渐进模式、团体模式、精英模式、系统模式等。

（一）理性模式

理性模式指政策制定者根据完备的综合信息和客观的分析判断，按照合乎理性的政策制定程序来制定政策。理性模式的核心在于，政策制定应有一套程序，借此程序，决策者就能制定出一个具有最大净价值成效的合理政策，即用最小的投入（包括时间、人力及其他资源）来获取最大的成果。一个理性的政策就是效率最大的政策，效率是理性模式的最终目的。

理性模式的决策过程可分为以下几个步骤：(1)建立可操作的政策目标；(2)准备完整的政策方案；(3)建立各种价值标准及社会资源；(4)预测每一政策方案的成本与收益；(5)估计每一方案的净价值成效期望值；(6)比较每个方案期望值并指出具有最佳期望值的方案。

（二）渐进模式

渐进模式是指制定新政策时只对过去的政策作局部的调整和修改，使新政策成为过去政策的延伸和发展。渐进模式认为，政策选择很难达成完全理性模式的要求。政策不是一劳永逸的，而是被不断地制定和再制定。在政策制定过程中，政策制定并非为决策者的意志所左右，人们考虑的往往是即时的政治环境、事件，所以整个政策制定过程是由一系列小幅调整的渐进决策组成的。① 渐进模式的内涵有以下几点：

(1)决策者不必企图寻找与评估所有的教育政策方案，只需着重于那些与现行教育政策有渐进性差异的即可。

(2)决策者只需考虑几个有限的教育政策方案，而不是所有的备选方案。

(3)决策者只需评估几个可能产生的重要后果（无须考虑一切可能的后果）的方案。

(4)决策者所面对的问题一直在被重新界定，注意目的—手段与手段—目的的调适，其结果往往使问题较易得到处理。

(5)教育问题并没有一个最好的、一劳永逸的解决方案，应当通过分析与评估，逐步解决所面对的问题。

(6)渐进决策具有补救性质，适用于解决现实的与具体的问题，但不重视将来社会目的的实现。②

与理性模式相比，渐进模式的优点在于：它比较接近实际的决策情况，政策制定较为稳妥、可靠，决策者不必花很多时间去调查和寻找所有的政策方案。

（三）团体模式

这种模式产生于20世纪20年代的美国。各种社会团体纷纷成立，成为各种社会力量，并对政府形成影响和压力。教育政策制定的团体模式在此背景下

---

① 参见范国睿等：《教育政策的理论与实践》，上海：上海教育出版社2011年版，第83页。

② 参见袁振国：《教育政策学》，南京：江苏教育出版社2000年版，第129～130页。

产生。

团体模式又叫“政治协商模式”，是指决策者在制定政策时，广泛听取各政党、团体及不同职业人的意见，在充分讨论、对话和协商的基础上，协调各方的利益关系，最终达成具有妥协谅解色彩的决定。团体模式是团体之间在目标与利益的冲突中达到的一种平衡，各个团体的影响力决定着政策利益的重心朝向。

在教育政策制定过程中，团体模式是一种经常运用的方法。因为教育涉及社会千家万户的利益，因此其政策大都是代表不同利益的团体斗争、协调、妥协的结果。政府最后在听取多方意见、反复权衡利弊、尽可能照顾到各阶层利益的基础上作出政策决策。

（四）精英模式

精英模式又称“杰出人物政策模式”。精英模式认为，社会成员包括两个基本部分：一部分是处在社会高层的、有影响力的少数精英；另一部分是对政策制定少有影响力的社会公众。社会公众对政策既缺乏兴趣，也对政策的了解非常少，一般公众很少对政策提出要求。因此，教育政策不是反映公众的要求，而是反映精英们的价值和偏好。政策的制定是一个由精英从上而下至公众的过程。精英是社会现行制度和政策的既得利益者，他们的观点对公众影响极大，但他们的基本观念也会存在缺陷：忽视公众愿望，轻视公众的能力和参与意识，倾向于维护现状和既得利益，以至于政策脱离群众和政策失真。

（五）系统模式

系统模式起源于政治学中的政治系统理论，代表人物是伊斯顿（David Easton）。系统模式认为，公共政策是一个国家和政府的政治系统功能输出的结果，是政策系统对外界压力作出的一种反应。这种反应实际上是政府对社会利益的一种权威性的价值分配。系统模式把这一过程分解为组织系统、环境、投入、转换、输出、反馈等要素和环节。公共政策是政治系统的输出，是政治系统对外在环境所施加压力的反应。政治系统的环境，由政治系统以外的社会经济、文化、自然、生物等各种系统组成，环境向政治系统输入“要求”和“支持”。输出的政策又可能会产生新的要求，并反馈给系统，从而导致新的政策输出。政治系统如此循环往复，教育政策便不断地产生。①

采用何种政策制定模式，必须视具体情况而定，有时可以同时使用几种模式，有时可以以一种模式为主。现阶段我国教育政策制定的总体思路是：在理性原则的指导下，以精英模式为基础，尽量吸收权威人士和专家学者的观点、不

---

① 参见包海芹：《教育政策制定的理论模式评析》，《江苏高教》2009年第2期。

同群体和公众的意见与建议，采用理性模式、精英模式、渐进模式与团体模式并使其彼此结合，促进教育政策的科学化、民主化。

第二节　高等教育政策执行

教育政策执行是执行主体为达成政策目标、落实政策内容所进行的一系列行为与活动，是政策文本向现实期待转化的过程。在政策科学诞生之初，人们普遍认为，只要制定出科学合理的政策文本，政策目标就能轻而易举地实现。因此，学者们的研究重点都在政策制定上，提出了诸如理性决策、有限理性决策等理论模型，但实践结果却并非如此。即便政策文本非常理想，其执行结果与政策目标间也可能存在偏差。美国学者艾利森（G. Alison）甚至认为："在达到政策目标的过程中，方案确定的功能只有10%，而其余90%取决于有效的执行。"①

一、教育政策执行的内涵与特点

教育政策制定后，只有通过执行才能体现其自身的价值、发挥政策的效益，也才能在实践中得到检验并不断地发展和改善。教育政策执行是整个政策过程中的重要阶段。

（一）教育政策执行的内涵

对于"教育政策执行"概念的内涵，不同学者有不同的理解。代表性的观点有：袁振国认为，教育政策执行是指"政策的执行者依据政策的指示和要求，为实现政策目标、取得预期效果，不断采取积极措施的动态行动过程"②。孙绵涛认为，教育政策执行是指"各级行政教育机构及其行政人员，依据教育政策的目标，把教育政策在教育实践活动中加以贯彻、落实和推行、实施的全过程"③。张芳全从广义和狭义两个层面对教育政策执行进行了界定。"就广义而言，从教育问题认定、教育问题建构、教育政策分析、教育政策评估、教育政策执行、教育政策终结与教育政策检讨等都是教育政策执行范围；狭义而言，教育政策执行专指教育主管机关制定完成之教育政策、教育方案、教育预算及教育计划，在教育组织、教育人力及教育资源限定下，某段时间所进行的教育政策。"④

---

① 吴志宏：《教育行政学》，北京：人民教育出版社2000年版，第211页。

② 袁振国：《教育政策学》，南京：江苏教育出版社2001年版，第287页。

③ 孙绵涛：《教育政策学》，北京：中国人民大学出版社2010年版，第24～25页。

④ 张芳全：《教育政策导论》，台北：五南图书出版公司2001年版，第267页。

(二)教育政策执行的特点

教育政策执行过程主要表现出以下特点:

(1)对象的适用性。一定的政策适用于一定的对象,任何政策都必须明确其适用范围。政策对象指政策作用和影响的对象,它涉及一定的人和事。如高校公费师范生政策,它的适用对象就是符合公费师范生政策的这些人。

(2)执行的灵活性。任何一项教育政策在实际执行过程中,都需要根据出现的新问题、新情况进行灵活调整。如果缺乏这种灵活性,教育政策目标就难以实现,这样教育政策执行的原则性也就无法得到真正的坚持与体现。因此,在教育政策执行过程中需要原则性与灵活性相结合。

(3)执行的有序性。政策执行应保持阶段性顺序和过程的连续性。依次实施,环环相扣,层层推进。如果在政策执行条件不成熟的情况下,超越阶段强行实施某项政策,有可能导致政策执行的失败,最终影响政策目标的实现。

(4)执行的动态性。政策方案无论多么完美,不可能与复杂多变的客观现实完全一致。随着客观环境变化,政策执行活动有一个不断调整的过程。

(5)执行的协调性。各种政策要素在空间上的分配、重组、展开和运动的过程中要协调一致。执行主体之间的职能交叉或重合客观上造成了多头管理,而多头管理的表现是推诿扯皮、效率低下,破坏了政策执行的协调性。

(6)执行的时限性。政策执行中每一环节有时间要求,而且政策执行的整个进程也要及时完成。防止政策执行主体的随意性和随机性,还要求政策执行有合适的节奏。太快,目标群体无法适应,执行主体准备不足;太慢,容易引起执行障碍,如学校的重修、收费、留级问题。

二、教育政策执行的程序

一般而言,一项教育政策的执行大致包括如下几个步骤:政策宣传、拟定执行计划、组织落实、政策执行试点、全面实施、协调和监控。在实际过程中,并非每一项政策的执行都必须经过这些步骤,其中有的步骤可以视情况而简化。

(一)政策理解和宣传

政策宣传就是宣布和传播政策。政策执行者在政策执行过程中除了需要通过组织学习和完善知识结构等途径来提高自己的政策认识水平,还要通过政策宣传来促进政策目标群体对所推行政策的认知和认同。执行者只有对政策充分理解,才会积极主动地执行政策,自觉接受和服从政策。

政策宣传可以采取多种手段。如可以利用报纸、杂志、网络媒体等大众传媒对政策进行解释,宣传政策执行试点的效果,宣讲所推行政策的内容和重要意义。同时,还可以通过党政组织系统层层向下传达,举办各类政策培训班,召开宣传会议，由领导发表电视讲话，聘请专家和学术权威著书撰文，分析论证政策的重要意义以及贯彻执行政策的经验和效果。

（二）拟定执行计划

拟定政策执行计划就是在工作或行动之前预先拟定具体方法和步骤，以此作为政策执行活动的“线路图”。科学可行的执行计划是保证政策执行活动有序进行的重要条件。它主要包括三个方面工作：

（1）分解政策目标。根据政策方案和客观条件，把政策目标分解为近期、中期和长期目标，分步实现，横向分解为各个方面的具体目标，最后总体合成。

（2）调配组织力量。根据政策方案的要求，指挥和协调组织力量，明确各级各部门政策执行机关及其人员的不同工作任务，合理分配与使用人力、物力和财力，使不同部门的执行机关和执行人员相互配合，相互协调，形成合力。

（3）准备防范措施。充分考虑政策方案在执行后可能出现的潜在问题以及这些问题一旦出现后的影响和危害。通过分析潜在问题的出现概率和危害程度，做好相应的防范措施。

（三）组织落实

教育政策执行的组织落实就是通过建立一定的机构和人员配备，把已经拟定的计划，转化为具体的执行活动。各项计划、指标的贯彻执行以及整个目标的实现，都离不开组织工作。具体地说，组织落实是指在实施教育政策过程中，通过建立高效的组织机构，配备胜任的负责人和工作人员，制定合理必要的规章制度，使人力、物力、财力得到最合理的利用，为实现政策目标共同努力。如上海市政府为了推进高校后勤社会化改革政策，成立了高校后勤服务中心，协调政府、社会、高校各方资源。

（四）政策实验

所谓政策实验，就是把准备实施的政策先拿到具有代表性的地区或部门去贯彻实施，看其在具体执行中，有什么问题发生，怎样才能使政策实施得更加稳妥、效果更好。

在通常情况下，党和国家的教育政策特别是一些重大的教育政策出台前，为了减少不必要的损失，同时也为了取得一定的实践经验，往往先在局部试点，取得经验后再大面积推行。

政策实验一般有三个过程：一是选择实验对象；二是设计实验方案；三是总结实验成果。如我国的新高考综合改革政策，2014 年在上海、浙江两地试行，2017 年在北京、湖南、海南、江西、山东、天津等地启动。

（五）全面实施

在经历上述四个阶段之后，政策进入全面推行阶段。这是政策执行过程中的最重要阶段，因为政策执行效果的好坏在很大程度上取决于这一阶段的执行情况。在这一阶段中，由于政策执行涉及的范围很广，人数众多，所处的环境也十分复杂，要求政策执行者不仅要注意正确地运用工作方法、严格地遵循政策执行的基本原则，而且尤其要注意处理好一般与个别的关系问题。同时要根据本地区、本部门、本单位的实际情况，创造性地贯彻和落实好党和国家的政策。

（六）政策协调与监控

协调与监控贯穿于政策实施的全过程。通过协调来统一政策执行人员及相关人员在思想观念上的认识和行动，保证执行活动的同步，提高工作效率，最大限度地节约人力、物力、财力和时间资源。如大学生就业创业政策的推行，需要学校政策执行机构有力地做好学校、企业、学生等在行动上的协调工作。

监控是保障政策实施的必要环节。监控可以及时地发现教育政策在执行过程中出现的问题，了解教育政策目标群体对于教育政策执行的反响，便于教育政策执行主体对教育政策执行方案进行调整和修正，能够更进一步实现预期的政策目标。如对高校学生奖学金政策执行的监控，可以保证该政策的有效执行。

三、教育政策执行的影响因素

教育政策执行是一个多因素相互作用的复杂过程，多种因素影响着政策执行的方式与效果。总的来说，教育政策执行的影响因素包括教育政策问题的特性、教育政策规划的合理性、教育政策执行机构的特性、教育政策的目标共识、教育政策执行后的督导、教育政策所面对的人口顺从程度、教育行政机关在教育政策执行时的沟通与协调能力等。[①]

（一）教育政策的性质

教育政策本身的性质和特点，对其政策执行效果影响极大：一是政策目标越大，涉及利益越多，执行难度越大；二是问题本身涉及的范围越大，执行难度越大；三是问题越复杂，执行难度越大；四是政策方案越具体明确，执行效果越好；五是政策资源越充足，执行效果越好；六是政策的合法化程度越高，执行效果越好。教育政策问题的性质、政策问题的复杂程度等不同，对教育政策执行效果的影响也不同。如高等教育领域的教学质量提升、大学章程建设、教师职称制度改革等政策改革，因为问题性质不同，相应地政策执行效果会存在差异。

（二）教育政策规划的合理性

政策的合理性是科学执行教育政策的基础，教育政策规划的合理性体现在

① 参见张芳全：《教育政策导论》，台湾：五南图书出版有限公司 2013 年版，第 285 页。

两个方面：一是从政策规划文本而言，政策规划需要有合理的理论根基、严谨的逻辑联系以及有效的规划流程。二是从政策的价值影响而言，有效的政策能够满足现实的客观发展要求，代表政策主体的基本利益，可以推动社会的发展，可以被政策执行者所认可，可以影响政策对象。

（三）教育政策执行机构的特性

教育政策最终要落实到具体的执行机构来执行，这些机构在执行时可以积极地、创造性地开展工作，使政策得以全面落实。有时许多机构由于任务的艰巨或组织文化的落后等因素，采取敷衍了事的方式对待政策，有时甚至出现某些机构公开地抵制政策的执行。可以说，教育政策执行效果很大程度上取决于教育机构的组织结构和组织运行机制。

（四）教育政策执行者的态度

执行机构的具体人员是政策落实的最终端。教育政策执行者的素质、工作态度、管理水平、利益需求和行为倾向等，都会对教育政策的有效执行产生影响。如果教育政策执行者本身的教育管理知识欠缺和对教育政策执行的实践经验不足，就会对教育政策认知不足，理解上就会存在偏差。如果一项教育政策威胁到执行者自身利益，那么，执行者出于私心，就很有可能抵制这一政策，因而就使得该项政策很难顺利有效地得到执行。

（五）环境因素

影响教育政策执行的环境因素主要包括自然环境和社会环境。自然因素如一个国家或地区的自然地理状况、面积大小、气候条件等，都有可能对政策执行过程产生影响。尤其是政策执行过程中出现的突发性自然条件变化，如出现自然灾害等问题，都会带来政策执行的新变数，从而增加执行难度。如新型冠状病毒肺炎疫情对高校的正常教育教学、高校教学评价、高校毕业生就业等产生了重大影响。社会环境因素包括经济、政策、文化环境等，社会环境因素贯穿于政策执行的全过程。具体来讲，一项政策能否反映出当时的政治倾向，能否适应当时的经济发展，能否适应当时的文化传统、民众心理，决定着政策的执行效果。如"高中阶段普职比大体相当"改革政策，在青岛、南京等城市的推行，就引起了家长的不满。

四、教育政策执行的失真与矫正

教育政策执行受教育政策问题确认、教育政策规划与决策、教育政策执行主体、教育政策目标群体、教育政策执行工具以及教育政策环境等多个因素的影响，其中任何因素出现问题都会带来教育政策执行的问题。

(一)教育政策执行存在的问题

总的来说,教育政策执行中存在的问题主要有以下几个方面[①]:

1.教育政策执行的偏离

教育政策执行的偏离是指在政策执行过程中,偏离政策目标,违背政策原有的精神与内容,自行其是,其结果导致政策执行得严重“变味”与“走样”。这种现象也表现在当执行机关和部门所执行的教育政策于己不利时,执行者就制定与上级政策看似一致实则不一致的执行方案,使上级教育政策难以得到真正的贯彻落实。

2.教育政策执行的缺损

教育政策执行的缺损是指执行政策时不是完全按照政策的指示和要求办事,而是将政策的内容和精神实质进行取舍,对自己有利的内容就贯彻执行,对自己不利或无关的内容就予以搁置或遗弃。

3.教育政策执行的表面化

教育政策执行的表面化是指某教育政策颁行了之后,仅在表面上进行了宣传,而未被进一步转化为可操作的具体措施,形成了表面化、象征性的执行。

4.教育政策执行的泛化

教育政策执行的泛化是指将仅适宜于某一时段、某一区域或某一教育领域和部门的教育政策在更广泛的时空中实施,其结果是使政策的调控对象、范围、力度、目标超越政策原定的要求。

(二)减少教育政策执行问题的对策

1.力求政策本身的科学性与合理性

一项有问题的政策必然导致执行中问题丛生。所以,审慎地对待教育政策的制定过程,使制定的政策更加科学化、合理化,是避免政策执行失误的关键。为此,需要加强政策研究,更清晰地把握教育政策与教育改革和发展的关系,以先进的、科学的教育思想和理念,指导教育政策的制定。

2.加强政策执行机构的作风建设

教育政策执行中发生的问题无人问津、熟视无睹的现象与执行机构的责任不清相关。因此,要建立健全合理的执行机构,分清责任,增强其执行功能,加强作风建设,保障执行从严从实。

政策执行机构作风归根结底是通过人的行动来实现的。教育政策执行人员的知识结构、责任意识、创新能力、执行技巧等对解决政策执行问题起着重要作用,因此,要不断地提高和加强教育政策执行人员的综合素质和政策水平。

---

① 参见董竞、宋彬、张妍:《教育政策法规》,北京:航空工业出版社 2007 年版,第 39 页。

3.加深施行对象对政策的理解

减少教育政策执行中存在的利益冲突,需要不断增强施行对象对政策的理解。施行对象只有真正理解了政策、认同了政策,才可能自觉地践行政策、维护政策。要做到这一点,政策执行者必须深入实际,调查研究,做耐心细致的政策宣传与解释工作。

4.加强政策执行的监督

教育政策执行中所需的资源不能到位,有时并不完全因为资源匮乏,而是因为没有按照正常要求有效调配资源,这就需要加强正常执行的监督。一方面要强化监督机制,构建完整的监督体系,包括正常执行体系内部的监督,如上下监督、专门监督等;政策执行体系外的监督,如政党、群众、舆论监督等;另一方面,要加强政策执行的问责制度,及时纠正教育政策执行中的行为偏差,促进教育政策有效施行。

总之,教育政策执行中强有力的监督,会使政策执行更为严肃和认真,保证政策规定与要求得到真正落实。

第三节 高等教育政策评估

政策评估是政策分析的一个重要方面,它作为一种具有特定标准、方法和程序的专门研究活动,是了解政策价值和效果的必由之路,是政策分析中不可或缺的重要一环,对提高政策执行水平和政策执行质量都有积极的影响。

一、高等教育政策评估的概念和内涵

评估就是估量和评价,通常是指根据一定的标准对事物作出优劣判断。高等教育政策评估是政策评估在高等教育领域的应用。“政策评估”的概念与内涵较为丰富,理论界对此进行了许多讨论。

(一)教育政策评估的概念

人们对任何事物的认识都有一个由表及里、由现象到本质的认识过程。由于人们认识活动的局限性和政策活动本身所具有的复杂性,政策规划的目标和手段都可能在政策执行中遇到这样或那样的问题。因此,人们既需要对政策进行科学的规划和有效的执行,还需要有时执行信息的反馈和对政策效果的评估。

政策评估即对政策的效果进行研究,其主要目的在于鉴定人们所执行的政策在达到其目标上的效果,确认政策对问题的解决程度和影响程度,并且运用一定的方法分析政策效果的成因,以便进一步优化政策运行机制、扩大政策效

果。可见，开展政策评估，有助于人们把握政策运行状态，同时有助于检验政策效果、提高政策执行质量。

关于“政策评估”的概念，学术界有不同的看法和观点。较有代表性的有：林水波、张世贤认为，政策评估是“有系统地应用各种社会研究程序，搜集有关资讯，用以诊断政策概念与设计是否周全完整，知悉政策实际执行情形、遭遇的困难，有无偏离既定的政策方向，指明社会关于政策的效用”①。该观点是把政策评估看作是贯穿公共政策全过程的活动，不仅包括对政策方案的评估，而且包括对执行情况和政策结果的评估。沃利(J.S.Wholey)认为：“政策评估就是评价一项国家政策在其目标方面的整体效果，或者是评价两个或更多方案在实现共同目标方面的相对效果。”该观点强调政策评估是对政策效果的评价。

综上所述，政策评估就是了解政策所产生的效果过程，就是试图判断这些效果是否达到预期的过程。政策评估强调对整个政策周期的关注，即关注政策设计、政策执行过程以及政策执行效果。教育政策评估可以定义为：根据教育政策所要达到的目标，按照一定的标准，通过一定的程序和方法，对教育政策问题确认、政策制定、政策执行与变更过程及政策实施成效进行的事实判断和价值判断。

(二)教育政策评估的内涵

(1)评估对象是影响国家和社会发展的公共政策或计划，而并非无足轻重的一般政策和计划。

(2)政策评估是由一定的评估主体进行的，有正式评估机构的评估，也有非正式评估机构的评估。

(3)政策评估的内容包括政策制定、政策执行、政策效果与政策价值等方面。

(4)政策评估必须采用多元的社会科学研究方法，如定量研究方法、定性研究方法或定性定量相结合的方法。

(5)政策评估具有目的性，即主要是为政策的修正、补充、完善以及新政策的制定提供依据。

二、高等教育政策评估要素

教育政策评估活动是一个有机的系统，包括教育政策评估的主体、客体、评估目标、评估标准、评估程序与方法等要素。

---

① 林水波、张世贤：《公共政策》，台湾：五南图书出版公司1982年版，第499页。

(一)评估主体

评估主体即政策评估者的主体构成,包括决策者和执行者、专业学术团体和研究机构等。一般而言主要有以下几种主体:(1)立法机关。教育政策法律是由立法机关制定的、由行政机关执行的。为了确保立法机关制定的教育政策法律法规实现预期的决策目标、保证教育政策法律法规制定的质量,就需要由立法机关对法律、法规以及政府相应的政策进行评估,得出结果,便于制定更好的、更满足需要的法律。教育立法机关进行教育政策评估有政府工作报告、教育专题调查等渠道。(2)教育行政机关。在一般情况下,公共政策评估由政策制定的行政机关进行,便于监督公共政策的执行,衡量公共政策的实际状况。通过评估公共政策,使行政机关及时调整相关的公共政策,减少公共政策的偏差和失误,维护社会组织与公民的合法权益。(3)企业组织。企业组织参与教育政策评估主要表现在:参与教育事业投资的企业单位因为某项教育政策问题直接向政府有关部门反映情况,要求政府调整相关政策或者间接对政府教育政策进行批评,如撤销教育投资。(4)社会组织。社会组织对公共政策的评估往往通过教育政策建议、新闻媒体等方面得以反映。(5)专业评估机构。专业评估机构的专业性较强,评估指标和数据分析较为规范,得出的教育政策报告相对而言权威性较强。

(二)评估客体

教育政策评估的客体即教育政策评估的特定对象,也就是所要评估的具体教育政策。虽然在一项实际的政策评估活动中,评估对象是既定的,但这并不是说所有政策在任何时候都可以且有必要进行评估。评估应以有效性(有没有实际价值)、时间性(时机合适不合适)、必要性(有没有现实需要)和可行性(具不具备评估条件)为前提,具体问题具体分析。

教育政策评估主要侧重于教育政策效果的分析。所谓教育政策效果,是指在一定成本投入基础上的教育政策执行结果。因此,评估对象的成本因素是评估过程中需要重点考虑的内容。该成本不仅包括与教育政策密切相关的直接成本,还包括教育政策实施的机会成本和其他间接成本等。

(三)评估目标

评估目标即评估工作的出发点,就是设法回答“为什么要进行评估”的问题。一般来说,评估目标能够决定政策评估发展方向、基本内容和评价标准。评估目标主要涉及政治方面、法律方面、行政方面、经济方面等内容。其中,政治方面涉及评估政策的执行是否有利于社会的团结与稳定,是否有利于政权的巩固与发展等。法律方面重点关注政策执行机构是否合法,执行人员是否具备资格,执行程序是否符合规定等。行政方面是指评估某个机构能否在政策执行中发挥作用，具备不具备这方面的能力。经济方面是指政策投入与产出是否合乎预期的要求，是否具有政策效率等。

(四)评估标准

教育政策评估是在教育政策方案之间以及教育政策方案与教育政策结果之间所作出的比较，而任何比较都是根据特定的标准进行的。没有标准就不可能有评估，因此，建立教育政策评估标准是进行教育政策评估的起点，而教育政策评估标准是对教育政策运行加以测量、评定的评价体系。评估标准是指依据教育政策目标设立的可供比较的指标或准则。评估标准的设立须客观反映社会对教育政策的要求，同时它还与评估者的目的密切相关。

教育政策评估既是一个事实判断过程，又是一个价值判断过程，价值判断须以事实判断为基础。因此，教育政策评估，既要设立价值标准，也要设立事实标准。所谓事实标准，一般用数量、成本、统计结果来建立，也可以以确立的特定事物或既成事实为标准。所谓价值标准，是建立在伦理、文化、利益、政治、社会的价值取向的基础上，目的在于确立一项公共政策在价值上所造成的影响。

(五)评估方法

评估方法对教育政策评估具有非常重要的意义。评估方法根据评估对象、评估目标的不同而有所区别。一般而言，评估方法有定性分析的方法，也有定量分析的方法；有经验型方法，也有演绎推理型方法；等等。本节第四部分专门介绍评估方法。

三、高等教育政策评估的类型

在教育政策活动中，教育政策评估呈现多样化的特征。从不同的角度或标准来看，高等教育政策评估可以分为不同的类型。

(一)正式评估与非正式评估

从教育政策评估活动组织的严谨程度划分，教育政策评估可分为正式评估和非正式评估。

1.正式评估

教育政策正式评估是指由确定的评估组织和人员按照预先拟定的政策评估方案所规定的程序和内容进行的评估活动。正式的教育政策评估的优点是评估方案规范、评估程序标准、评估方法科学、评估结论比较全面客观。缺点是评估的条件比较苛刻，需要有充足的评估资金和系统的评估资料，对评估者的专业素质也有较高的要求。在实践中，教育政策部门一般用正式评估的结果作为考察教育政策的制定、实施或实施效果的最主要的依据。如山东省教育厅委托第三方机构山东省教育科学研究院对全省高校大学章程执行与落实情况开展的政策评估工作，就属于教育政策的正式评估活动。

2.非正式评估

教育政策非正式评估是指对评估者、评估形式、评估内容和评估程序等没有严格要求而进行的评估活动。非正式评估的优点是简单易行，可以随时进行。缺点是评估的程序和方法随意性较大，获得的资料或信息相对来说是不全面的。因为该种评估操作较为简便，因此在教育政策活动中有时候会选择此种方式。如某高校对学校在实施公费师范生政策后所招录的公费师范生的学习状况进行粗略的调研，了解公费师范生政策执行的效果。

(二)内部评估与外部评估

从教育政策评估主体在活动中所处的地位来看，教育政策评估可以划分为内部评估和外部评估。

1.内部评估

内部评估是指由教育组织部门内部人员所进行的评估。如教育政策制定者或执行者实施的评估，或由教育行政部门内部专职人员所进行的评估。优点是教育政策制定者或执行者清楚了解教育政策制定或实施的过程，掌握相关的一手资料和信息，有利于教育政策评估活动的开展，并且教育政策制定者或执行者可以根据评估结果对评估政策进行调整。缺点是教育政策制定者和执行者作为教育评估人员，既是运动员又是裁判员，在评估过程中会受到自身身份的影响，可能会更多地考虑局部利益或自身的声誉，隐瞒教育政策的不足，影响教育政策评估的科学性、公正性。

2.外部评估

外部评估是指由教育组织部门以外的评估人员所进行的评估。外部评估主要涉及受教育行政机构委托进行的评估或由教育投资部门或立法机构组织的评估。

受教育行政部门委托进行的评估是由教育政策制定者或执行者委托机构以外的人员进行的评估，它是外部评估的一种最主要的方式。在这种评估中，被委托的对象可以是营利性或非营利性的研究机构、专业性的咨询公司，也可以是高校的专家学者。如山东省教育厅委托山东省教育科学研究院所作的大学章程评估就属于外部评估。该种评估的优点，首先是评估人员与机构利益没有直接关系，可以以中立的立场开展工作，这样评估较为客观公正。其次，评估人员的专业水平较高，评估经验较为丰富，可以保证评估活动的质量。

投资部门或立法机构组织进行的评估是投资部门或立法机构对一些问题进行的评估，也是外部评估的一种形式。如高校后勤社会化政策出台之后，一些投资机构意欲投资高校食堂项目，投资之前对该高校食堂相关问题开展的评估活动，就属于该种评估。该种评估的优点是针对性和目的性较强，且客观、公正。缺点是由于评估组织者本身是机构，有可能从自己的利益出发组织评估活动，难以从整体利益出发，而且被评估部门可能会制造虚假材料，从而可以不断地获得投资部门的投资和立法机关的认可。

除此之外，外部评估还涉及一些科研或学术机构进行的评估活动，如 21 世纪教育研究院、中国教育政策评估研究中心开展的教育政策评估活动。

（三）预评估、执行评估和后果评估

从评估在教育政策环节所处的时间而言，教育政策评估可以分为预评估、执行评估和后果评估。

1.预评估

预评估是对教育政策方案进行的评估，是对政策执行可能出现的情况和可能取得的结果进行的一种预测。其主要涉及对教育政策方案进行价值分析、可行性分析和后果预测分析。其中，价值分析主要是对教育政策目标满足社会或个人对教育需要程度的分析，可行性分析主要是对教育政策方案所提出的各项政策措施的具体条件进行分析，后果预测分析主要是对政策方案实施后出现的情况和实施后果进行预测。

2.执行评估

执行评估是对教育政策执行过程中的政策实施情况进行系统的分析和评价，它主要分析教育政策执行是否按原定政策方案实施，并且审核分析政策方案继续执行能否达到预期目标。

教育政策在执行过程中会遇到很多问题，有的问题在预先的评估和预测中不可能考虑到，只有通过实施才能暴露出来。通过对政策本身以及执行情况的评估，可以发现执行中的偏差现象，找出问题的根源，把与此相关的信息反馈给决策者和执行者，及时地修正政策，使政策执行向政策目标迈进，最终解决现实问题。

3.后果评估

后果评估是对教育政策执行后已经出现的效果作出的价值判断，它根据政策执行后出现的客观现实来判断政策正确与否，并对政策的效应和影响作出总结性评价。教育政策的后果评估涉及政策效果评估、政策影响评估等。教育政策效果评估是对教育政策执行结果实现教育政策目标的程度所作的评价。教育政策影响评价是对教育政策在整个社会系统中所起的作用和产生的影响的综合评价。

四、高等教育政策评估的步骤

政策评估是一项程序性工作，需要按步骤进行。尽管由于评估对象和评估类型不同，政策评估的步骤也不尽相同。但无论是全国性的教育政策评估，还是小范围的政策评估，基本上遵循着相同的程序，主要包括评估准备、评估实施和评估总结三个阶段。①

（一）评估准备

准备工作是评估的起点和前提，只有具备了充分的前提条件，才能使评估工作有条不紊地展开。评估准备主要包括以下几方面的工作：

1.明确评估目的

评估目的是政策评估计划阶段的逻辑起点，也是贯穿整个筹划、实施和总结三阶段的总指向，它包括明确为什么要对政策进行评估以及评估结果有什么作用。

2.选定评估对象

由于政府层级的不同，涉及诸多的政策评估对象，这就需要根据评估主体的意愿和客观现实具备的条件来选定评估对象，以利于达到评估所要达到的目的。确立评估对象，就是要明确评估的内容，即要对哪一个项目进行评估，明确评估活动的实施对象，使评估活动做到有的放矢。并不是任何政策在任何时候都需要被评估，只有那些社会影响大、评估结果有巨大的政治、经济、文化、社会等效益的政策才能作为评估对象。

3.制定评估计划

评估计划的制定是政策评估准备阶段重要的工作，评估计划的制定是评估工作开展的依据。评估计划是否得当、是否完备、是否周全，直接关系到评估的效果和评估活动的成败。一是明确评估所需要的时间，初步规定评估工作的开始时间和结束时间。二是圈定评估的范围，在何种范围内进行政策评估活动。三是确定评估标准与方法，明确政治标准、经济标准、社会标准和伦理标准在评估活动中的地位，采用多种评估方法，包括定量方法与定性方法等。四是确定评估目标，明确评估的短期目标与长远目标。

4.评估人员挑选与物质准备

评估的过程实际上是一种理论研究过程，它对评估人员的理论素养要求很高。换句话说，评估人员自身的素质和理论水平将直接影响评估的质量。因此，必须选择适当的评估人员，提高他们的理论分析水平和实际操作能力，构建

① 参见莫勇波：《公共政策学》，上海：格致出版社2013年版，第209～210页。

具有较高水准的评估队伍。此外，评估活动应当有物质上的准备，包括评估所需要的经费、场所、交通工具、通信工具、对评估费用提出预算等。

（二）评估实施

实施评估是整个评估过程中的关键环节，其主要任务是采集评估信息、统计分析评估信息。这一阶段工作的好坏直接决定着公共政策评估的成功与否。这一阶段又分为三个子阶段：

1.收集整理政策信息

政策信息的采集要求做到系统、全面、精确、客观、真实，应全面收集政策制定、政策执行、政策影响和政策效益等方面的信息。为了保证所获得的信息具有全面性、系统性和准确性，需要综合采用各种科学方法来收集信息。常用的方法有观察法、查阅资料法、调查法、个案法、实验法等。

2.综合统计、分析政策信息

在收集到的信息中，有一些是定性的内容，有一些是量化的。对于这些定性的评价信息，在分析时，应当依据充分肯定、基本肯定、部分否定、基本否定几个等级进行划分；对于定量化的评价信息，要分解成多个单项指标，并对每个单项指标在综合指标体系中的权重作出合理、恰当的规定。

3.充分运用评估方法获取结论

要在收集信息的基础上对那些有关政策的原始数据和信息资料进行系统的整理、归类、统计和分析。政策制定与执行机构在自我评估时多倾向于自我肯定，而政策作用对象和社会对政策的评估则倾向于批评。评估主体要始终坚持客观、公正、科学的原则，避免受个人价值观和个人利益的影响而扭曲评估结果，要运用不同方法评估得出结论，通过对照、比较，最终形成综合性的结论，要努力作出科学、客观的评估结果。

（三）评估总结

总结阶段是处理评估结果、撰写评估报告的阶段。这个阶段包括两个方面的内容：要自我检验、统计、分析评估信息所得出结果的可信度和有效度；让评估结论与政策设计者、决策者、执行者、参与者会面，以便发挥评估的诊断、监督、反馈、完善和开发功能，提高政策的科学性。

在结束阶段，政策评估者需要形成书面形式的评估报告，提交给有关领导和主管部门，使之了解一项政策实施的最终情形，及时根据情形形成决策的继续、修改、中止等。评估报告除了对政策效果进行客观陈述、对政策进行价值判断、提出政策建议之外，还应包括对评估过程、评估方法和评估中一些重要问题进行必要的说明，对评估工作的优缺点进行总结。

五、高等教育政策评估的方法

教育政策评估中，运用比较多的是过程对比法和经验判断法。

（一）过程对比法

过程对比法指的是评估者在政策执行过程中对不同阶段的政策效果进行对比检测的一种方法。它有两个方面的特点：一是评估的对象是政策执行过程中各个阶段的效果，具有动态性和全面性的特点；二是评估采用前后对比的分析方法，是一种将政策执行前后的有关情况进行对比分析，从而判定政策价值、提出政策建议的一种分析思路。该方法是政策评估的基本方法。

1.“前—后”对比法

该对比法是将政策对象在政策实施前可以衡量出的状态与它接受政策作用后可以衡量出的新状态之间进行对比，从中检测出政策效果，进而据此对政策的价值作出判断。

2.“始—中”对比法

该对比法是指在政策执行中的某一时间点上将政策执行的情况与执行前的情况进行比较、评估的一种方法。该方法的时间选择是在政策执行过程中。

（二）经验判断法

经验判断法是政策评估的定性方法，是指相关人员凭借个人的经验和直觉，对政策结果进行评估，对政策影响进行判断。

1.专家评估法

专家评估法是指组织有关方面的专家审定各项有关政策的记录，观察政策的执行，进行实地考察，对政策对象和政策参与者进行调查，与执行人员及其工作人员交换意见，鉴定政策的成效。这个方法的优点是由于专家的知识专业化较强，能比较科学地分析政策。同时，由于专家相对于政策制定者、执行者和政策对象来说属于局外人，因此能够站在比较客观、公正的立场上进行评估。

2.执行群体评估法

执行群体评估法是指政策执行人员对政策影响和目标实现程度进行评估。政策执行人员对政策内容、政策环境、政策对象和政策过程比较了解，并掌握相对充分的政策信息，他们有可能及时、充分地评估每一项政策的效果，因而在政策评估活动中是最有发言权的群体。另外，政策执行人员可以根据自己的评估结论，迅速调整自己的政策目标和措施，使评估活动收到立竿见影的效果。

3.目标群体评估法

这种方法指由政策目标群体以自己的亲身感受和对政策的个人理解来评定政策执行的效果。由于政策目标群体是政策的实施者，又往往是政策活动的主体，他们对政策的效果有切身感受，因而最有发言权。评估工作者要做好评估工作，就必须了解他们的想法，认真倾听、研究他们对政策效果的评价。只有这样，才能收到理想的效果。

〔经典案例〕

75所高等学校章程实施情况评估报告①

1998年出台的"高教法"明确规定，大学要有自己的办学章程。但当时是中国高等教育加大投资和硬件高速发展时期，国家启动了"985工程"等一系列旨在推动中国高等教育发展的措施，对高等教育进行集中和大规模的投资。因此，大学章程虽然被视为大学办学最主要的依据，但并未被提上议事日程。直到2004年初，一些发展得比较快的学校才开始启动大学章程的建设，比如北京大学、南开大学等高校。2010年，复旦大学也提出了要制订大学章程，探索依法治校，并且通过大学章程来限制校长和其他党政领导的职权，理顺校内行政和学术的关系。差不多在同一时期，北京大学也提出探索制订大学章程。

为完善中国特色现代大学制度，指导和规范高等学校章程建设，促进高等学校依法治校、科学发展，2011年7月12日，教育部第21次部长办公会议审议通过《高等学校章程制定暂行办法》。

为加快推进高等学校章程建设与核准工作，2014年5月28日，教育部办公厅印发《关于加快推进高等学校章程制定、核准与实施工作的通知》。

章程的生命力在于实施。为全面掌握我国高校章程实施情况，受教育部政策法规司委托，华中师范大学"全国高校章程执行情况评估课题组"从2015年3月开始，对教育部直属高校、被列入"211工程"的地方高校和地处湖北的相关高校进行了重点调研评估。

从实施的总体进展来看，章程的宣传度、实施亲和度与满意度明显提升。

1.加强了对学校章程的宣传度。统计结果表明，所有高校都采取多种不同渠道来宣传章程，包括宣讲团宣讲、专题讲座、集体学习、校报登载、校园广播、校园网络、橱窗展示等。

---

① 参见陈彬、郑宁：《章程的生命力在于实施——全国75所高等学校章程实施情况评估报告》，《中国高等教育》2016年第10期。

2.提升了章程与制度的整合度。96%的受评估高校已经按照教育部要求,以章程为准则,通过“存、废、改、并、立、释”,全面系统地梳理学校规章制度,形成了健全、规范、统一的制度体系。

3.探索有本校特色的学校治理结构及其运行机制。学校内部治理结构的优化是章程治理追求的核心目标之一。评估表明,90%以上的高校已按照建设有中国特色现代大学制度的总体愿景,实现“党委领导、校长负责、教授治学、民主管理”的治理架构。受评估高校都在努力探索有本校特色的学校治理结构及其运行机制。

4.拓展了学校章程实施亲和度。部分高校在章程实施中,以章程为统领来深化学校内部改革,推行了校院二级管理体制,促进了管理重心下移,进一步激发了学院的办学活力,实现了人权、财权、事权的统一,从而为章程落地奠定了坚实基础。

从目前高校章程贯彻实施情况来看,我们虽然取得了较大进展,但是也要看到章程实施还面临一些挑战,主要表现在参与度、知晓度、协同度、遵从度等四方面。

面对目前章程实施面临的挑战,我们提出五点建议:第一,坚持高位引领,增拓章程实施统御力;第二,培植诱致因素,增强章程实施内生力;第三,优化制度环境,增添章程实施保障力;第四,消除组织智障,增进章程实施协同力;第五,创新制度文化,增加章程实施整合力。

〔**案例评析**〕

从上述案例可以看出,大学章程评估这一政策是一个复杂的动态实践过程。从大学章程建设这一政策问题的确立,到大学章程建设相关政策的制定和出台,以及在政策实施过程中的问题和困难,这一系列过程反映了教育政策不是一个静态的“点”,不是静态的“红头文件”,而是一个由制定、实施和评估构成的连续的动态过程。

大学章程政策问题的确立与政策文件的出台,是在一系列现实问题与政治因素推动之下形成的,表明教育政策的制定也是受很多因素影响的。章程建设最终通过《高等学校章程制定暂行办法》《关于加快推进高等学校章程制定、核准与实施工作的通知》等文件的公布而得以合法化。

根据文件,各高校积极推进大学章程建设。通过对章程建设的评估,了解到章程的宣传度、实施亲和度与满意度明显提升。章程实施还面临一些挑战,主要表现在参与度、知晓度、协同度、遵从度等四方面。在评估发现问题的基础上，分析诊断章程实施的影响因素，进一步优化章程推行机制，提高章程建设工作质量。

推荐阅读：

[1]袁振国：《教育政策学》，南京：江苏教育出版社2000年版。

[2]莫勇波：《公共政策学》，上海：格致出版社2013年版。

[3]范国睿：《教育政策的理论与实践》，上海：上海教育出版社2011年版。

[4]林水波、张世贤：《公共政策》，台湾：五南图书出版公司1982年版。

[5]张芳全：《教育政策导论》，台湾：五南图书出版有限公司2013年版。

[6]孙绵涛：《教育政策学》，北京：中国人民大学出版社2010年版。

[7]孙绵涛等：《教育政策分析——理论与实务》，重庆：重庆大学出版社2011年版。

[8]史万兵：《中国当代高等教育政策分析》，谢明、伏杰、朱需宁译，北京：科学出版社2019年版。

[9][美]威廉·N.邓恩：《公共政策分析导论》，谢明、伏杰、朱雪宁译，北京：中国人民大学出版社2011年版。

[10][美]托马斯·R.戴伊：《理解公共政策》，谢明译，北京：中国人民大学出版社2011年版。

第三章　高等教育政策体系

章节提要

我国高等教育政策体系由教育质量政策、体制政策、经费政策、教师政策构成。我国高等教育基本政策主要有财政政策、管理体制政策、评估政策、教师政策、学生政策以及重点大学建设政策等，各类政策均经历了自身的演进过程。现行高等教育财政政策内容体现在高等教育财政来源、高等教育成本结构、高等学校拨款制度三个方面。高等教育管理体制政策改革的核心内容包括形成“条块有机结合”的办学体制，加强省级政府管理的统筹权和决策权，扩大高等学校的办学自主权。高等教育评估政策从评估主体看，政府评估、社会评估和高校评估并存。实施教师聘任制的目的是按照平等自愿的原则，在高校与教师之间建立一种契约合同关系，实现教师资源的最优化配置。统一高考政策是我国当前高等学校的主要招生政策，“强基计划”政策、农村和贫困地区专项招生计划政策等是其补充形式。“双一流”政策的本质是院校重点建设政策，是对以往重点建设政策的继承和调适。

第一节　高等教育政策体系构成

高等教育政策是国家或政党为实现一定历史时期高等教育任务而制定的行动方案、策略和准则。我国高等教育政策在形式上既包括党和政府发布的各种法规和文件，也包括高等教育方针、路线、规划以及决策等；既包括党和政府实际为高等教育采取的行动，也包括计划要采取的行动。长期以来，依据特有的国情、高等教育实践以及高等教育自身的规律，我国逐渐发展并形成了具有中国特色、庞大而较为完备的高等教育政策体系。

一、高等教育政策体系的内涵

体系一般是指由“若干有关物质相互联系、相互制约而构成的一个整体”。高等教育政策体系则是指由诸多相互联系、相互制约的有关高等教育的政策而构成的一个整体，它可以划分为若干项或若干条具体的政策，其中任何一条或一项政策都不是孤立存在的。具体来说，高等教育政策体系有广义和狭义两种含义。

从广义上来看，我国高等教育政策体系是指我国颁布的一系列涉及高等教育发展与改革的所有高等教育政策的总和，既包括国家宪法和法律体系中涉及高等教育发展的法律、法规、条例等，还包括由各级政府或教育行政管理部门及相关部委颁布的、涉及高等教育发展和改革的各种规定、通知、意见等。诸如《中华人民共和国宪法》《中华人民共和国教育法》《中华人民共和国高等教育法》中均有涉及高等教育改革与发展的相关法律条款。再如《学校卫生工作条例》《学校体育工作条例》等国务院颁布的条例，其条款和规定也都涉及高等学校的相关工作。因此，这些法规也可以归属广义的高等教育政策体系，也就是说，上述法律、法规或条例等，并不是专门针对高等教育改革与发展的，但又与高等教育改革与发展密切相关，因此，可以将其看作是广义的高等教育政策体系的范畴。

与广义的高等教育政策体系不同，狭义的高等教育政策体系专指由我国立法机关、各级政府、教育行政管理部门（或联合相关部门）制定颁布的专门针对高等教育改革与发展的一系列法律、法规、规章、规定等。诸如《中华人民共和国高等教育法》，该法是由全国人民代表大会常务委员会作为立法主体于 1996 年 9 月颁布实施的、专门针对高等教育改革与发展的高等教育法律。再如 2012 年教育部发布的《全面提高高等教育质量的若干意见》，2018 年教育部、财政部、国家发展和改革委员会联合印发的《关于高等学校加快“双一流”建设的指导意见》均专门针对高等教育改革与发展，属于狭义的高等教育政策体系范畴。

二、教育政策体系构成的观点

高等教育政策体系是国家教育政策体系中的一个类别，关于国家教育政策体系的构成问题，目前主要有以下几种代表性观点：

第一种观点是我国政策学领域较普遍的一种观点，即将教育政策分为总政策、基本政策和具体政策三部分，并以此构成国家教育政策体系。教育总政策指的是《宪法》中有关教育的政策规范和教育方针，基本政策指的是《中国教育改革和发展纲要》《教育法》等法律或法规中的政策规范，具体政策指的是一些具体的法规中的政策规范。这一观点从宏观到微观，似乎是将教育政策分层梳理而形成政策体系，但是细一分析，此观点有一个较难解决的问题，即很难将教育的政策相对地归属于这三种政策之中，如将《宪法》中对我国教育的性质、受教育的权利、公民的基本素质等方面的规定作为教育的总政策是远远不够的，教育方针作为教育的总政策又写在了《教育法》中，《中国教育改革与发展纲要》中既有总政策又有基本政策和具体政策，等等。因此，这种体系只能是一种相对的、较为模糊的划分方法。

第二种观点是以美国学者佛兰德・S.柯伯恩提出的由教育经费政策、课程政策、学生政策、教师政策、教育管理政策等组成的国家教育政策体系。教育经费政策所要解决的是谁出钱、出多少钱、为什么出钱的问题，课程政策所要解决的是教什么的问题，学生政策所要解决的是向谁教的问题，教师政策所要解决的是由谁教的问题，教育管理政策所要解决的是由谁管的问题。柯伯恩认为，教育经费政策、课程政策、学生政策、教师政策、教育管理政策这五个方面构成了一个国家教育改革与发展的基本教育政策，因而构成狭义的国家教育政策体系。

第三种观点是我国学者孙绵涛提出的由教育质量政策、教育体制政策、教育经费政策、教师政策等组成的国家教育政策体系。此观点将学生政策与课程政策包含于教育质量政策之中，将教育管理政策包含于教育体制政策之中。在这里，教育质量政策所要解决的是人才培养的质量标准问题。国家要制定出最基本的学生培养质量标准以及实现这些标准的基本要求，为此，国家就应该对学生的有关问题和学校课程的标准、体系与结构及课程的实施等作出政策规范。教育体制政策要解决的是各级各类教育的发展问题，为此，国家要制定政策规范去协调各级各类教育的关系，协调各种教育管理之间的关系。可见这一观点不仅在教育政策的内涵上比柯伯恩的观点要丰富一些，而且它所指称的国家教育基本政策也更集中一些。

三、我国高等教育政策体系的构成

体系是一个多维的结构，高等教育政策体系是由诸多不同性质、不同目标的高等教育政策组成的复杂而庞大的整体。我们在考察高等教育政策体系构成时，把所有的政策都罗列出来是不现实的，因此只能考虑高等教育政策中那些最基本、最关键的部分。在此，我们采用孙绵涛的观点，即我国高等教育政策体系由教育质量政策、教育体制政策、教育经费政策、教师政策构成。从纵向来看，这一体系包括了自上而下的国家高等教育总政策和具体政策两个层次；从横向来看，它贯穿了教育目标政策、教育途径政策和教育条件政策三个方面。高等教育总政策是对全国高等教育工作中的教育问题起作用的政策，高等教育具体政策是对国家某一层次和某一方面的教育起作用的政策。高等教育目标政策是指高等教育培养人的质量标准的政策，它和国家的人才培养质量标准相一致，同时还有更特殊的一些要求。高等教育途径政策是指实现高等教育质量标准的政策。其中，高等教育质量政策属于教育目标政策范畴，高等教育体制政策属于教育途径政策的范畴，高等教育经费政策、教师政策等属于教育条件政策的范畴。（如图 3-1）

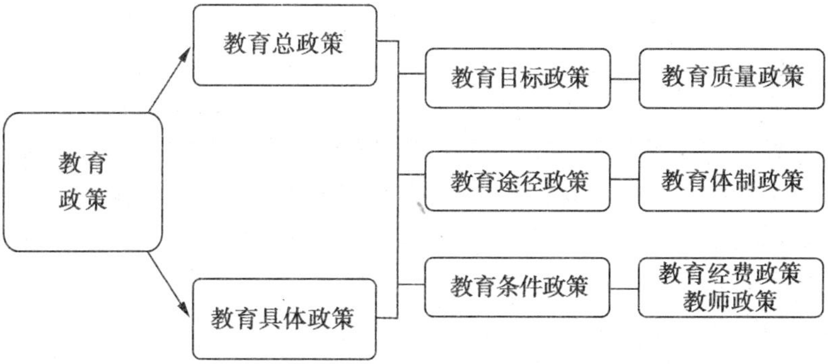

图 3-1　教育政策逻辑结构图

（资料来源：孙绵涛：《关于国家教育政策体系的探讨》，《教育研究》2001 年第 3 期）

四、我国高等教育政策体系的特点

（一）高等教育政策的权威性

中央决策层高度重视高等教育政策的制定工作，重大高等教育政策常常以党中央或国务院的名义颁布，或由党中央和国务院联合颁布，充分保证了重大政策的权威性。

（二）高等教育政策的全面性

高等教育政策覆盖高等教育发展的宏观和微观领域，涉及高等教育发展的方向、战略、结构、体制、人才培养、科学研究、国际交流乃至党建工作、学校财务、卫生健康、校园文化、安全保卫等各个方面，体现了高等教育政策体系的全面性。

(三)高等教育政策的发展性

高等教育政策尽管从结构上来看,基本上是稳定的,但就高等教育政策的具体内容而言,它又是不断发展的,是随着制定高等教育政策影响因素的变化而调整其内容与重点。

第二节　我国高等教育基本政策

我国高等教育政策体系庞大,内容覆盖高等教育的各个领域和层次,本节选择财政政策、管理体制政策、评估政策、教师政策、学生政策以及重点大学建设政策来论述。其中财政政策、管理体制政策、评估政策、教师政策属于高等教育政策体系的构成部分,学生政策则是高等教育中的关键部分,而重点大学建设政策则是当前高等教育领域重要的办学政策。

一、高等教育财政政策

财政政策在经济学领域是指国家根据一定时期的政治、经济、社会发展任务而规定的财政工作的指导原则,通过财政支出与税收政策来调节总需求。高等教育财政政策是指在一定社会发展阶段,高等教育的财政拨款模式、拨款方式以及高等教育投资政策体系。

(一)高等教育财政政策的演进

1.高等教育财政政策起步阶段(1949～1979 年)

1949～1979 年间,中央实行高度集中的计划经济体制,相应地也建立起高度集中的财政体制。1950 年,《关于高等学校领导关系的决定》颁布,强调高等教育接受中央统一领导,财政部门也实行“统一列支”的财政政策,即对教育经费采取统包的办法。1953～1957 年第一个五年计划期间,财政部根据高等教育改革方案,对高等学校实行“统一领导、分级管理”的财政管理体制。1955 年《关于加强文教卫生事业定员定额的制定工作的联合通知》指出,按照定员定额的方法核算高等学校经费预算,使高等教育事业的财政经费拨款有了标准可依。1958～1966 年的财政政策仍以国家统一领导、地方根据需要上报为主。直到 1972 年,财政部门才实行对高等教育经费“财政单列、统一下达”的财政政策,即教育经费单独列支,上级部门将指标下达给下级部门。高等教育经费由中央财政统一按计划戴帽下达。

2.高等教育财政政策调整阶段(1980～1992 年)

随着高等教育中央统一财政与分级管理体制的形成,1980 年后,在原有体制的基础上,国家根据社会发展需要,对高等教育作了相应调整,高等教育财政进入了地方负责与分级管理阶段。国家预算管理由过去的“统收统支”改为“划分收支,分级包干”体制。之后,除中央院校以外,全国各省(自治区、直辖市)的地方院校所需经费均由各省财政部门负责计划拨款,中央不再统一对高等教育拨款。随着高校办学自主权的扩大,一些高校开始尝试降分录取少量自费生,逐步推行自费、委培制度。1989 年,《关于普通高校收取学杂费和住宿费的规定》提出,把原有的助学金制度改为奖学金、助学金和贷学金制度,积极鼓励高校拓展经费来源。1992 年,为了适应社会主义市场经济体制改革的需要,我国高校开始较大范围地实行招生收费制度改革,提高了自费生的比例和学费水平,使公费、自费的财政政策得到很好的并轨。

3.高等教育财政政策全面发展阶段(1993 年至今)

1993 年,中共中央、国务院颁发的《中国教育改革和发展纲要》提出“改革上大学由国家包下来的做法,逐步实行收费制度”,进一步明确了高等学校要实行学费制度。1996 年,国家教委、财政部、国家计委发布了《高等学校收费管理暂行办法》,对高等学校的收费进行了规范。1998 年通过的《中华人民共和国高等教育法》规定,“高等教育的学生应当按照国家规定缴纳学费”,由此在法律上确立了高等学校的学费制度。从 1993 年开始进行取消自费生的收费并轨改革,到 1998 年,全部公立高校完成了学费并轨,全国统一的高等学校学费制度基本建立。2006～2010 年,在国家财政体制改革以及高等教育体制改革总目标的推动下,各级财政部门开始调整财政投入结构,重点支持“985 工程”“211 工程”及“高等学校本科教学质量与教学改革工程”。2015 年,《财政部、教育部关于改革完善中央高校预算拨款制度的通知》指出:“高校预算拨款制度是高等教育财政政策的核心内容之一,在现行生均定额体系的基础上,逐步建立中央高校本科生均定额拨款总额相对稳定机制,重构项目支出体系。”2017 年,伴随“一流大学、一流学科”建设的宣布,我国高等教育财政政策又发生了新的变化,重点支持“双一流”建设高校及学科的发展成为当前我国高等教育财政政策的重要内容。

(二)现行高等教育财政政策内容

1.高等教育财政来源

依据政策演进,我国正在逐步形成包括国家财政拨款、社会集资、校产收入以及收取学杂费等在内的多渠道高等教育财政来源。

(1)国家财政拨款政策

国家财政拨款主要包括:国家财政预算内的高等教育事业经费以及高等教育基本建设投资,国家各种专项教育资金,国家财政偿还教育外资贷款的支出,国家财政其他预算内资金用于教育的支出，中央和地方政府机动财力用于教育事业和教育基本建设的费用。

(2)社会集资

在高等教育财政方面，社会集资主要源于教育的社会税收和社会捐款。用于教育的社会税收由两部分组成：一是社会公开征收的直接用于教育的税收，如个人收入调节税、印花税等。二是国家和社会对教育单位的各种减免税，这是教育投资的社会间接来源。社会捐款包括社会团体捐款、企业和事业单位捐款、利用和引进外国金融组织的资金、国家组织多边合作援助资金以及部分外国政府对外合作机构提供的发展基金等。

(3)学生学杂费

1989 年，国家教委、国家物价局、财政部发布《关于普通高等学校收取学杂费和住宿费的规定》后，我国大学生交纳的学杂费逐年增长。到 1995 年，学生的学杂费已成为大学教育经费中仅次于国家财政拨款的第二大财政来源，而且近年来还有不断上涨的趋势。

2.高等教育成本结构

新《高等学校财务制度》将成本费用定义为："高校为完成教学、科研、管理等活动而发生的当期资产耗费和损失，按照其用途主要分为教育费用、科研费用、管理费用、离退休费用和其他费用。"显然，财务制度将高校成本费用定义为直接成本，也就是高校进行人才培养的全部费用。有学者提出成本结构，包括教学费用(含教员工资和教学业务费)、公共辅助教学费用(含公共辅助教学人员工资和公共辅助教学业务费)、行政费用(含行政人员工资和公务费)、学生服务(含学生奖助学金、学生贷款)、建筑维修、后勤服务、离退休人员支出及其他费用，并根据 14 所高校的数据建立了初步的拨款公式。

3.高等学校拨款制度

我国高等教育实行以政府投入为主的教育经费保障体制，财政拨款经历了"基数加增长""综合定额加专项补助""基本支出预算加项目支出预算"三种模式。这三种拨款模式各有优点，满足了不同教育阶段高校发展的经费需求。为了使高校更注重对教育经费使用效益的评价，充分发挥财政拨款对高校的引导和激励作用，依据 2015 年《财政部、教育部关于改革完善中央高校预算拨款制度的通知》，高校预算拨款制度成为高等教育财政政策的核心内容之一，也是支持高等教育事业发展的重要安排。就我国实际情况看，高校经费一般分为事业费、基本建设费和科研经费三部分。从中央一级财政看，中央各部委所属院校(包括教育部直属和其他部委所属)的经费，其高等教育事业费由中央财政部划拨到各部委，再由各部委根据各高校的实际需要分配。但是除教育部所属高校外，其他部委所属高校的基本建设经费则是混在划拨给各部委的中、小型项目基建费中一并划拨的，并未独立分项。科研经费则由科学技术部统一掌握，根据各高校科研项目的申报情况进行分配。

二、高等教育管理体制政策

高等教育管理体制通常是一个国家或地区在高等教育机构的设置、领导隶属关系和管理权限划分等方面的体系、制度、格局和模式的总称。其基本内容是高等教育相关机构的设置、隶属关系的确定、职责与权限的划分，体现了一个国家在高等教育管理活动中的中央和地方政府、政府和高校以及高校各管理层次、管理单元间的职责、权力和利益关系。前两者通常被称为高等教育体制中的宏观管理体制，后者被称为高校管理体制。本书的高等教育管理体制指高等教育宏观管理体制。

（一）高等教育管理体制政策的演进

1.高等教育管理体制政策的起步阶段

1950 年颁布的《各大行政区高等学校管理暂行办法》和 1953 年《关于修订高等学校领导关系的决定》都强调对全国高等学校实行统一与集中领导。从 1956 年起，中央开始尝试对地方放权。但由于中央对权力下放缺乏宏观上的统筹规划，加之地方缺少管理高等学校教育的经验，教育领域出现了所谓的“教育革命”。针对“教育革命”大发展带来的混乱，1960 年《教育部关于全国重点高等学校暂行管理办法》和 1963 年《关于加强高等学校统一领导、分级管理的决定（试行草案）》都表明要将高等教育的管理权收归中央。高等教育管理权收权未几，在“文化大革命”“大破大立”口号的号召下，高等学校管理权力再次下放。1971 年的《全国教育工作会议纪要》指出，多数院校应由地方领导。自 1977 年起，我国高等教育管理体制进入拨乱反正时期，以强调集权为主，逐步恢复了中央统一领导、中央与地方两级管理的体制。总的来说，这一时期高教管理体制较混乱，其政策的总趋势是将教育的领导权、管理权下放给地方基层。但是这种在高度集中的计划经济体制下形成的管理体制暴露出很多弊端，随着经济体制改革的深入，深化高教管理体制改革势在必行。

2.高等教育管理体制政策调整阶段

1985 年，《中共中央关于教育体制改革的决定》颁布，指出：“当前高等教育体制改革的关键，就是改变政府对高等学校统得过多的管理体制，在国家统一教育方针和计划的指导下，扩大高等学校的办学自主权。”1992 年国务院批转的《国家教委关于加快改革和积极发展普通高等教育的意见》和 1993 年中共中央、国务院颁布的《中国教育改革和发展纲要》强调要理顺政府、社会和学校三者之间的关系，按照政事分开的原则，使高等学校真正成为自主办学的法人实体。1995 年，国家教委发布《关于深化高等教育体制改革的若干意见》。该意见提出："争取到 2000 年或稍长一点时间，基本形成举办者、管理者和办学者职责分明，以财政拨款为主多渠道经费投入，中央和省、自治区、直辖市人民政府两级管理、分工负责，以省、自治区、直辖市人民政府统筹为主，条块有机结合的体制框架。"这样的改革目标，与前述各项文本相比，变化很大，实质已经转向解决"两级管理、条块结合"方面。

3.高等教育管理体制政策全面发展阶段

2007 年发布的《国家教育事业发展"十一五"规划纲要》首次提出"现代大学制度"概念。特别是 2010 年中共中央、国务院印发的《国家中长期教育改革和发展规划纲要（2010—2020 年）》，更是进一步提出"克服行政化倾向"，"取消行政化管理模式"，还特别针对高等教育提出要"完善中国特色现代大学制度"，"完善大学治理结构"。2017 年，教育部等五部委发布了《关于深化高等教育领域简政放权放管结合优化服务改革的若干意见》，提出要"破除束缚高等教育改革发展的体制机制障碍，进一步向地方和高校放权，给高校松绑减负、简除烦苛，让学校拥有更大办学自主权"。同年，中共中央办公厅和国务院办公厅发布了《关于深化教育体制机制改革的意见》，再次重申"依法落实高等学校办学自主权，完善中国特色现代大学制度"，并且要"改进高等教育管理方式"，"深化简政放权、放管结合、优化服务改革"。

（二）高等教育管理体制政策改革内容

改革开放 40 多年来，我国高等教育管理体制政策改革的核心内容主要有三个方面：改革"条块分割"的管理模式，形成"条块有机结合"的办学体制；改革高度集权体制，加强省级政府管理高等教育的统筹权和决策权；理顺政府和高校的关系，扩大高等学校的办学自主权。

1.改革"条块分割"的管理模式，形成"条块有机结合"的办学体制

计划经济体制下形成的"条块分割"的高等教育办学体制存在一些弊端，影响了整体教育质量和办学效益。1998 年，李岚清副总理提出了高等教育管理体制改革要实行"共建、调整、合作、合并"的八字方针。在"八字方针"的指导下，我国逐步完善了中央与地方政府两级管理、分工负责的管理体制，实现了由条块分割向条块有机结合的转变，高等教育的布局结构得到调整和优化。2016 年，全国共有普通高等学校和成人高等学校 2880 所，比上年增加 28 所。其中，普通高等学校 2596 所（含独立学院 266 所），比上年增加 36 所；成人高等学校 284 所，比上年减少 8 所。普通高校中本科院校 1237 所，比上年增加 18 所；高职（专科）院校 1359 所，比上年增加 18 所。从高等学校的隶属关系来看，中央

政府层面教育部和其他中央部委直属高校分别有77所和54所，占比为4.55%；地方政府层面教育部门、其他地方部门和地方企业所属高校分别有1189所、731所和87所，占比为69.69%；各类民办高校有742所，占比为25.76%。

2.改革高度集权体制，加强省级政府管理高等教育的统筹权和决策权

1985年的《关于教育体制改革的决定》指出："为了调动各级政府办学的积极性，实行中央、省（自治区、直辖市）、中心城市三级办学的体制。"1993年的《中国教育改革和发展纲要》提出，中央要进一步简政放权，扩大省（自治区、直辖市）的教育决策权和包括对中央部门所属学校的统筹权。1999的《关于深化教育改革，全面推进素质教育的决定》指出："进一步简政放权，加大省级人民政府发展和管理本地区教育的权力以及统筹力度，促进教育与当地经济社会发展紧密结合。"2010年的《国家中长期教育改革和发展规划纲要（2010—2020）》提出："加强省级政府教育统筹。完善以省级政府为主管理高等教育的体制，合理设置和调整高等学校及学科、专业布局，提高管理水平和办学质量。"

3.理顺政府和高校的关系，扩大高等学校的办学自主权

中共中央强调恢复"统一领导、分级管理"管理制度的同时，扩大高等学校的办学自主权的呼声也越来越大。1985年的《关于教育体制改革的决定》，提出了扩大高等学校的办学自主权的具体要求。1993年的《中国教育改革和发展纲要》明确指出："在政府与学校的关系上，要按照政事分开的原则，通过立法，明确高等学校的权利和义务，使高等学校真正成为面向社会自主办学的法人实体。"1998年的《面向21世纪教育振兴行动计划》提出："切实落实《高等教育法》关于'高等学校应当面向社会，依法自主办学，实行民主管理'的规定，扩大高校办学自主权。"1999年的《关于深化教育改革，全面推进素质教育的决定》指出："按照《中华人民共和国高等教育法》的规定，切实落实和扩大高等学校的办学自主权，增强学校适应当地经济社会发展的活力。"2010年的《国家中长期教育改革和发展规划纲要（2010—2020年）》提出了"落实和扩大学校办学自主权"的目标。

三、高等教育评估政策

高等教育评估是保证高等教育质量的重要举措，高等教育评估政策是国家为保证高等教育质量而制订的行动准则，它为顺利、准确地进行高等教育评估工作提供了保障。

（一）高等教育评估政策的演进

1.高等教育评估政策的启动和试点阶段（1985～1991年）

1985年《中共中央关于教育体制改革的决定》中提出，"教育管理部门要组织教育界、知识界和用人单位定期对高等学校的办学水平进行评估"，标志着我

国有组织、有计划的高等教育评估的开始。同年，国家教委颁布《关于开展高等工程教育评估研究和试点工作的通知》，全面布置了高等工程教育评估研究和试点工作，标志着我国高等教育评估工作试点正式开始。1990 年，国家教委在《普通高等学校教育评估暂行规定》中提出，“普通高等学校教育评估是国家对高等学校实行监督的重要形式，由各级人民政府及其教育部门组织实施”。这是我国第一个关于教育评估的行政法规性专门文件，标志着我国教育评估的理论和实践工作开始规范化。

2.高等教育评估政策的推动和发展阶段(1992～1998 年)

这一阶段，高等教育评估制度由“逐步试点”进入了“推动和发展”阶段。1993 年，中共中央、国务院在《中国教育改革和发展纲要》中明确指出，要建立各级各类教育的质量标准和评估指标体系，各地教育部门要把检查评估学校教育质量作为一项经常性的任务。1995 年颁布的《中华人民共和国教育法》首次以法律形式确立了学校教育评估的重要地位，其中的第二十四条规定，“国家实行教育督导制度和学校及其他教育机构教育评估制度”。1998 年《中华人民共和国高等教育法》第四十四条规定，“高等学校的办学水平、教育质量，接受教育行政部门的监督和由其组织的评估”，表明我国由政府组织的高等教育评估的法律地位得到确认。

3.高等教育评估政策的均衡和专业化阶段(1999～2008 年)

2004 年，教育部出台《2003—2007 年教育振兴行动计划》提出，“实行以五年为一周期的全国高等学校教学质量评估制度”。同年，教育部公布《普通高等学校本科教学工作水平评估方案(试行)》，进一步规范普通高等学校本科教学工作水平评估工作。2005 年国务院学位委员会《关于开展对博士、硕士学位授权点定期评估工作的几点意见》、2007 年教育部《关于进一步深化本科教学改革全面提高教学质量的若干意见》、2008 年教育部《独立学院设置与管理办法》等文件，分别对研究生学位的定期评估、专业认证的开展、独立学院办学质量的监控作了规定。这些政策文件标志着高等教育评估工作走向规范化、科学化、制度化和专业化的全面发展阶段。

在这一时期，1999 年《中共中央、国务院关于深化教育改革、全面推进素质教育的决定》和 2001 年教育部《关于加强高等学校本科教学工作、提高教学质量的若干意见》中均鼓励和发展社会评估，提倡政府、社会、高校共同评估教育质量。与此同时，不同类型的社会评估机构自 1999 年开始发端，相继出现了辽宁省教育评估事务所(1999 年)、云南高等教育评估事务所(2000 年)、广东省教育发展研究与评估中心(2000 年)、浙江省新时代教育评估中心(2003 年)等。民间自发形成的各类大学排行榜，作为一种评估结论向社会公布并引起很大的反响，社会组织参加高等教育评估日趋活跃。

这一阶段，高等教育评估工作主要由政府教育行政部门定期开展，高等教育评估制度进入均衡和专业化阶段。

4.高等教育评估政策的多元化阶段(2009年至今)

2010年，中共中央、国务院颁布的《国家中长期教育改革和发展规划纲要(2010—2020年)》中明确提出，“以转变政府职能和简政放权为重点，深化教育体制改革，提高公共教育服务水平，促进管办评分离”。随后，又有多个文件提出深入推进管办评分离，将管办评分离各项任务落到实处。高等教育评估进入多元化阶段。

(二)高等教育评估政策总体现状

早在1985年，《中共中央关于教育体制改革的决定》中就明确提出，政府要对高等学校办学水平和教育质量进行评估。而后，评估作为一项工作、政策和制度一直受到政府及高校的高度重视。当前，我国高等教育评估政策总体表现为以下几点：

1.从评估主体看，政府评估、社会评估和高校评估并存

政府评估，即政府直接组织的评估，是我国高等教育评估最主要的形态。《中华人民共和国教育法》《中华人民共和国高等教育法》和《中华人民共和国民办教育促进法》等法律直接赋予政府评估高等教育办学水平和教育质量的权力。政府评估的范围非常广，几乎涵盖了高等教育办学和教育教学活动各个领域。政府评估，包括中央教育行政部门组织的评估和省级教育行政部门组织的评估。其中最有影响力的，当属教育部组织开展的普通高等学校本科教学工作评估。

社会评估，即非政府组织(Non-Governmental Organizations, NGO)开展的专业认证，目前主要包括中国科协举办的工程专业认证、医学教育认证委员会的临床医学专业认证和教育部开展的普通高等学校师范类专业认证，特点是高校自愿参加。大学排名也是一种社会评估，更准确一点说，可称为社会评价。我国最早的大学排行榜是1987年由广东管理科学院推出的，之后相继有网大排名榜、中国高校校友会排名榜、上海交通大学的世界杰出大学声誉排行榜等。据不完全统计，目前我国约有40余家高校或社会机构开展大学排行业务。

高校自身组织的评估，也叫自我评估，最早起源于高校迎接和应对政府开展的相关外部评估而进行的前期准备性评估，后来有逐步演化成内部质量保障机制和常态性工作的倾向。高校自我评估内容丰富，范围也比较宽泛，包括学校内部教育教学、科研、学科建设、课程、教材、教师发展和学生学习等方面。有条件的高校，如国家“985工程”大学还会接受国外相关机构组织的国际性评估，

某些专业性和行业性强的高校，自愿接受有关组织开展的ISO9000族的学校整体质量认证与专业质量认证。

2.从评估目标与内容上，分为侧重于投入产出或绩效结果的评估、侧重于管理与工作过程改进的评估和侧重于高校师生自我体验的评估

事实上，各种大学排名(综合排名与单项排名)是一种典型的投入产出评估或绩效评估，其特点主要是强调高等教育过程的两端：一端是投入(主要指经费和设施)，一端是产出(人才、科研项目与成果、各种获奖、服务收益、社会影响等)，以可量化的形式计算出投入与产出的比率，以此衡量大学的办学效益，并由此对大学进行排序和比较。

高校教学工作评估或专业认证，属于工作过程性评价，着眼于办学思想、教学条件、课程与教学内容、教学管理、教学过程与方法、质量保障、学生就业以及学校风气等过程性和管理性的评估。其特点是：既以事实和数据作支撑，更强调专家进校考察的主观感受和经验判断。这种评估的目的不止于揭示绩效结果，更重要的在于指出工作存在什么问题、应该如何改进。过程性评估是大学排名和绩效评估无法取代的，因为它深入高等教育教学工作内部，不只是看办学硬件及其结果，更要考察目标、管理、风气和文化等软件和教学过程。

体验性评价，主要是师生教育教学生活过程中发生的评估，其特点是发展性、真实性和表现性。高校自我评估中的师生评价、生生评价、师师评价，就是真实的体验性评价。在这种评价中，教师和学生既是教学者，同时又是自我活动的反思者和评价者，评估与教学合一，教学中评价，评价中改进和提高。评价的主体不是外部力量，而是师生自己。

3.从评估方法与形态上，分为客观标准量化评估、专家现场考察评估和灵活多样的调查评价

大学排名是典型的客观标准量化评价方式，它根据一定的逻辑和事实，依据事实或活动在高等教育中所占的地位和影响，制定出投入与产出的指标体系，赋予相应的分数和权重，计算出投入、产出的总分数和比值，以此排序和相互比较。

高校教学工作评估和专业认证是一种以学校自评和专家进校考察为主的评估模式，这种评估也是有确定的标准和指标体系的，只不过它既有客观标准又有主观标准，既有定量考察又有定性分析。诸如学情教情调查、大学生满意度调查、某一教育政策的分析研究、教育教学质量报告等，这都是开放性的评价，这些开放性评价本身没有也不需要确切或稳定的指标体系，往往根据需要随时调整对象、内容与方法，它是评估的重要补充。

4.从评估结果使用上,分为利害性评估和非利害性评估

所谓利害性评估,就是评估预设及结果的使用直接关系到学校的资源与发展,评估结果将作为政府某些财政拨款、支持学校发展计划或者减少学校资源、取消学校资质的依据,这在我国以及其他一些国家专项评估、绩效评审、等级性教育评估中得到较为明显的体现。所谓非利害性评估,就是评估预设及结果的使用并不直接影响学校资源,但可能间接影响学校声誉、形象或者发展等,比如大学排名、高校自我评估等。

四、高等教育教师政策

高等教育教师政策是党和政府根据在一定时期内高等教育的发展目标和任务,为建设一支高质量的高校教师队伍、培养高质量人才而制定的有关高校教师聘任、薪酬等方面的战略性和准则性规定。

(一)高等学校教师聘任政策

1.高等学校教师聘任政策的内涵

聘任制是用人单位根据岗位需求和应聘者资格,以合同形式聘任工作人员的任用制度。高校教师聘任制,是指在双向选择的基础上,以聘任合同的形式把岗位设置、任职资格、招聘过程、任用管理等环节同学校和教师双方的责任、权利、义务组合而形成的教师管理和任用制度系统。与传统计划调配制度相比,聘任制的核心内涵是建立"人员能进能出,职务能上能下,待遇能高能低"的竞争激励机制,从根本上打破事业单位的职务终身制。任务是实现由身份管理向岗位管理的转变,建立起以岗位为基础、竞争为核心的新型用人制度。改革开放以来,教师聘任制度始终是我国高校人事制度改革的核心。

高校教师聘任制的目的是按照平等自愿的原则,在高校与教师之间建立一种契约合同关系,从而实现教师资源的最优化配置。其主要包含了以下五层含义:

(1)聘任主体的自主性和聘任关系的平等性。学校是拥有自主聘任权的主体,具有教师资格的相关人员是具有自主选择权的从事教师劳动的主体,二者是平等的法律主体,不能将单方面的意志强加于对方。

(2)聘任关系的合同化。高校和教师签订的书面聘用合同,既可以作为明确双方权利、义务、责任关系的载体,同时也是解决双方争议的法律依据。高校与教师都受到合同的法律保护。

(3)聘任期限的规定。在聘任制下,高校对教师的聘用具有明确的聘任期限,并通过聘任合同加以规范约束。根据聘任期限的不同,可分为固定期限聘任和无固定期限聘任。

(4)聘任过程的社会化、公开化和教师任职的流动化。实行教师聘任制,高校要面向社会公开进行招聘,打破教师资源的单位所有制,使教师不再为某一固定单位所有,而成为整个社会共享的人力资源。在聘用过程中,应采用公开、公平、公正的原则,择优录取。

(5)聘任形式的多样化。高校教师聘任制是一种灵活的用人制度。根据教师和高校签订的协议,教师可以被一所学校聘任,也可以同时被几所学校聘任。此外,聘任教师具有多种形式:可以是全职聘任、非全职聘任、长期聘任、短期聘任以及正式聘任和临时聘任。

2.高校教师聘任制实施的原则

2000年,中组部、人事部、教育部联合下发了《关于深化高等学校人事制度改革的实施意见》,确定了我国高等学校实行教师聘任制的总原则是:“按需设岗、公开招聘、平等竞争、择优聘任、严格考核、合同管理。”按需设岗即根据学校的发展目标,围绕学科建设、教育教学、科学研究、社会服务的需要,合理设置岗位总量,科学确定各级各类岗位所占的结构比例,明确岗位职责、任职条件、目标任务;公开招聘即高校面向高校内外的全部人员公开发布招聘计划,提供一个公平竞争的平台,择优录用合格的人员来担任内部岗位的过程;平等竞争即各个竞争者在同一条件下共同接受竞争,并各自独立承担竞争的结果,平等竞争既符合竞争群体的利益,也是国家规定竞争活动的指导思想;择优聘任即高校根据岗位的需要,在对受聘人员进行科学、准确、全面的考核后,依据考核结果,择优进行聘任;严格考核即针对教师在一定时期内的工作成绩、工作能力的表现,掌握每一位教师的实际工作情况,为教师的教育培训、工作调动以及提薪、晋升、奖励表彰等提供客观可靠的依据;合同管理即对以自身为当事人的合同,依法进行订立、履行、变更、解除、转让、终止以及审查、监督、控制等一系列行为的总称。

3.高等学校教师聘任政策的演进

(1)高校教师职务聘任制试点阶段

1986年2月,国务院下发《关于实行专业技术职务聘任制度的规定》,对事业单位提出了专业技术职务一般实行聘任制的要求。同年3月,教育部依此出台了《高等学校教师职务试行条例》,提出,“高等学校教师职务是根据学校所承担的教学、科学研究等任务设置的工作岗位”,分助教、讲师、副教授与教授四级,并各自有明确的职责、任职条件与任期。1993年,《中华人民共和国教师法》颁布,提出学校和其他教育机构应当逐步试行教师聘任制,由学校与教师签订聘任合同。由此开始,我国高校教师职务聘任制改革正式拉开了序幕。

(2)高校教师岗位聘任制度改革发动与试点阶段

1999年8月,教育部下发《关于印发〈关于新时期加强高等学校教师队伍建设的意见〉的通知》,提出要“改革教师任用制度……根据按需设岗、公开招聘、平等竞争、择优聘任、严格考核、聘约管理的原则,高等学校依法自主聘任教师”。2000年6月,中组部、人事部和教育部三部门联合印发《关于深化高等学校人事制度改革的实施意见》的通知,提出全面推行聘任制,健全考核制度,扩大高校分配自主权,探索以岗定薪、按劳取酬、优劳优酬等薪酬分配方法。按照这两个文件精神,部分高校开始试点改革。

(3)高校教师劳动合同聘用制全面实施与自主探索阶段

2008年1月的《劳动合同法》、2014年7月的国务院《事业单位人事管理条例》分别出台并生效之后,高校开始进入了一个以劳动合同聘用制为基本特征的自主探索的阶段。在此大致上可以将目前各校改革的总体表现特征概括为如下四个方面:第一,岗位设置的多样性。在编制由政府总量控制的前提下,各校对编内教师的岗位设置划分为不同系列,如教学为主、教学科研并重、科研为主,以及其他技术研发等系列,不同系列有各自的职责规定、工作量要求与考核标准,彼此之间或开放或半开放。第二,薪酬分配的灵活性。为了体现以岗定薪、多劳多得、优劳优酬的原则,各校在薪酬分配制度改革上力度最大,形成了迄今在国际上也最为复杂多样的薪酬分配结构。第三,岗位聘任的契约化。迄今,我国高校至少在形式上都确立了岗位聘任的劳动合同制,不同职级合同期限为3～5年不等。第四,评聘程序与聘约管理过程的刚性化。实行聘任制,事关教师的核心利益,评聘上岗、业绩奖励和聘期考核都关联到评价依据的合理性、评审程序的公正性等问题。因此,高校在强化评聘程序的规范性的同时,尤为关注绩效评价指标体系的建构。尽管大多高校都强调绩效评价方法的定性与定量结合,但是,为体现程序正义也是为了避免是非争议,实际操作上往往更偏重于量化方案。如此,高校形成了各种极为繁复的指标评价体系与量化资质要求,它的确体现了程序上的刚性与公正,但未必符合结果正义甚至带来众多负效应。

(二)高等学校教师薪酬政策

1.高等学校教师薪酬政策的演进

(1)计划经济时期的高校教师薪酬政策(1949～1984年):等级薪酬政策

新中国成立初期,高校教师薪酬比照国家机关和事业单位实行“供给制”和“工资制”。1955年,“供给制”废除,“工资制”逐步完善。由于生产力发展滞后,这一时期知识分子待遇较低,直到1956年国务院发布《关于改善高级知识分子的工作条件的通知》及高等教育部发布《关于1956年全国高等学校教职工工资评定和调整的通知》才使得高校教师的待遇逐步改善。1956 年的高校教师薪酬政策改革特点是：一是实行职务等级工资制，以职务确定工资，重新评定级别，减少等级，增大级差；二是教学人员和行政人员分为两个工资标准；三是实行按劳取酬的原则，适当提高工资标准。政策体现了按劳分配的原则，对高校教师体现出倾斜政策，调动了高校教职工的积极性和创造性。

"文革"时期的特殊历史背景使得包括高校教师在内的知识分子群体地位边缘化，薪酬待遇更是无从保证。

(2)改革开放后的高校教师薪酬政策(1985～2005 年)：引入津贴的职务等级薪酬政策

改革开放以来，以 1985 年中央发布《关于国家机关和事业单位工作人员工资制度改革问题的通知》为标志，我国高校教师的薪酬逐步转为"等级结构薪酬制"，由基础薪酬、职务薪酬、工龄津贴和奖励薪酬四部分构成。1993 年，大学教师工资改革主要参照《事业单位工作人员工资制度改革方案》制定实施，学校专业技术等级工资制由固定部分与活的部分两块构成。职务技术等级工资为工资中固定的部分，津贴为工资中活的部分。1999 年，教育部在《关于当前深化高等学校人事分配制度改革的若干意见》中指出："各高校要加大学校内部分配改革力度，教职工的工资收入与岗位职责、工作业绩和贡献直接挂钩，真正实现按劳分配、优劳优酬。"高校开始探索激发高校教师工作积极性的新的薪酬体系，普遍采用以引入"津贴"为特征的"职务等级薪酬制"，职务序列和职务等级决定薪酬中的固定部分，实际完成工作数量及质量决定薪酬中活的部分。

(3)新世纪至今的高校教师薪酬政策(2006 年至今)：岗位绩效薪酬政策

新世纪以来，随着市场经济不断完善，各行业良性竞争格局逐步建立，事业单位面临新一轮挑战。2006 年，人事部、财政部联合印发了《事业单位工作人员收入分配制度改革方案》和《事业单位工作人员收入分配制度改革实施办法》。新的收入分配制度明确了以岗位为中心，建立与岗位职责、工作业绩、实际贡献紧密联系和鼓励创新创造的分配激励机制。随后，各高校逐步完成了岗位绩效工资的配套与改革。改革后高校教师的薪酬由岗位薪酬、薪级薪酬、绩效薪酬和津贴补贴四部分构成，其中岗位薪酬和薪级薪酬为基本薪酬，执行国家统一标准，由职称和职级决定。绩效薪酬则旨在衡量、评价高校教师的工作表现和业绩，国家进行总量控制，高校自主分配。

2.岗位绩效薪酬政策的高校实践

2006 年的事业单位人事制度改革进一步提升了高校的"办学活力"，通过自主设计绩效工资倒逼对教师进行岗位管理、绩效考核、目标管理，在一定程度上激发了教师的工作积极性和主动性。同年，高校教师的绩效薪酬进入实践操作层面，经党中央、国务院批准，原人事部、财政部颁布《关于印发事业单位工作人员收入分配制度改革方案的通知》，改革事业单位工资制度，建立符合事业单位特点、体现岗位绩效和分级分类管理的收入分配制度。高校经过不断探索，逐步形成了不同类型的绩效薪酬政策。第一类是保守型的绩效薪酬政策。这类制度严格按照当地人力社保局与财政局的要求，根据核算的绩效薪酬比例，按照教师数量、职称比例、课时数量等因素，固化每个月绩效薪酬。第二类是稳健型的绩效薪酬政策。它是在保持“基础性绩效薪酬”与“奖励性绩效薪酬”比例的基础上，适当在奖励性绩效薪酬上做“文章”，对有贡献的教师给予适当的奖励。第三类是积极型的绩效薪酬政策。这类制度打通了“基础性绩效薪酬”与“奖励性绩效薪酬”，减少了基础性绩效薪酬的作用，加大了奖励性绩效薪酬的功效，根据教师的贡献用奖励机制对行为加以引导。第四类是激进型的绩效薪酬政策。这一类型是在原有绩效薪酬的基础上，利用自身的创收能力和成果转化能力获得一部分额外资金，将所得的资金用于高校的科研、教学和人才培养。

五、高等教育学生政策

（一）高等学校招生政策

1.改革开放以来高校招生政策的演进

(1)高校招生政策的恢复与调整时期(1977～1984年)

1977年10月，国务院批转了教育部根据邓小平指示制定的《关于1977年高等学校招生工作的意见》。该文件标志着中断了11年的中国高考制度正式恢复，规定了废除推荐制度，恢复文化考试，择优录取的高校招生政策。1978年6月，国务院批转教育部《关于一九七八年高等学校招生工作的意见》，恢复“文革”前全国统一命题，省、市、自治区组织考试、评卷、录取新生的工作体制。

自1981年之后，高考进入了改革初始阶段，主要在招生制度与命题内容两方面进行改革，整体呈现出循序渐进的特点。第一，招生制度的探索创新。1983年3月，教育部提出了“逐步建立和完善具有我国特色的社会主义的高等学校招生制度”的改革目标。高等学校招生工作逐渐打破了单一的全国统招模式，实行国家任务与调节性计划委托培养两种计划形式。第二，招生方式的多元化探索。1984年国家教委令北京师范大学、山东矿业学院等专业性院校试点招收保送生，这一举措标志着保送生制度开始推行。第三，高考命题内容与科目的调整幅度较小。高考命题不能超出大纲和统编教材的范围，其立意基本以知识传承为主，强调考试知识范围限定，以缓解高等教育生源紧缺且质量不高的困境。同时，在恢复和调整阶段，考试科目也进行了相应的变革，外语和生物科目实现了从无到有且计分权重由低变高的转变。

(2)高校招生政策的制度化改革时期(1985～1998年)

经历了初步恢复与调整，国家又通过一系列政策文件来进一步推进招生改革。第一，改革大学招生与就业制度，实现了从双轨到并轨的转变。1985年5月，中共中央发布《关于教育体制改革的决定》，文件指出要改革大学招生计划制度和毕业生分配制度，改变高校全部按国家计划统一招生、毕业生全部由国家包下来分配的办法，实行国家计划招生、用人单位委托招生、招少数自费生等三种办法。1997年招生时，全国大多数高校都按新体制运作。2000年，我国顺利完成了并轨改革。第二，招生工作调整，招生权下放。1987年5月，国家教委发布《关于扩大普通高等学校录取新生工作权限的规定及其实施细则》，规定了实行“学校负责，招办监督”录取体制时学校与省级招办的权利与责任。第三，高考标准化改革。1989年6月，国家教委颁布《普通高等学校招生全国统一考试标准化实施规则》，开始在全国正式实施标准化考试，标志着高考开始从传统考试向现代化考试转变。

(3)高校招生政策的深化改革时期(1999年至今)

1999年，高校开始大规模招生，我国高考改革进入活跃期与深水区。一是实施并调整保送生制度。2001年，普通高校招收保送生工作按照“压缩规模，严格标准，严格管理”的精神进行。2020年起，所有高校停止省级优秀学生保送生招生。二是分省命题的推行与变革。2004年之前，高考以全国统一命题为主导。2004年以来，命题方式不断变化，命题权逐渐下放，“统一考试，分省命题”的制度基本形成。三是扩大高校招生自主权。2003年，教育部颁布了《关于做好高等学校自主选拔录取改革试点工作的通知》，规定了自主招生选拔录取人数要控制在试点学校年度本科招生计划总数的5%以内。此后，自主招生改革进入了快速发展期。2020年，教育部取消高校自主招生，在部分重点高校开展基础学科招生改革试点工作。四是注重综合素质评价。2004年，教育部印发了《国家基础教育课程改革实验区2004年初中毕业考试与普通高中招生制度改革的指导意见》，指出“要改变以升学考试科目分数简单相加作为唯一录取标准的做法，力求在初中毕业生学业考试、综合素质评定、高中招生录取三方面予以突破”。2013年，十八届三中全会《中共中央关于全面深化改革若干重大问题的决定》进一步指出，要“推行初高中学业水平考试和综合素质评价”。

2.当前高等学校的主要招生政策

(1)统一高考政策

统一高考政策是指高校招生基本采取以高考成绩为唯一录取依据的招生考试政策。该政策主要以高考作为招生选拔手段与依据，在全国层面实施统一计划、统一组织、统一报考、统一录取调配，可称为“统一高考”。统一高考是我国高校招生政策的一个创举，是自1952年以来我国高校招生的基本政策。统一高考作为一种实现教育与社会公平、促进社会流动的有效机制，是构建和谐社会的重要推手，体现了人们对公平公正等价值取向的追求。

(2)"强基计划"政策

为纠正自主招生实施过程中出现的一些偏差，推动拔尖创新人才的选拔与培养，教育部宣布于2020年起取消自主招生，在部分高校开展基础学科招生改革试点(简称"强基计划")。"强基计划"将高等教育人才选拔机制、培养模式与国家战略需求对接，积极探索将多元评价、多元录取、专项培养、跟踪评价相结合的一体化拔尖创新人才选拔与培养模式。目前，"强基计划"的招生试点高校是36所"双一流"建设高校。

(3)农村和贫困地区专项招生计划政策

为大力发展公平而有质量的教育，2012年教育部等五部门联合发布《关于实施面向贫困地区定向招生专项计划的通知》，随后中央政府先后实施包括国家专项计划、高校专项计划、地方专项计划在内的农村和贫困地区专项招生计划(统称"专项计划")，到2015年形成了这三大计划并存的格局并延续至今。"专项计划"通过保障名额、考分优惠等措施，打通了一条农村和贫困地区学生上重点高校的通道，进一步实现了高等教育机会公平。其中国家专项计划定向招收贫困地区学生，招生学校为中央部属高校和各省(区、市)所属重点高校，实施区域为集中连片特殊困难县、国家级扶贫开发重点县以及新疆南疆四地州。高校专项计划主要招收边远、贫困、民族等地区县(含县级市)以下高中勤奋好学、成绩优良的农村学生，招生学校为教育部直属高校和其他自主招生试点高校。专项计划是针对不同区域、不同学生设计的倾斜性招生政策，为寒门子弟提供了高质量的高等教育机会，为底层人群通过教育实现升迁性社会流动提供通道，促进了教育机会公平。

(二)高等教育收费政策

高等教育收费制度指国家对高等教育中收取的学费和杂费实行有效管理而制定的法令和规定。

1.高等教育收费政策的演进

(1)1985～1996年：高等教育收取学费确立阶段

新中国成立至20世纪80年代，我国实行中央政府高度集中的计划经济体制，高等教育也实行了"统包、统分、免费入学、毕业分配"的招生就业制度。这一时期，教育经费全部由政府负担，高校对大学生普遍实行免收学费的政策，政府还为学生提供基本的生活费用。1985年《中共中央关于教育体制改革的决定》指出，"可以在计划外收少量自费生，学生应交纳一定数量的培养费"。1989

年，原国家教委、物价局和财政部联合下发《关于普通高等学校收取学杂费和住宿费的规定》，大部分高校开始收取每年 100～300 元的学费，同时还开始收取住宿费。1996 年 12 月，经国务院同意，国家教育委员会、国家计划委员会、财政部颁布《高等学校收费管理暂行办法》指出："高等教育属于非义务教育阶段，学校依据国家有关规定，向学生收取学费。"

(2)1997 年以来：高等学校收取学费改革阶段

1997 年，全国所有普通高校基本完成了招生并轨和学生缴费上学改革。1998 年颁布的《中华人民共和国高等教育法》规定，"高等学校的学生应当按照国家规定交纳学费"。2007 年，教育部、财政部、人事部、中央编办联合发布《教育部直属师范大学师范生免费教育实施办法(试行)》，从 2007 年秋季入学的新生起，在北京师范大学等 6 所部属师范大学实行师范生免费教育，高等教育收费制度出现新的变化。2013～2014 年，全国多个省份调整了高校收费标准，调整的共同特点是：收费标准普遍上涨，且涨幅较大。2015 年，国务院印发《统筹推进世界一流大学和一流学科建设总体方案》，明确提出要按照平稳有序、逐步推进的原则，合理调整高校学费标准。这意味着国家已经开始考虑通过调整学费增加多元投入，合力支持高等教育改革与发展。

2.我国高等学校学费的规定

目前，我国各普通高校每年收取的学费标准如何制定，有三个比较重要的文件。

一是 1989 年 8 月 22 日，国家教委、物价局和财政部联合颁布的《关于普通高等学校收取学杂费和住宿费的规定》中规定："学杂费、住宿费具体标准由各省、自治区、直辖市教育、物价和财政部门，根据本地经济发展水平、群众的收入水平和经济承受能力以及学校条件等实际情况研究确定，报国家教委、国家物价局和财政部备案。"

二是 1996 年 12 月 16 日，经国务院同意，国家教育委员会、国家计划委员会、财政部颁布的《高等学校收费管理暂行办法》中规定："学费占年生均教育培养成本的比例和标准由国家教委、国家计委、财政部共同做出原则规定。在现阶段，高等学校学费占年生均教育培养成本的比例最高不得超过 25%。具体比例必须根据经济发展状况和群众承受能力分步调整到位。""国家规定范围之内的学费标准审批权限在省级人民政府。由省级教育部门提出意见，物价部门会同财政部门根据当地经济发展水平、办学条件和居民经济承受能力进行审核，三部门共同报省级人民政府批准后，由教育部门执行。学费标准的调整，由省级教育、物价、财政部门按照第五条规定的程序，根据本行政区域内的物价上涨水平和居民收入平均增长水平提出方案，报省级人民政府批准后执行。"

三是2006年5月12日，教育部、国家发展和改革委员会、财政部颁布的《关于进一步规范高校教育收费管理若干问题的通知》中规定："高校学费标准按属地化原则管理。国家现行高校收费政策有规定的，执行现行规定。没有规定的，由省级教育行政部门综合考虑实际成本、当地经济发展水平和居民经济承受能力等因素提出意见，报同级价格、财政部门审核，并经省级人民政府批准后执行。"

目前，这三个文件基本上规定了我国普通高校学费标准制定的权力机关及其之间的关系。

六、重点大学建设政策

重点大学建设政策是指国家在一定教育战略思想的指导下，选取某些在高等教育系统中起主要或关键性作用的大学或学科进行重点扶持和优先发展的政策。

（一）重点大学建设政策的演进

1.我国重点大学政策的初步形成阶段

我国重点大学政策产生于20世纪50年代。1954年10月5日，高等教育部发布《关于重点高等学校和专家工作范围的决议》，标志着我国重点大学政策正式启动。该文件确定了重点大学的设立目的是为了学习苏联先进经验，带动其他学校共同前进，提出重点大学的主要任务是培养高质量人才和帮助其他学校培养师资等，指定了中国人民大学、北京大学、清华大学等6所学校为全国性的重点学校。之后，中央又分批次指定重点高校，到1963年，全国重点高校增至68所。

2.我国重点大学政策的恢复与重建阶段

1978年2月，国务院转发教育部《关于恢复和办好全国重点高等学校的报告》，决定恢复原来确立的60所全国重点高校（不包括军委所属的3所院校和1970年后撤销的4所院校），同时增加云南大学等28所高校为全国重点高校。至此，全国重点高校达到88所，约占当时高等学校总数（共405所）的22%。1984年4月，国务院通过了教育部、国家计委《关于将10所高等学校列入国家重点建设项目的请示报告》，决定将北京大学等10所高校列入国家重点建设项目，并安排专项资金5亿元用于北京大学、清华大学等7所"重中之重"高校建设。

3.我国重点大学政策的创新与完善阶段

1993年7月，国家教委印发《关于重点建设一批高等学校和重点学科点的若干意见》，正式宣告我国将"面向21世纪重点建设100所左右的高等学校和一批重点学科"，即"211工程"由此诞生。1998年12月，教育部发布的《面向21世纪教育振兴行动计划》提出："今后10—20年，争取若干所大学和一批重点学科进入世界一流水平。"1999年1月，国务院批转该计划，"985工程"正式启动。

2015年8月，中央全面深化改革领导小组第15次会议审议通过《统筹推进世界一流大学和一流学科建设总体方案》。2015年10月国务院印发此总体方案，2017年1月具体实施办法出台，2017年9月公布世界一流大学和一流学科建设高校及建设学科名单。

(二)我国高校“双一流”政策的实施

世界一流大学和一流学科，简称“双一流”。“双一流”政策的本质是院校重点建设政策，是对以往重点建设政策的继承和调适。“双一流”政策的实施可大致分为四个阶段。

第一阶段，中央政府启动政策实施方案。2015年10月24日，国务院印发《统筹推进世界一流大学和一流学科建设的总体方案》，其中包括总体要求、建设任务、改革任务、支持措施、组织实施等几部分内容。其中，总体要求提出的建设目标是：到2020年，若干所大学和一批学科进入世界一流行列，若干学科进入世界一流学科前列。到2030年，更多的大学和学科进入世界一流行列，若干所大学进入世界一流大学前列，一批学科进入世界一流学科前列，高等教育整体实力显著提升。到本世纪中叶，一流大学和一流学科的数量和实力进入世界前列，基本建成高等教育强国。建设任务包括：建设一流师资队伍、培养拔尖创新人才、提升科学研究水平、传承创新优秀文化、着力推进成果转化。改革任务从高校内部领导体制、内部治理结构、人才培养机制、社会参与机制、国际交流合作机制方面提出了改革要求。支持措施和组织实施则从外部管理机制上进行了规定。

第二阶段，教育部宣布“双一流”建设政策成为中国大学发展的总依据。2016年，教育部宣布“211工程”“985工程”以及重点、优势学科建设的相关文件失效并统一纳入世界一流大学和一流学科建设中，“双一流”建设政策已经成为当代中国大学发展的总依据。

第三阶段，教育部发布“双一流”建设名单。2017年9月20日，教育部、财政部、国家发改委联合印发《关于公布世界一流大学和一流学科建设高校及建设学科名单的通知》。根据名单，此次入选的一流大学建设高校共42所，分为A类和B类。其中A类共36所，包括北京大学、清华大学等；B类共6所，包括东北大学、湖南大学、西北农林科技大学等。一流学科建设高校共有95所，包括北京交通大学、天津工业大学、河北工业大学等高校。

第四阶段，地方政府启动“双一流”建设执行方案。为了贯彻落实中央政府的决策，各地方政府也相继印发了各区域的“双一流”建设方案。

〔经典案例〕

“双一流”与国家高等教育高质量发展政策体系调整

根据党中央、国务院作出的重大战略决策，2015年10月，国务院公布《统筹推进世界一流大学和一流学科建设总体方案》。方案坚持以中国特色、世界一流为核心，以立德树人为根本，以支撑创新驱动发展战略、服务经济社会发展为导向，加快建成一批世界一流大学和一流学科，提升我国高等教育综合实力和国际竞争力。

统筹推进世界一流大学和一流学科建设的基本原则是坚持以一流为目标，坚持以学科为基础，坚持以绩效为杠杆，坚持以改革为动力。总体目标是到2020年，若干所大学和一批学科进入世界一流行列，若干学科进入世界一流学科前列；到2030年，更多的大学和学科进入世界一流行列，若干所大学进入世界一流大学前列，一批学科进入世界一流学科前列，高等教育整体实力显著提升；到本世纪中叶，一流大学和一流学科的数量和实力进入世界前列，基本建成高等教育强国。

建设世界一流大学和一流学科的任务主要包括建设一流师资队伍、培养拔尖创新人才、提升科学研究水平、传承创新优秀文化、着力推进成果转化。改革的着力点在于加强和改进党对高校的领导、完善内部治理结构、实现关键环节突破、构建社会参与机制、推进国际交流合作。

方案要求，对世界一流大学和一流学科建设加强总体规划，鼓励和支持不同类型的高水平大学和学科差别化发展。每5年一个周期，2016年开始新一轮建设。建立健全绩效评价机制，积极采用第三方评价，提高科学性和公信度。

中央财政将中央高校开展世界一流大学和一流学科建设纳入中央高校预算拨款制度中统筹考虑，并通过相关专项资金给予引导支持；鼓励相关地方政府通过多种方式，对中央高校给予资金、政策、资源支持。地方高校开展世界一流大学和一流学科建设，由各地结合实际推进，所需资金由地方财政统筹安排，中央财政对支持地方高校发展的相关资金给予引导支持。中央基本建设投资对世界一流大学和一流学科建设相关基础设施给予支持。鼓励有关部门和行业企业积极参与一流大学和一流学科建设。按照平稳有序、逐步推进的原则，合理调整高校学费标准，进一步健全成本分担机制。

〔案例评析〕

“双一流”建设工程是继我国“985工程”“211工程”建设工程之后，对一流高等教育发展政策的调整，对全国高等教育发展具有重要影响，对地方高校发展具有重要的带领和示范作用。相对于“985工程”“211工程”，“双一流”建设表现出诸多新点：第一，强调竞争意识，实行动态调整，强化入选高校的危机意识，为一流高等教育注入强劲驱动力量。第二，一流高校与一流学科并重，鼓励特色高校发展一流学科，实现了高校与学科之间的动态竞争关系。第三，强调对接国家发展需求，提升高等教育在人才培养、科学研究和社会服务领域对接经济社会发展的能力。第四，强调社会力量参与，尤其重视科教融合和产教融合，形成适应社会主义现代化发展的高等教育发展格局。

推荐阅读：

[1]史万兵：《中国当代高等教育政策分析》，北京：科学出版社2019年版。

[2]夏季亭：《山东省民办高等教育政策扶持的现状与对策》，青岛：中国海洋大学出版社2015年版。

[3]夏季亭、贾东荣：《民办教育的探索与实践——山东民办教育发展战略研究》，济南：齐鲁书社2004年版。

[4]官风华、魏新：《高等教育拨款模式研究》，《教育研究》1995年第2期。

[5]李永宁：《高校预算绩效拨款模式改革：现实问题与应对路径》，《教育发展研究》2016年第1期。

[6]王鉴：《我国民族教育政策体系探讨》，《民族研究》2003年第3期。

[7]孙绵涛：《关于国家教育政策体系的探讨》，《教育研究》2001年第3期。

[8]刘振天：《中国高等教育评估体系及评估市场完善化》，《高教发展与评估》2014年第4期。

[9]陈廷柱、李良立：《重点大学建设70年：历史传承与创新发展》，《吉首大学学报（社会科学版）》2019年第6期。

[10]阎光才：《高校教师聘任制度改革的轨迹、问题与未来去向》，《中国高教研究》2019年第10期。

第四章　高等教育法规概论

章节提要

高等教育法规是国家制定或认可，并由国家强制力保证实施的教育活动规范，它具有规范、标准、预示和强制四大功能。高等教育法律规范是高等教育法规的基本细胞。从逻辑结构上讲，法律规范由法定条件、行为准则和法律后果组成。高等教育法律规范实质上反映了高等教育法律关系主体之间的权利与义务。高等教育法律关系由主体、客体和内容三部分组成。当高等教育法律关系主体实施了违法行为，依法承担的否定性法律后果就是高等教育法律责任，常见的类型包括行政法律责任、民事法律责任和刑事法律责任。高等教育法律关系主体只有具备四个归责要件，才能被认定为教育法律责任主体，即要有损害结果、损害行为必须违法、行为主体有主观过错、违法行为与损害事实之间具有因果关系。

第一节　高等教育法规的含义与功能

依法治教作为依法治国在我国教育工作中的具体体现，是 21 世纪我国教育事业深化改革加快发展的必然要求。依法治教正是国家对教育进行管理的有效手段。高校教师是高校依法治教的主力军，他们的法律常识加强了，高校依法治教的步伐才能进一步迈开。因而，高校教师有必要理解并掌握高等教育法律规范的含义、功能、构成要素以及类别等内容。

一、高等教育法规的含义及特点

（一）高等教育法规的含义

教育法规是国家制定的调整教育关系的法律规范的总和。对教育法规内涵的理解有广义和狭义之分。根据制定教育法律主体性质的不同，广义的教育法规是指国家机关制定或认可，由国家强制力保证实施的教育行为规范体系及其实施所形成的教育法律关系和教育法律秩序的总和。广义的教育法规制定主体是多元的，这里的国家机关既包括国家权力机关，也包括国家行政机关。国家权力机关主要包括中央立法机关、地方立法机关，行政机关主要指政府部门。在我国，全国人民代表大会及其常务委员会为中央立法机关，可以制定教育法律，国务院可以制定教育行政法规，省级人民代表大会可以制定地方性教育行政法规，国务院所属教育部可以制定教育规章，而省级人民政府有权制定教育行政规定。狭义的教育法规仅指由国家权力机关制定的教育法律。在我国，主要指全国人民代表大会及其常务委员会所制定的教育法律。

根据对教育法规的理解，高等教育法规可以理解为：国家制定或认可的、由国家强制力保证实施的、具有普遍约束力的高等教育行为规范体系，及其实施所形成的高等教育法律关系和高等教育法律秩序的总和。制定高等教育法规的目的就是为了规范高等教育有关人员行为，完善高等教育制度，为国家培养更多专门人才。

（二）高等教育法规的特点

高等教育法规以高等教育活动为研究和规范对象。因教育主体及其活动的多样性、教育关系的复杂性、教育活动及其关系的层级性等因素决定了在一般意义上使用教育法规这一概念时必然是广义的，而非狭义的。本质上，高等教育法规是教育规律的反映，是一个国家绝大多数人民或公民共同意志和教育利益的体现，其目的是保证和维护高等教育活动的有效性、有序性和正义性。其特点主要体现在以下几方面：

1.高等教育法规是调整和规范高等教育活动和教育关系的规则

人的任何活动都要按一定的规则进行，如球赛有球赛的规则，那么，相应的教育有教育的规则。规则指明了主体活动的方向、程序、条件、标准以及执行标准所承担的后果。遵守教育法规，按规则行事，可以保证高等教育活动有序进行，反之，则会受到一定的惩罚。教育主体只要参与高等教育活动，就必须按照高等教育法律法规所规定的规则进行。

2.高等教育法规是国家制定或认可的教育活动规范

教育活动的规则多种多样，其来源也多种多样，有些来自教育行政部门、学校、教师，甚至一些社会团体；有些教育活动的规则是由国家机关依照法定的职权，并经过法定的程序制定出来的，表现为教育基本法、教育法律、教育法规等具有不同法律效力的规范性文件；有些教育活动的规则是国家未经一定程序，而直接赋予某种实际存在并为人们所遵守的行为规则以法律效力，承认它是现行的法律规范，也就是对人们约定俗成的规则加以认可。无论是国家制定还是国家认可的教育法规都对教育活动具有同样的制约作用，其主要目的都是要在全社会范围内协调私人的教育利益与社会的教育利益或共同的教育利益间的矛盾，采用设定教育权利和教育义务的方式来确立人们的教育活动方式，把教育主体追求教育利益的行为限制在国家意志许可的范围内。①

3.高等教育法规是由国家强制力保证实施的规则

教育法规与宗教戒律、道德规范、社会习俗等社会规范一样，都对人和社会组织具有一定的约束力，但其作用方式不同。宗教戒律一方面靠信徒的信仰去遵守，一方面靠宗教戒律的强制性来约束；道德规范主要靠社会舆论和个体的自觉发挥其约束作用；社会习俗（如乡规民约）一般对该地域的人具有约束力。上述社会规范的共同点是其约束作用的发挥是以人的自觉自愿为前提，其强制性仅限于个人所能接受的范围。若个人真的不愿意遵守，上述规范也就失去了约束作用。法律（包括教育法规在内）则不同，它是以国家的强制力为后盾，是由专门的国家强力机关以强制力保证实施的。它不管个人主观愿望如何，任何人都必须遵守，不遵守就会受到法律强制力的制裁。② 这是法律和其他社会规范之间的根本差异。需要注意的是，高等教育法规必须依靠国家的强制力作为实施的根本保证，但这不等于说高等教育法规就不需要教育主体自觉自愿地遵守与执行。只有当高等教育法规深入绝大多数人的内心并转变为绝大多数人的自觉行为时，高等教育法规才能发挥更大的作用。

4.高等教育法规体现绝大多数公民在高等教育方面的意志

法是人的有意识的产物，表达的是人有意识地支配和调节人的行为并达到一定目的。但并非人的一般意志都能上升为国家意志和国家的法律。国家的意志只有在经过立法程序并形成一定的法律文件后才能成为法律。国家管理教育事业主要依靠教育法律。高等教育法规是由国家强制力保证实施的，它自然要体现国家统治阶级的意志。国家并非抽象物，而是人民或公民所构成的共

① 参见黄崴：《教育法学》，广州：广东高等教育出版社 2002 年版，第 39 页。

② 参见[英]洛克：《政府论》，瞿菊农等译，北京：商务印书馆 1996 年版，第 80 页。

同体。在我国,人民是国家的真正统治者,我国高等教育法规所体现的意志应是人民的意志,体现的是绝大多数公民的意志。

5.高等教育法规是教育规律的法律体现

教育规律是教育活动内在的必然关系和客观的运行法则。高等教育法规虽然是国家意志的体现,但它也必须反映教育规律,必须依据教育规律来制定。如,立法者在制定高等教育法规的过程中,基于高等教育发展的实际,以教育科学为指导,以教育理论所揭示的教育规律为高等教育法规制定的内在根据。同时,也需要注意,教育理论可以解释和分析教育法律条文,但决不是简单地对法律的注解。总之,制定高等教育法规应以遵循教育规律,以教育理论为指导,否则,制定出来的教育法规不仅不能促进高等教育的有效发展,反之,还有可能阻碍高等教育的发展。

二、高等教育法规的功能

功能是表征系统内要素对系统的功用。教育法规的功能主要是指教育法规的属性、内容及其结构所决定的教育法规的潜在效用。[①] 这是教育法规生命力的内在依据。如果高等教育法规失去这种内在的生命力,就会失去其存在的价值。总的来说,高等教育法规具有规范功能、标准功能、预示功能和强制功能。

(一)规范功能

教育法规主要是通过规定教育法律关系主体在法律上的权利和义务及其实施后所承担的法律责任来调整教育活动和教育关系的,其具有普遍性,这就决定了教育法规对一定时间范围内、一定区域内人们的教育行为具有规范力。在法律实践中,各类教育法律就是由各种规范组成的,这些规范当然具有约束人们行为的能力。当前,我国高等教育已经进入大众化阶段,接受高等教育的人数不断增多。高等教育是人类、国家和个人最重要的事业之一,非常有必要对高等教育活动进行规范,教育法规就起到了规范各类教育活动的作用。

(二)标准功能

教育法规之所以具有规范功能,重要的原因是教育法律是人们实施教育行为的标准。人们实施教育行为,或是不实施教育行为要以教育法律为标准。教育行政部门对高校教育活动的管理、高校开展的教育活动、司法部门办理高等教育方面的案件,均要以教育法律为最高标准。因此,高等教育法规既是高校教育行为的标准,也是判断人们行为正确或不正确的标准。这些标准是一种普

① 参见黄崴:《教育法学》,广州:广东高等教育出版社2002年版,第53页。

遍的标准和尺度，并不会对某些人、某些事表现出特殊性。

(三)预示功能

根据教育法律规范和教育法律的实施过程，人们可以预先知晓或估计如何开展教育活动或在什么范围内开展教育活动，这就体现了教育法律的预示功能。高等教育活动是人与人之间复杂的互动活动，如果没有一定的公认规范供人们预示自己的行为和后果，那么，高等教育活动就会处于一种无序的混乱状态。教育法律的预示功能可以帮助人们预先对自己的活动做出计划和安排，从而减少教育活动的偶然性和盲目性，提高教育活动的实际效果和质量。以《中华人民共和国学位条例》为例，因为《学位条例》中规定了达到什么样的条件可以获得什么样的学位，这就可以使那些想要获得学位的人们根据不同层次学位的要求去安排自己的教育活动，以便获得学位。高等教育法规的预示功能主要通过教育法律的颁布和实施表现出来，使全社会所有人明白教育法律规范提倡什么，反对什么。

(四)强制功能

法律是国家意志的体现。尽管法律的实施，需要依靠教育帮助人们认识遵守法律的必要，从而自觉地遵守法律，但仅仅依靠教育是不够的。要保证法律得以坚决贯彻执行，必须要以强制力为后盾。法律制裁可以保证权利得以实现，义务得以履行，保证教育活动有序进行。在高等教育领域内，教育法律制裁是多种多样的，包括行政制裁、民事制裁和刑事制裁。行政制裁的主要形式有警告、宣告无效、取消资格、停止招生、行政拘留等，民事制裁的主要形式有停止侵害、排除妨碍、消除危险、返还原物、赔偿损失、支付违约金等，刑事制裁的主要形式有管制、拘役、有期徒刑、无期徒刑等。

第二节　高等教育法律规范

现实生活中，我们经常会看到教育法律法规、教育法律文件、教育法律条文以及教育法律规范等概念，教育法律规范与教育法律法规、教育法律文件以及教育法律条文这些概念之间既有联系又有区别。

一、高等教育法律规范的含义与特点

(一)高等教育法律规范的含义

高等教育法律规范是由国家制定或认可并以国家强制力保证实施的行为规则。这些行为规则一般是通过一定的教育法律条文表现出来的是具有内在逻辑结构的一般行为规则。随着经济的发展，人们越来越重视教育的发展，人

才强国战略已成为我国经济社会发展的一项基本战略。为了规范高等教育，完善高等教育制度，培养国家所需的高级专门人才，世界各国都越来越重视高等教育法律规范的制定。高等教育法律规范为高校顺利运转提供了重要保障。

高等教育法律规范是抽象的、概括的教育行为规则，是高等教育法律法规的基本细胞，是构成高等教育法律法规体系的最基本因素。高等教育法律规范与高等教育法律法规是个别与整体的关系。

(二)高等教育法律规范的特点

一般来讲，高等教育法律规范具有如下特点：

1.高等教育法律规范是一种特指的教育行为规范，而非行为规范的"总和"

以《高等教育法》为例，第四章"高等学校教师和其他教育工作者"第五十一条规定：高等学校应当为教师参加培训、开展科学研究和进行学术交流提供便利条件。高等学校应当对教师、管理人员和教学辅助人员及其他专业技术人员的思想政治表现、职业道德、业务水平和工作实绩进行考核，考核结果作为聘任或者解聘、晋升、奖励或者处分的依据。① 这是由国家制定或认可，以国家强制力保证实施的高等学校对其教师及其他工作人员考核行为的规定，这属于具体的教育行为规范，是《高等教育法》中若干教育法律规范之一。

显然，从逻辑结构上看，高等教育法律规范与高等教育法律法规的重要区别在于，高等教育法律法规与高等教育法律规范具有某种从属关系，高等教育法律规范的总和便构成了高等教育法律法规。

2.高等教育法律规范规定着高等教育法律关系参加者的权利、义务以及违反教育法律规范所导致的法律后果

这也是教育法律规范与教育法律文件的重要区别点。仍以《高等教育法》为例，第一章第一条："为了发展高等教育事业，实施科教兴国战略，促进社会主义物质文明和精神文明建设，根据宪法和教育法，制定本法。"②该条关于高等教育法立法目的、立法依据的规定就不包含教育法律规范。由此可知，尽管教育法律规范要通过教育法律条文来表现，但教育法律条文并不一定就是教育法律规范。一般来说，具体的教育法律文件不仅包含着大量的教育法律规范，而且还包含着诸如立法目的、立法依据和有关概念等非规范性的规定和说明性文字。

---

① 中华人民共和国高等教育法[EB/OL]，http://www.moe.gov.cn/s78/A02/zfs__left/s5911/moe_619/201512/t20151228_226196.html.

② 中华人民共和国高等教育法[EB/OL]，http://www.moe.gov.cn/s78/A02/zfs__left/s5911/moe_619/201512/t20151228_226196.html.

从根本上讲，教育法律法规就是对教育法律关系主体权利、义务以及法律责任作出的规定，所以，总的来说，教育法律规范是教育法律文件、教育法律条文的内容，而教育法律文件和教育法律条文是教育法律规范的载体。教育法律规范从根本上反映了教育法律关系主体之间的权利、义务和法律责任关系。

3.高等教育法律规范的目的在于确认、维护和发展对统治阶级有利的教育关系和教育秩序

任何法律规范都是直接或者间接地涉及人们权利与义务的规范，规定人们法律上的权利和义务，这是法律规范的主要使命和内容。高等教育法律规范也正是通过规定教育法律关系主体的权利和义务来确认、维护和发展对统治阶级有利的教育关系和教育秩序。

二、高等教育法律规范的结构

所谓教育法律规范的结构主要是指构成教育法律规范内容的各个组成部分及其相互关系。从逻辑结构上讲，教育法律规范通常由法定条件(假定)、行为准则(处理)和法律后果(制裁)三个要素组成。一个完整的教育法律规范可用公式表达为："如果……则……否则……"

(一)法定条件

法定条件也简称为"假定"，是指教育法律规范适用的条件和情况。每一个教育法律规范的适用，必须以法定条件的存在为前提。如，《高等教育法》第五十八条规定："高等学校的学生思想品德合格，在规定的修业年限内学完规定的课程，成绩合格或者修满相应的学分，准予毕业。"在此法律规范中，"高等学校的学生思想品德合格，在规定的修业年限内学完规定的课程，成绩合格或者修满相应的学分"就是该教育法律规范适用的法定条件。有时，某些教育法律规范的法定条件并没有明确规定，但是人们可以从法律条文中默示出来。不过，对于含有奖励或处罚内容的教育法律规范，其法定条件必须明确地在一项或几项法律条文中表示出来，以保证教育法律规范的正确适用。

(二)行为准则

行为准则也简称"处理"，是指教育法律规范中指明的行为规则的基本要求，也就是在教育法律规范规定的法定条件具备时，教育法律关系主体应该做什么、不应该做什么，或者可以做什么、禁止做什么。行为准则是任何教育法律规范的必要构成要素，是教育法律规范的核心。任何一个教育法律规范都必须对其行为准则作出明确规定。如，《高等教育法》第五十一条："高等学校应当为教师参加培训、开展科学研究和进行学术交流提供便利条件。"第五十九条第一款规定："高等学校应当为毕业生、结业生提供就业指导和服务。"上述两条教育

法律条文对高等学校教师的培训工作、对学生的就业指导和服务作出了明确的规定。对教育法律规范的行为准则进行明确规定，能有效地为教育法律关系主体行为的选择指明方向或提供行为模式，从而有效发挥教育法律法规的规范功能。

（三）法律后果

法律后果主要是指教育法律关系主体在法定条件具备的情形下，依照或违背教育法律规范所确定的行为准则，进行某种行为所导致的法律上的后果。依照法律后果内容的不同，教育法律后果可以分为肯定式的法律后果和否定式的法律后果。肯定式的法律后果一般是指教育法律关系主体依照教育法律规范所确定的行为准则进行某种行为所导致的法律上的积极评价。如，2019 年，教育部等七部门颁布的《关于加强和改进新时代师德师风建设的意见》第十四条规定：做好优秀教师表彰奖励，依法依规在作出重大贡献、享有崇高声誉的教师中开展“人民教育家”荣誉称号评选授予工作，健全教书育人楷模、模范教师、优秀教师等多元的教师荣誉表彰体系。

否定式的法律后果有时也简称“制裁”，主要是指教育法律关系主体没有作出教育法律规范中行为准则所要求的某种行为（作为或不作为）时应承担的教育法律责任。如，《教育法》第七十七条明确规定：“在招收学生工作中徇私舞弊的，由教育行政部门或者其他有关行政部门责令退回招收的人员；对直接负责的主管人员和其他直接责任人员，依法给予处分；构成犯罪的，依法追究刑事责任。”

理论上讲，每一个教育法律规范都应当包含上述三个构成要素，但是在教育实践中，有时某项教育法律条文仅包含上述三个要素中的一个或两个，有时几项教育法律条文才构成一个完整的教育法律规范。如，《教育法》第三十五条规定：“国家实行教师资格、职务、聘任制度，通过考核、奖励、培养和培训，提高教师素质，加强教师队伍建设。”此法律规范明确规定我国实行教师资格、职务等教师制度，该条仅包含了“行为准则”这一个构成要素。《高等教育法》第六十六条规定：“对高等教育活动中违反教育法规定，依照教育法的有关规定给予处罚。”此法律规范中的“假定条件”是“高等教育活动中违反教育法规定”，“法律后果”是“依照教育法的有关规定给予处罚”。这一教育法律规范中仅包含假定条件和法律后果两个基本构成要素。

再如，《教育法》第七十九条规定：“考生在国家教育考试中有下列行为之一的，由组织考试的教育考试机构工作人员在考试现场采取必要措施予以制止并终止其继续参加考试；组织考试的教育考试机构可以取消其相关考试资格或者考试成绩；情节严重的，由教育行政部门责令停止参加相关国家教育考试一年以上三年以下；构成违反治安管理行为的，由公安机关依法给予治安管理处罚；构成犯罪的，依法追究刑事责任：

（一）非法获取考试试题或者答案的；

（二）携带或者使用考试作弊器材、资料的；

（三）抄袭他人答案的；

（四）让他人代替自己参加考试的；

（五）其他以不正当手段获得考试成绩的作弊行为。”

第八十条规定：“任何组织或者个人在国家教育考试中有下列行为之一，有违法所得的，由公安机关没收违法所得，并处违法所得一倍以上五倍以下罚款；情节严重的，处五日以上十五日以下拘留；构成犯罪的，依法追究刑事责任；属于国家机关工作人员的，还应当依法给予处分：

（一）组织作弊的；

（二）通过提供考试作弊器材等方式为作弊提供帮助或者便利的；

（三）代替他人参加考试的；

（四）在考试结束前泄露、传播考试试题或者答案的；

（五）其他扰乱考试秩序的行为。”

第八十一条规定：“举办国家教育考试，教育行政部门、教育考试机构疏于管理，造成考场秩序混乱、作弊情况严重的，对直接负责的主管人员和其他直接责任人员，依法给予处分；构成犯罪的，依法追究刑事责任。”

《教育法》中第七十九条、第八十条和第八十一条共同对“国家教育考试作弊行为”的法律责任作出了规定。也就是说三项法律条文共同构成了一个教育法律规范。

尽管从逻辑结构上看，任何教育法律规范都应包含法定条件、行为准则和法律后果三个要素，但是这并不意味着，任何一个具体的教育法律条文都包含这三个要素。教育实践中，有时一项法律条文包含一个教育法律规范，而有时是几项法律条文构成一个教育法律规范，因而在掌握、运用某个教育法律规范时应根据教育法律条文的具体规定进行具体分析。

三、高等教育法律规范的类别

教育法律规范的分类方式有多种，目前，人们主要依据教育法律规范的逻辑结构，从多个方面对教育法律规范的类别进行划分。

（一）依照教育法律规范要求人们行为的性质，分为义务性规范和授权性规范

1.义务性规范

义务性规范是指教育法律关系主体在某种条件或情形出现时，必须作出或

者不准作出某种行为的法律规范。义务性规范的表现形式通常有两种：一是规定人们必须作出一定行为，这属于命令性法律规范；二是规定人们不准作出某种行为，这属于禁止性法律规范。义务性规范在文字表述形式上通常采用“必须”“应当”“禁止”“不准”等字样。如，《教师法》第十九条：“各级人民政府教育行政部门、学校主管部门和学校应当制定教师培训规划，对教师进行多种形式的思想政治、业务培训。”《高等教育法》第四条：“高等教育必须贯彻国家的教育方针，为社会主义现代化建设服务、为人民服务，与生产劳动和社会实践相结合，使受教育者成为德、智、体、美等方面全面发展的社会主义建设者和接班人。”上述法律条文中便包含着义务性规范的内容。

2.授权性规范

授权性规范是指教育法律关系主体在某种条件或情形出现时，有权作出或不作出某种行为的规范。授权性规范通常也有两种表现形式：一是赋予自然人或法人以某种权利的授权性规范，二是授予国家机关以某种权力的授权性规范。授权性规范在文字表述形式上常采用“可以”“有权”“不受……的自由”等字样。如，《高等教育法》第五十六条：“高等学校的学生在课余时间可以参加社会服务和勤工助学活动，但不得影响学业任务的完成。”第五十七条：“高等学校的学生，可以在校内组织学生团体。学生团体在法律、法规规定的范围内活动，服从学校的领导和管理。”上述法律条文都包含有授权性法律规范的内容。对这类包含有授权性规范内容的法律条文的履行，法律一般不进行强制性规定，由自然人或法人依照其意志决定。

再如，《高等教育法》第六十二条规定：“国务院教育行政部门会同国务院其他有关部门根据在校学生年人均教育成本，规定高等学校年经费开支标准和筹措的基本原则；省、自治区、直辖市人民政府教育行政部门会同有关部门制订本行政区域内高等学校年经费开支标准和筹措办法，作为举办者和高等学校筹措办学经费的基本依据。”这是典型的授予国家机关以某种权力的授权性规范。这类含有授权性规范内容的法律条文的履行，法律进行强制性规定。因为对于国家机关来说，这类权力属于国家机关的一种职权，国家机关必须执行。

(二)依照教育法律规范内容的强制性程度，分为强制性规范和任意性规范

1.强制性规范

强制性规范是指规定法律关系主体必须无条件地服从，绝对遵照执行的法律规范。这种法律规范所规定的权利义务十分明确具体，不允许行为人以任何形式加以变更或违反。在这种规范的约束下，行为人没有选择的余地，只能严格地遵照执行。命令性规范和禁止性规范都属于强制性规范的范围。[①]

2.任意性规范

任意性规范是指规定法律关系主体在法定的范围内可以自由选择适用的规范,即在这种规范的约束下,行为人作还是不作某种行为,完全由行为人自行选择。也就是说此类教育法律规范允许行为人在法律的限度内,自行确定其权利和义务的具体内容。行为人经过协商确定了权利义务后,这种权利义务就受到法律的保护。如,《教师法》第十七条规定:"学校和其他教育机构应当逐步实行教师聘任制。教师的聘任应当遵循双方地位平等的原则,由学校和教师签订聘任合同,明确规定双方的权利、义务和责任。实施教师聘任制的步骤、办法由国务院教育行政部门规定。"这一教育法律条文中便包含有任意性规范的内容。一般来讲,授权性规范大都是任意性规范。但是,如果授权性规范规定的是国家机关、公职人员的权限范围时,实际上同时也是给这些国家机关、公职人员设定了职责、义务,因而,这部分授权性规范就带有强制性,不能自行选择。

(三)依照教育法律规范的法律后果,分为奖励性规范和制裁性规范

1.奖励性规范

奖励性规范主要是指规定对教育法律关系主体作出了符合教育法的规定且有利于社会的行为给予奖励的教育法律规范。仍以《教师法》为例。《教师法》第三十三条第一款规定:"教师在教育教学、培养人才、教学研究、教学改革、学校建设、社会服务、勤工俭学等方面成绩优异的,由所在学校予以表彰、奖励。"这一法律就包含奖励性规范的内容。奖励性规范是国家对合乎教育法律规范行为的赞许和鼓励,其表现形式是对行为人的肯定和奖励,对人们的行为具有指引和鼓励作用,因此,有必要加大奖励性规范的立法力度。目前,在我国教育法律法规体系中,《教师法》是包含较多的奖励性规范的一部教育法律。

2.制裁性规范

制裁性规范是指规定对教育法律关系主体作出了违反教育法有关规定的行为给予惩戒的教育法律规范。如,《教师法》第三十七条规定:"教师有下列情形之一的,由所在学校、其他教育机构或者教育行政部门给予行政处分或者解聘。

(一)故意不完成教育教学任务给教育教学工作造成损失的;

(二)体罚学生,经教育不改的;

(三)品行不良、侮辱学生,影响恶劣的。

教师有前款第(二)项、第(三)项所列情形之一,情节严重,构成犯罪的,依

① 邓建华、蒋先福:《教育法学基础》,长沙:湖南师范大学出版社2001年版,第42页。

法追究刑事责任。”

这一法律条文就包含制裁性规范的内容。制裁性规范是一种否定性法律规范，在现实教育活动中能起到预测、警示、引导和惩戒作用，因而，有相当数量的教育法律法规都会专列一章“法律责任”或“罚则”来对各种违反教育法律法规的行为作出制裁性规定。

第三节　高等教育法律关系

高校、教师和学生等主体在教育教学过程中，总是在发生相互作用，结成教育关系。教育关系就是教育法律关系吗？教育法律关系是如何产生的？教育法律关系的构成要素有哪些？作为高校教师，我们有必要了解上述内容。

一、高等教育法律关系的含义和特征

（一）高等教育法律关系的含义

法律关系是指人们在相互交往中因法律而形成的权利义务关系。法律关系是一种社会关系，法律关系是社会关系在法律上的表现，是社会关系进入法律规范调整范围的结果。高等教育法律关系是法律关系的一种。所谓高等教育法律关系是由高等教育法律规范所确认和调整的人们在高等教育活动过程中所形成的权利义务关系，是一种特殊的社会关系。具体是指教育行政机关、教育机构、教育者、受教育者和其他与教育有关的社会主体之间依据教育法律规范，在教育教学过程中形成的权利义务关系。高等教育法律关系本质上是一种权利义务关系，是教育关系为教育法律规范所调整的结果，是教育关系在法律上的体现。

（二）高等教育法律关系的特征

高等教育法律关系除了具有法律关系的一般性特征之外，还有其独有的特征：

1.教育法律关系主体双方具有平等性和隶属性的双重属性

现实生活中，教育法律关系主体之间地位关系复杂。在某些教育法律关系中，主体间的地位是平等的，双方的权利义务是对等的。如，高校与企事业单位建立的协作关系，高校与中小学或其他高校之间的课题合作关系等。但是在某些教育法律关系中，主体之间却处于一种非平等地位，双方存在着领导与被领导、管理与被管理的关系，双方间的权利义务也不是对等的。如，教育行政机关对学校及其他教育机构、教育者、受教育者，以及教育机构作为授权行政主体与教育者、受教育者之间建立起的教育法律关系。在此教育行政关系中，主体间

的地位是不平等的，处于领导地位的教育行政机关与相对人之间是命令与服从的隶属关系。此外，在教育教学活动中，教育者与受教育者之间既非权利义务平等的民事关系，又非上下级之间的行政关系，而是一种"传道授业""教学相长""尊师爱生"的特殊法律关系。

2.教育法律关系主体的教育权利和教育义务有时具有同一性

所谓同一性是指教育法律关系主体必须同时行使权利和履行义务。如，接受义务教育是适龄儿童、少年的权利，同时也是他们的义务。高等学校应当为教师参加培训、开展科学研究和进行学术交流提供便利条件，这既是高校的职权，也是它的职责，既不能放弃，也不能转让。放弃行使权利，就意味着不履行义务，这是教育法律关系与一般法律关系的重要区别所在。

3.教育法律关系具有在教育过程中形成和实现的特征

教育法律关系的基础是教育关系，只有教育行政机关、教育机构、教育者和受教育者在教育活动中才能形成教育法律关系，教育法律关系必须是在教学活动过程中发生的，不是在教育过程中所体现的法律关系就不是教育法律关系。

二、高等教育法律关系的构成要素

教育法律关系构成要素是指构成各种教育法律关系不可缺少的组成部分。任何教育法律关系都是由教育法律关系主体、教育法律关系客体和教育法律关系内容三部分构成，缺少其中任何一个要素都不能形成教育法律关系。

（一）教育法律关系主体

教育法律关系主体是指教育法律关系的参加者，也就是在具体的教育关系中依据教育法律规范享有权利和承担义务的个人或组织。我国教育法律关系的主体可分为三类，即公民（自然人）、机构和组织（法人）与国家。《中华人民共和国教育法》明确提出我国教育法律关系的主体有教育行政机关、学校及其他教育机构、教师和其他教育工作者、受教育者及其监护人，其中最主要的法律关系主体有教育者、受教育者、教育机构及教育行政机关。

1.教育行政机关

教育行政机关是指国家依据宪法和行政机关组织法所设立的行使国家教育行政管理职权的行政主体。我国的教育行政机关包括中央教育行政机关和地方教育行政机关。中央教育行政机关主要是指教育部，地方教育行政机关则主要指各省、自治区和直辖市的教育厅（局）。它们享有对教育活动依其职权进行管理和监督的权力。通过制定、颁发行政规章、命令等方式对行政相对人（包括学校及其他教育机构、教师、学生等）产生拘束力和执行力。

2.学校及其他教育机构

学校及其他教育机构是指组织教育者和受教育者实施教育教学活动的法人或者非法人单位，是一种民事主体，一般不具有行政职能。在与国家教育行政机关构成的教育行政关系中处于行政相对人的地位，但是，当它们成为教育行政机关的授权主体，就可以行使部分教育行政职权。如地方高校在与教育厅的教育行政关系中是处于行政相对人的地位，但当高校被教育厅授权，可以对大学生进行普通话水平测试，此时，高校作为教育行政机关的授权主体可以行使部分教育行政职权，成为行政法上的主体。学校及其他教育机构本质上是民事主体，它与教师、学生之间构成普遍意义上的平等民事主体间的教育民事法律关系。

3.教师和其他教育工作者

教育法律关系中的教师和其他教育工作者是指具备一定的资格并从事具体教育教学活动的教师和其他管理及服务人员。教师是具有一定资格并履行教育教学职责的专业人员，是教育法律关系中的重要主体之一。教育者只能是自然人，作为教育的实施者必须具备一定的条件并经过一定的程序后才能从事教育教学活动。

4.受教育者

在教育法律关系中，受教育者是被教育者所教育的对象，受教育者在教育法律关系中也享有权利并承担义务。根据我国相关法律的规定，受教育者有未成年人和成年人，他们在教育法律关系中所享有的权利和承担的义务有所不同。一般来讲，高校的学生已经具有民事行为能力，但因其经济尚未独立，一些与其有重大利益关系的行为还需征得其父母或抚养人的许可或认可。

(二)教育法律关系客体

教育法律关系客体是教育法律关系主体的权利与义务所指向的对象。教育法律关系客体是构成教育法律关系不可或缺的因素，如果没有教育法律关系客体，教育法律关系主体的权利和义务也就会失去目标，教育法律关系也就不能形成。教育法律关系的客体一般包括物质财富、非物质财富和行为三个方面。教育领域中存在的法律纠纷，往往都是因为上述客体而引起的。

1.物质财富

物质财富也简称物。作为教育法律关系客体的物，既可以表现为自然物，如森林、土地、自然资源等，也可以表现为人的劳动创造物，如建筑、仪器等；既可以是国家和集体的财产，也可以是公民个人的财产。根据其属性，物一般可分为动产和不动产两类。不动产主要包括教育教学场地和其他建筑物，动产则包括资金、教育教学设备等。其中，资金是教育法律关系中重要的动产，以国家财政性教育拨款为主的教育事业经费、办学主体的办学投资、受教育者所交纳的受教育的各种费用以及团体或者个人为发展教育事业所捐助的资金等为主。

2.非物质财富

非物质财富包括创作活动的产品和其他与人身相联系的非财产性的财富。前者也被称作智慧产品和其他智力成果，是人类脑力劳动的产物。在教育教学领域，主要包括学术成果、学术著作、科学发明和艺术创造成果，各种有独创性的教案、教法、教具、课件等也包括在内。其他与人身相联系的非物质财富主要包括公民或组织的姓名、名称，公民的肖像、名誉、身体健康等。

3.行为

行为是指教育法律关系主体行使其权利和履行其义务的行为。从行为的性质来看，行为可以分为作为和不作为两类。在教育领域，教育行政机关的教育行政管理行为、学校及其他教育机构的内部管理行为、教育者的教育行为、受教育者接受教育的行为以及受教育者及其监护人与教育机构之间的其他与教育教学有关的行为等都是教育法律关系主体赖以生存的最基本的行为。

（三）教育法律关系的内容

教育法律关系的内容是指教育法律关系主体依法享有的权利和承担的义务。教育法律关系一旦产生，其主体间就在法律上形成了一种权利义务关系。教育法律关系的内容是联结教育法律关系主体与客体的纽带，也是教育法律关系的核心和实质，无内容的教育法律关系是不存在的。教育法律关系主体依法享有的权利是指教育法律规范确认和保护教育法律关系主体享受权利和获得利益的可能性，具体表现为权利主体依法自己作出或者不作出一定的行为，以及要求他人作出或者不作出一定的行为。教育法律关系主体依法承担的义务是指负有义务的教育法律关系主体依据教育法律规范，为了满足权利主体的要求而履行自己应尽的义务，具体表现为义务主体依据教育法律规范的规定对教育法律关系主体应当作出或者不作出一定行为，以保证权利主体的权利和利益得以实现。它体现了教育法律关系主体应当承担的责任。教育法律关系主体的权利与义务共存于同一法律关系中，相互依存，不可分割。

三、高等教育法律关系的类型

教育法律关系的范畴很广，其包含的内容也很多，依据不同的标准，可以将高等教育法律关系划分为不同的类型。

（一）教育内部的法律关系和教育外部的法律关系

依据教育法律关系主体的社会角色不同，可将教育法律关系分为教育内部的法律关系和教育外部的法律关系。所谓教育内部的法律关系主要指适用教育法律规范调整的、教育系统内部各类教育机构、教育工作人员以及教育对象之间的关系，如学校与教师的关系、学校及其管理人员与教育行政机关及其工作人员之间的关系等。教育外部的法律关系主要是指适用教育法律规范调整的教育系统与其外部社会各方面之间发生的法律关系。这种法律关系的具体表现多种多样，如，教育行政机关与财政机关、教育行政机关与文化部门之间的法律关系等。需要注意的是，上述两类教育法律关系的划分是相对的，在实际的教育活动中常常同时发生，甚至相互交织，如，教师与学生家长既有共同教育学生的权利和责任，也有相互配合的义务。

（二）隶属型教育法律关系和平权型教育法律关系

依据教育法律关系主体之间关系的不同，可将教育法律关系划分为隶属型教育法律关系和平权型教育法律关系。所谓隶属型教育法律关系是指以教育管理部门为核心，与其他主体之间形成的教育法律关系，一般指教育行政法律关系，也就是双方当事人之间存在行政上的隶属关系，其内容一般由行政机关单方面决定，行政相对人对决定应当予以服从。所谓平权型教育法律关系是指两个具有平等法律地位的教育关系主体之间产生的教育法律关系，一般指教育民事法律关系，如，学校与教师签订聘任合同、学校之间联合办学等。在我国，关于高等学校和教师、学生的法律关系一直以来并没有任何明确具体的规定。从新中国成立以来的高校教师管理、学生管理以及相关的司法实践中可以看出，我国高校在制度设计方面一直侧重于管理和规范。① 我国高校与教师、学生之间的法律关系的主要特征更多的是隶属型的，法律关系主体双方具有不平等性。即便存在部分平权型法律关系，这种关系也与普通的民事法律关系不同，因为这种平等的获得是以教师和学生承担认可和服从学校管束的义务为前提的。

需要注意的是，隶属型教育法律关系和平权型教育法律关系的划分也是相对的。如，在教育教学活动中，高校教师与学生之间既非上下级之间的行政关系，也非双方权利和义务平等的民事关系，而是一种“传道授业”“教学相长”的特殊关系。

（三）调整性教育法律关系和保护性教育法律关系

依据教育法律规范的职能不同，可将教育法律关系划分为调整性教育法律关系和保护性教育法律关系。所谓调整性教育法律关系是指按照调整性教育法律规范所设定的教育关系模式，保障主体的教育权利能够正常实现的教育法律关系。如，《中华人民共和国合同法》规范平等主体之间的合同关系。所谓保护性教育法律关系是指在教育主体的权利和义务不能正常实现的情况下，通过

① 参见李爱春：《高校与学生的法律关系浅析》，《社科纵横》2005 年第 5 期。

保护性教育法律规范，采取法律制裁手段而形成的教育法律关系。如，《中华人民共和国刑法》中根据违法行为依情节轻重给予管制、拘役、有期徒刑等不同的刑事处罚，目的在于保护合法的法律关系。

显然，调整性教育法律关系是基于人们的合法行为而产生的，不需要使用法律制裁主体权利就能够正常得以实现的法律关系。调整性教育法律关系执行法的调整功能，是法的实现的正常形式。而保护性法律关系是由于主体的违法行为而产生的，旨在恢复被破坏了权利和秩序的法律关系，需要使用法律制裁。它执行着法的保护功能，是法的实现的非正常形式。

四、高等教育法律关系的产生、变更和消灭

高校教师与大学生在教育教学活动中，总是在发生各种联系，形成一定的教育关系。这种教育关系就是教育法律关系吗？或者说教育关系一定会发展为教育法律关系吗？显然，答案是否定的，这涉及高等教育法律关系的产生、变更和消灭问题。高等教育法律关系的产生、变更和消灭实质上就是高等教育法律关系的运行。教育法律关系的运行离不开教育法律关系主体，要依据具体的教育法律规范。但是仅有权利主体和法律规范还不足以产生法律关系，法律关系的产生、变更和消灭还必须有法律规范所规定的法律事实的出现。

所谓教育法律事实是指教育法律规范规定的，能够引起教育法律关系的产生、变更和消灭的客观现象。教育法律规范所确认和保护的教育法律关系主体的权利义务，只是表明教育法律关系主体依法享受权利和承担义务的资格和可能性，并不是现实生活中存在的实际权利和义务关系。要想把这种可能性变成现实，就必须要通过一定的教育法律事实，使教育法律关系得以运行。

在法律实践中，法律事实依据其是否以权利主体的意志为转移可以分为法律行为和法律事件，相应地，教育法律事实也可以分为教育法律行为和教育法律事件。教育法律行为是指以教育法律关系主体的意志为转移，能够引起教育法律后果的法律事实。按其是否符合现行教育法律规范及其性质可以分为合法行为和违法行为，按其方式又可以分为作为和不作为两种形式。

教育法律事件是指能够产生教育法律后果的、不以人的意志为转移的客观事实。依据事件是否由主体的行为引起，可以划分为绝对事件和相对事件。绝对事件是由某种自然原因而引起的客观现象，如人的自然出生和死亡等；相对事件是指非因自然原因而是由于主体之外的其他人的行为所引起的，只是它的出现不是以主体自己的意志为转移而已。总之，教育法律事实是高等教育法律关系产生、变更和消灭的原因，高等教育法律关系的产生、变更和消灭则是教育法律事实引起的结果。

第四节　高等教育法律责任

生活中，人们开车时如果违反了交通禁令标识，就要面临被扣分或罚款的处罚，这是因为人们实施了违反交通法规的行为而依法承担的法律责任。教育实践中，如果高校教师或其他工作人员实施了违反高等教育法律法规的行为也应依法承担相应的教育法律责任。

一、高等教育法律责任的概念

所谓法律责任是指责任主体由于实施了违法行为、违约行为或出现了不属于违法、违约的某些法律事实而应依法承担的不利的法律后果。教育法律责任是指行为人因实施了违反教育法律、法规的行为，依法应承担的否定性法律后果。教育法律责任与教育违法行为紧密相连。承担教育法律责任的前提是主体存在违反教育法律、法规的行为。

与政治责任、道义责任等责任不同，教育法律责任具有如下特点：第一，教育法律责任的追究必须有教育法律、法规或其他法律明文规定，以避免处罚的任意性。第二，对于违反教育法律、法规的行为，只能由教育法律、法规授权的特定国家机关或组织依法追究，体现了教育法律责任的国家强制性。第三，教育法律责任的承担者必须是在教育法律关系中实施了教育违法行为的特定当事人。教育法律责任与法律制裁紧密相连。法律制裁是特定国家机关对违法者依法追究法律责任而采取的惩罚措施，法律责任作为一种否定性的法律后果，体现了国家对违反法律、法规行为的制裁。

二、高等教育法律责任的类型

依据不同的分类标准，教育法律责任可有不同的分类。根据违法主体的法律地位、违法行为的性质以及危害程度的不同，可将教育法律责任划分为行政法律责任、民事法律责任、刑事法律责任和违宪法律责任四种。

（一）行政法律责任

行政法律责任是指行政机关及其工作人员、行政相对人因实施违法行为而应承担的法律责任，简称行政责任。行政法律责任既包括行政机关及其工作人员、授权或委托的社会组织及其工作人员在行政管理中违法失职、滥用职权或行政不当而产生的行政法律责任，也包括公民、社会组织等行政相对人因违反行政法律而需要承担的行政法律责任。

根据我国教育法规的有关规定，违反教育法规的行政法律责任主要有行政处分和行政处罚两种类型。

1.行政处分

行政处分也称纪律处分，是指国家行政机关或其他组织依照行政隶属关系，对违反行政法律规定的国家工作人员或所属人员实施的惩罚措施，包括警告、记过、记大过、降级、降职、撤职、留用察看和开除等形式。如，高校学生考试作弊，视情节轻重，可以给予记过、留校察看、勒令退学以及开除学籍等行政处分。

2.行政处罚

行政处罚是指国家行政机关或其他行政主体依法对违反行政法律规范的组织或个人进行制裁的行政行为。其目的在于惩戒违法者，督促其以后不再复犯，从而有效实施行政管理，维护公共利益和社会秩序，保护公民、法人或其他组织的合法权益。教育行政处罚的种类包括：警告、罚款、没收违法所得，没收违法颁发、印制的学历证书、学位证书及其他学业证书等；撤销违法举办的学校和其他教育机构，取消颁发学历、学位和其他学业证书的资格，撤销教师资格；责令停止招生；吊销办学许可证等。

（二）民事法律责任

民事法律责任是指公民或法人由于实施了民事违法行为而依法承担的不利后果，简称民事责任。民事法律责任是现代社会常见的法律责任。民事责任以民事主体违反民事义务侵害他人的民事权益为前提，这是民事法律责任的根本特征。民事法律责任主要为赔偿或补偿性的财产责任，即民事责任以一方当事人（加害人）赔偿或补偿另一方当事人（受害人）的损害为主要目的，这一特征表明了民事责任“私”的性质。本质上，民法调整的社会关系是平等的、私人间的社会关系，即私的关系。

（三）刑事法律责任

刑事法律责任是指由于实施刑事违法行为所导致的受刑罚处罚的法律责任，简称刑事责任。与行政法律责任、民事法律责任相比，刑事责任是一种惩罚最为严厉的法律责任。刑事责任具有如下特点：第一，犯罪行为是产生刑事责任的原因，只有行为主体的行为具有严重的社会危害性才构成犯罪，才能追究其刑事法律责任。第二，刑事法律责任是借助国家强制力来实现的责任，是犯罪人向国家所负的一种法律责任。刑事法律责任的大小、有无等均不以被害人意志为转移。它主要是由特定的国家机关来予以执行，一经法院确定，犯罪人必须承担，不能变动。第三，刑事责任是所有法律责任中最严厉的一种，是一种惩罚性责任。刑事责任可以剥夺政治权利、财产权利、人身自由，甚至可以剥夺人的生命。第四，刑事责任基本上是一种个人责任，即刑事责任只能由犯罪者承担，不能株连非犯罪者，也不能由作为非犯罪者的他人代为承担，这体现了刑事责任的专属性。此外，刑事法律是追究刑事责任的唯一法律依据，犯罪成立所需要的法律要件以及对犯罪进行惩罚的刑罚方法等，均由刑法明文规定。对于刑法分则没有明文规定为犯罪的行为，无论其给社会造成了多大危害，都不得认定为犯罪和处以刑罚，即“法无明文规定不为罪，法无明文规定不处罚”。

（四）违宪法律责任

受教育权作为宪法确定的公民基本权利之一，与宪法所规定的教育基本制度密切相关。同时，依据宪法和教育法的规定，公民对义务教育以外的其他教育具有一定的选择自由、参与平等竞争的自由，教师还有学术自由等，上述权利的获得，均以宪法为根本来源。一定情况下，产生违宪责任是有可能的。

社会关系错综复杂，而教育法正是以这种复杂的社会关系为调整对象，这决定了教育实践中，存在多种法律责任，在高等教育领域，也是多种法律责任并存。其中，行政法律责任是主要的、常见的法律责任。同时高等教育领域的民事侵权或刑事犯罪也会引起民事法律责任或刑事法律责任。目前，从我国司法体制和司法实践来看，教育法律责任尚不包括违宪责任。也就是说，行政法律责任、民事法律责任和刑事法律责任是高等教育法律责任的常见类型。

三、高等教育法律责任的归责要件

所谓归责主要是要确认法律责任的归属，也就是要解决法律责任应该由谁来承担的问题。高等教育法律关系主体只有具备以下四个教育法律责任的归责要件，才能被认定为教育法律责任主体，并要承担相应的法律后果。

（一）有损害结果

损害结果是指行为人违反法律规定或法律保护的约定，而引起的损失或伤害。现实生活中，损害结果主要包括对人身的损害、财产的损害、精神的损害以及其他方面的损害。具体到教育领域，是指行为主体有侵害教育管理、教学秩序及从事教育教学活动的公民、法人和其他组织合法权益的客观事实存在。这是构成教育法律责任的前提条件。

（二）损害行为必须违法

行为违法是指行为主体实施了违反教育法律、法规的行为，这是教育法律责任构成的核心要素。行为违法判定时要注意两个条件：第一，行为的违法性，只有行为违反了现行法律的规定才是违法行为。第二，违法必须是一种行为。行为主体内在的思想没有表现为外在的行为，则不能判定其违法。我国的社会主义法制原则也不承认思想违法。

（三）行为主体有主观过错

主观过错主要是指行为主体对其所实施的违法行为或违约行为及其造成的危害后果所持的主观心理状态。主观过错包括故意和过失两种情况。“故意”是指明知自己的行为会导致某种危害社会的结果，但却希望或者放任这种结果发生的一种主观心理状态。相较而言，“过失”是指应当预见自己的行为可能会导致损害他人、危害社会的结果，但由于行为主体疏忽大意而没有预见，或者已经预见而轻信能够避免，以致发生这种结果的一种主观心理状态。“故意”和“过失”是构成违法或违约行为的主观因素。如果某种行为在客观上造成了危害社会的结果，但行为人对行为与结果之间的因果关系事实上是没能预测，也无法推定其应该预测的，则属于意外事件，由此造成的损害事实，行为主体可以不承担法律责任。

（四）违法行为与损害事实之间具有因果关系

违法行为是导致损害结果发生的原因，而损害结果是违法行为造成的必然结果，二者之间存在着内在的必然联系。因果关系是认定法律责任的基本依据，是承担教育法律责任的重要条件之一。

在此，以 2020 年 6 月曝出的山东“被顶替上大学”陈春秀一案为例。山东冠县农家女孩陈春秀 2004 年参加完高考后，虽然成绩达到了山东理工大学的录取条件，但是却被同年参加高考的陈姓同学冒名顶替。“落榜”后的陈春秀一直陷入深深自责之中。因为学历不高，她先后从事过餐厅服务员、流水线工人等多种职业，尝尽学历不高而只能从事体力劳动的辛酸。在此案例中，因为被他人冒名顶替上大学，陈春秀的宝贵学习机会被窃取，一起被窃取的还有一份珍贵的梦想、一段宝贵的时光、一种命运的可能。对于陈春秀而言，不仅有物质的损害，也有精神的损害，而且陈姓同学冒名顶替上大学的行为直接侵犯了陈春秀受教育的合法权利，侵害了正常的教育秩序，践踏了教育公平。陈姓同学及其家人利用相关条件篡改户籍、档案等，冒领他人录取通知书，存在主观上的故意，明显是违法行为，而这些违法行为与对陈春秀的损害结果之间又存在直接的因果关系。由此，在此案例中，存在损害结果，有违法行为，行为主体有主观上的过错，而且违法行为与损害事实之间也存在直接关联，因而，冒名顶替他人上大学的陈姓同学及其家人应当承担其违法行为所带来的法律责任，参与篡改户籍、档案等材料的相关机构及相关人员也应承担相应的行政法律责任。

四、高校教师的教育法律责任

《中华人民共和国宪法》规定了教师的基本权利和义务，《中华人民共和国教师法》也对教师特定的权利和义务作出了规定。不能正确行使这些权利或者不能正确履行这些义务，教师就可能作出违法行为。因而，《教师法》对教师滥用权利或逃避义务等违法行为应承担的法律责任也作出了明确的规定。总的来说，可以从以下两个方面来理解高校教师的教育法律责任。

（一）违反《教师法》应承担的法律责任

《中华人民共和国教师法》第三十七条规定，教师出现下列情形之一，所在学校、其他教育机构或者教育行政部门可以给予行政处分或者解聘：第一，故意不完成教育教学任务给教育教学工作造成损失的；第二，体罚学生，经教育不改的；第三，品行不良，侮辱学生，影响恶劣的。如果教师的违法行为情节严重，构成犯罪的，还要依法追究刑事责任。

1.故意不完成教育教学任务的法律责任

此处的教育教学任务主要是指按照聘任合同的约定或岗位职责所明确规定的教师应当完成的教育教学工作任务。《教师法》明确规定："教师是履行教育教学职责的专业人员，承担教书育人、培养社会主义事业的建设者和接班人、提高民族素质的使命，教师应当忠诚于人民的教育事业。"教育教学既是教师的权利，又是教师的义务。教师必须按照聘任合同的约定或岗位职责完成教育教学任务，否则就可能构成违法行为。"故意不完成教育教学任务"明确了教师的主观"故意"，而非"过失""无意"或"不能"（由于生病等身体原因）。此处"故意"大体包含如下几种情况：

第一，教学内容偏离教学计划和教学大纲的要求。主要表现为：一是教学内容太深，脱离学生的现有水平，学生听不懂，学业考试时，多数学生不及格；二是教学内容太肤浅，学生不用听讲也会，一学期下来，学生实质上没学到什么内容，学业进步不大，甚至根本没有什么进步。

第二，教学态度不端正，不备课或备课不充分上课。主要表现为：课堂上经常出现知识性的错误，学生提意见也不改正；不批改作业，不辅导学生，岗位职责明确规定的辅导、批改作业等工作也不完成；不主动联系学生，不了解学生，讲完课就走，讨厌与学生接触。

第三，随意削减学时，经常无故不上课。主要表现为：教师让学生为完成自己的科研或其他工作任务服务，学生成为教师劳动力，结果，学生没有时间从事学习活动，该学的没学到，应该掌握的没有掌握好。

此外，因受到批评、处分等对领导不满意，因学生对教师的评价较低而对学生不满意，或者职称评聘时，高职低聘的结果等也都有可能引发教师"故意不完成教育教学任务"。"故意不完成教育教学任务"已经构成违法行为的主观上的过错，如果由此给教学带来实质性的损害事实，所在学校就可以给予该教师行政处分或解聘。

2.体罚学生，经教育不改的法律责任

体罚常指教师以暴力或其他强制性的手段，侵害学生身体健康的行为。这里体罚是广义上的，既包括体罚，也包括变相体罚，如，既涵盖手脚或持器械对学生武力侵害，也包括长时间罚学生从事某一种体力劳动，或长时间地罚写或大数量的罚抄。一般来说，体罚在中小学较为常见，但高校也并非完全没有。如，有的高校体育教师用脚踢学生，让学生反复重复一个动作。高校辅导员老师因学生犯错，让学生一遍一遍地写检查等。这些行为一定程度上也会造成学生身体的伤害，由此教师也要承担相应的教育法律责任。我国《刑法》明确规定："故意伤害他人身体的，处三年以下有期徒刑、拘役或者管制。""过失伤害他人致人重伤的，处三年以下有期徒刑或者拘役。"

3.品行不良、侮辱学生、影响恶劣的法律责任

这主要表现为：一是教师的人品或行为严重有悖于社会公德和教师职业道德，有损教师为人师表的形象和身份，在社会中，对学生产生恶劣影响。高校教师对待教育事业，应当树立强烈的责任感，热爱学生，为人师表；对待学术，应当实事求是，谦虚严谨，踏实做学问，遵守学术道德。二是教师公然贬低或侵害学生人格、损害学生名誉等。包括：在语言方面，教师对学生说一些讽刺性、侮辱性、蔑视性、过激性、恐吓性、训斥性的语言；在行为方面，如部分教师不注重保护学生隐私，到处宣扬学生的隐私，甚至有少部分男教师行为不检等。

侮辱学生的行为可能因侵犯名誉而需要承担民事责任，也可能因情节严重而承担刑事责任。依据《教育行政处罚暂行实施办法》，教师还有可能受到行政处罚，如由教育行政部门撤销其教师资格；还可以依据民法的规定承担相应的民事责任，依据刑法的规定承担相应的刑事责任。

(二)其他违法行为的法律责任

1.有关学术腐败的法律责任

对于高校教师而言，除了可能发生违反《教师法》明确规定的行为外，还有比较突出的就是学术腐败问题。2018 年 12 月 15 日，南京大学对该校教师梁莹做出行政记过和党内严重警告处分；取消梁莹的研究生指导资格；强制梁莹退出"长江学者奖励计划"青年学者项目，并上报教育部；建议撤销梁莹的"青年拔尖人才"称号，并上报中组部；将梁莹调离教学岗位，并建议撤销其教师资格。南京大学之所以给予梁莹上述处分，就在于其未能"学高为师，身正为范"，没有用学识育人，以德育人，而是敷衍教学，品行不端，学术造假，对社会造成了巨大的负面影响。

高校的学术腐败，除了剽窃他人作品处，还包括申报职称评奖材料弄虚作假，侵害他人知识产权等。如果最优秀的知识分子都腐化了，那还要到哪里去

寻找道德善良。[①] 费希特在《论学者的使命》一书中的"呐喊"值得每一位高校教师警醒。因为知识分子的腐败会败坏整个民族的文化、思想和道德,使现代教育沦落,成为一个大染缸,影响学生的健康成长。

2.违反教育考试规定的法律责任

高校教师会经常参加与国家教育考试有关的工作,如监考、评分和考务工作等,其中任何一个环节出现违法行为,都不可避免地要承担法律责任。2004年5月,教育部颁发《国家教育考试违规处理办法》,其中明确规定:"考试工作人员应当认真履行工作职责,在考试管理、组织及评卷等工作中,有下列行为之一的,视情节轻重分别给予相应的行政处分:应回避考试工作却隐瞒不报的;提示或暗示考生答题的;擅自将试题、答案或者有关内容带出考场或者传递给他人的;在评卷中擅自更改评分细则,或者不按评分细则进行评卷的;擅自泄露评卷、统分等应予保密情况的;其他违反监考、评卷等管理规定的行为。"针对作弊情况,相关责任人及所属考区的负责人,有关部门应当分别给予相应的行政处分;情节严重,构成犯罪的,由司法机关依法追究刑事责任。

3.造成学生伤害事故的法律责任

尽管高校的学生大多数已是成年人,但高校里经常会发生学生伤害事故。如果学生的伤害事故与教师有直接或间接关系,只要构成因果关系,教师就要承担相应的法律责任。如,在体育教学、化学实验教学以及电工实践教学等过程中发生的学生伤亡事故,以及由于教师侵犯学生隐私、学生恋爱关系等处理不当而导致学生伤亡事件等,教师要承担相应的行政责任、民事责任或刑事责任。

除了《中华人民共和国教育法》外,《中华人民共和国高等教育法》也对教育法律关系主体实施不当行为之后的法律责任进行了规定。《高等教育法》附则部分第六十六条明确规定:"对高等教育活动中违反教育法规定的,依照教育法的有关规定给予处罚。"这表明我国高等教育法的法律责任与教育法的法律责任有相同之处,并且高等教育活动中的法律规定在教育法的法律中有所体现,二者在法律责任方面承担的方式是一致的。

① 参见[德]费希特:《论学者的使命·人的使命》,梁志学、沈真译,北京:商务印书馆2011年版,第45页。

〔经典案例〕

高校教师与出版社著作版权纠纷案①

某大学生物系教授高某著有《动物遗传学论》一书，并与其所在省的教育出版社订立了出版合同。合同约定该出版社对此书的中文版享有专有出版权，并约定了报酬和相关法律责任的承担，其他内容并未涉及。在一次国际图书博览会上，英国 WEST 出版公司（West Publishing Corporation）看到了该书的中文版，认为此书很有学术价值，就主动与该省教育出版社洽谈。经过协商，双方签订了版权贸易合同，该教育出版社同意 WEST 出版公司将此书制成英文版并在西欧地区发行。

潘某是高教授的学生，他在美国留学，潘某的妻子任美国 UNION 出版公司总编。潘某向妻子推荐了中文版的《动物遗传学论》，他的妻子便写信给高教授征求可否以英文版在大陆以外地区发行，并向其说明版税优厚。高教授同意了 UNION 出版公司的条件，准备签约，于是通知本省教育出版社，委托其代理订立合同。此时，该教育出版社才告知高教授，他们已经与英国 WEST 出版公司签订了出版合同。高教授为此非常生气，认为该教育出版社侵犯了他的翻译权和获得报酬权，与英国出版公司签订的出版合同无效。而该教育出版社则认为既然原订合同上没有说明，他们又享有专有出版权，因而有权与国外出版公司签订版权贸易合同。

〔案例评析〕

本案例中，该省教育出版社未经高教授的许可，擅作主张，将高教授对其著作《动物遗传学论》一书享有的翻译权和英文版出版权授予英国 WEST 出版公司，并未向高教授支付相应的报酬，这些行为侵犯了高教授依法享有的出版权、翻译权和获得报酬权。法律关系主体主要涉及高教授和教育出版社。高教授与教育出版社主要因为《动物遗传学论》的翻译权、出版权和报酬权等产生纠纷，因而，法律关系客体主要是非物质形式的著作翻译权、出版权和获取报酬权等。

本案例中，教育出版社是教育系统外部的机构组织，高教授系高校教

① 参见赵汝琨：《法律帮助一点通——著作权纠纷》，北京：中国检察出版社 2005 年版，第 79 页。

师,两者产生的法律关系属于教育外部的法律关系;教育出版社与高教授并不存在管理和被管理的关系,相反两者都是平等的民事法律关系主体,因而,从这个角度分析,两者之间属于平权型教育法律关系;为保障双方的权益,高教授与该省教育出版社签订了合同,在合同中对双方的权益和相关的法律责任进行了约定,也就是说,高教授和出版社双方只要按照合同约定的行为去做,即不需要法律制裁,双方主体的权利就能够正常得以实现,体现了法律的调整功能,因而从这个角度讲,两者的关系属于调整性教育法律关系。

现实生活中,当责任主体实施了违法或违约行为时应依法承担不同的法律后果,即承担一定的法律责任。本案例中,教育出版社尽管与高教授签订了合同,但教育出版社在履行义务时不符合约定,侵犯了高教授依法享有的出版权、翻译权和获得报酬权的情形,符合民事法律责任的特征,因而,教育出版社要承担相应的民事法律责任。教育出版社首先应当向高教授赔礼道歉,然后赔偿损失。与英国出版公司签订的版权贸易合同是无效的,应当立即终止合同,违约责任由教育出版社和英国 WEST 出版公司依过错程度承担。

推荐阅读:

[1]劳凯声、蒋建华:《教育政策与法律概论》,北京:北京师范大学出版社 2015 年版。
[2]陈晋胜:《新编高等教育法规概论》,太原:山西人民出版社 2014 年版。
[3]马超山、杨成伟:《高等教育法规简论》,大连:辽宁师范大学出版社 2007 年版。
[4]顾基平、周艳红等:《高等教育法规概论》,长沙:湖南师范大学出版社 2015 年版。
[5]黄崴:《教育法学》,广州:广东高等教育出版社 2002 年版。
[6]袁兆春:《高等教育法学》,济南:山东人民出版社 2004 年版。
[7]王爱国:《高等教育法规基础》,杭州:浙江大学出版社 2001 年版。
[8]张维平:《高校教师教育法规专题》,大连:辽宁师范大学出版社 2004 年版。
[9]教育部人事司:《高等教育法规概论》,北京:北京师范大学出版社 2000 年版。
[10]《中华人民共和国行政诉讼法(实用版)》,北京:中国法制教育出版社 2018 年版。

第五章　高等教育法制建设

章节提要

我国高等教育的法律规范体系已经基本形成，主要包括四个层级：全国人大及其常委会通过的教育法律；国务院制定的行政法规；地方人大及其常委会制定的地方性法规、自治条例和单行条例；国务院教育行政部门制定的规章和地方人民政府制定的地方政府规章。高等教育法规实施，包括执法、司法、守法。高等教育法规的监督，是指高等教育管理机关、各级各类学校、企事业单位和个人对高等教育法规的实施和遵守状况进行监控和督促，做到执法必严，违法必究。

第一节　高等教育立法

高等教育担负着培养具有创新精神和实践能力的高级专门人才和发展科学技术文化的双重任务，受到党和国家的高度重视。高等教育立法，是指国家立法机关通过法律形式规定国家有关高等教育的权利与义务及高等教育自身的权利与义务。高等教育立法是政府管理、发展高等教育的重要手段之一。

一、高等教育法制建设体系

目前，我国高等教育的法律规范体系已经基本形成。高等教育法律体系纵向主要涉及法律的位阶层次体系，如宪法、法律、行政法规、规章、地方性法规等。具体说，这个体系主要包括四个层级：第一个层级是由全国人大及其常委会通过的教育法律。其中，《教育法》是统领包括高等教育在内的整个教育事业的基本法，《高等教育法》和《学位条例》是重点的部门法，《教师法》《职业教育法》《国家通用语言文字法》和《民办教育促进法》均含有与高等教育相关的条款。第二个层级是国务院制定的行政法规，如《学位条例暂行实施办法》。第三个层级是地方人大制定的地方性法规、自治条例和单行条例，如《上海市高等教育促进条例》。第四个层级是教育规章，包括国务院教育行政部门制定的规章和地方政府规章，如《普通高等学校学生管理规定》《高等学校章程制定暂行办法》。高等教育法律体系横向涉及高等教育的方方面面，一般包括管理、经费、师资、设施、课程、学生福利以及各种类型的教育等内容。高等教育法律规范体系基本覆盖了高等教育管理的主要方面，有法可依的目标已经基本达成，有效保障了我国高等教育事业的快速发展、健康发展以及可持续发展。①

二、高等教育法的立法过程

新中国高等教育法如同整个法治建设一样大致可以分为五个时期：初创时期（1949～1956 年）、停滞时期（1957～1977 年）、恢复重建时期（1978～1992 年）、快速发展时期（1993～2009 年）和全面展开时期（2010 年至今）。1949 年 9 月，中国人民政治协商会议第一届全体会议通过了《中国人民政治协商会议共同纲领》，第 41 条、第 46 条、第 47 条对教育作了专门规定，其中第 47 条对高等教育作出了规定，开启了我国教育法制建设之路。经过一段时间的停滞，1978 年党的十一届三中全会提出“必须加强社会主义法制”，随之我国教育法制开始恢复重建。1993 年，《中国教育改革和发展纲要》明确要求，“争取到本世纪末，初步建立起教育法律、法规体系的框架”，将我国教育法制建设推向快速发展的轨道。为了发展高等教育事业，实施科教兴国战略，促进社会主义物质文明和精神文明建设，依据宪法和教育法由中华人民共和国第九届全国人民代表大会常务委员会第四次会议于 1998 年 8 月 29 日通过《高等教育法》，自 1999 年 1 月 1 日起施行。2010 年，党中央、国务院印发《国家中长期教育改革和发展规划纲要（2010—2020 年）》，其中第二十章“推进依法治教”，内容包括完善教育法律法规，全面推进依法行政，大力推进依法治校，完善督导制度，监督问责机制等，专

① 参见申素平、邓雨薇：《我国高等教育法治 70 年发展史》，《教育发展研究》2019 年第 17 期。

门对新时期教育法制建设作出了全面部署，明确提出“六修五立”[①]的立法任务，标志着我国教育法制建设进入了全面展开的阶段。

三、2015年《高等教育法》修正

2015年12月27日，第十二届全国人民代表大会常务委员会第十八次会议通过了《全国人民代表大会常务委员会关于修改〈中华人民共和国高等教育法〉的决定》，对高教法部分条款作了修改，自2016年6月1日起施行。这是高等教育法在1998年8月29日由第九届全国人民代表大会常务委员会第四次会议通过以来的首次修改。此次修改主要是为了落实《国家中长期教育改革和发展规划纲要（2010—2020年）》要求，贯彻党的十八大和十八届三中、四中、五中全会精神，对高校设立审批、学术委员会、评价评估、投入机制等制度进行完善。（见表5-1）

表5-1　2015年高等教育法修改情况

条款	1998年	2015年	
四	高等教育必须贯彻国家的教育方针，为社会主义现代化建设服务，与生产劳动相结合，使受教育者成为德、智、体等方面全面发展的社会主义事业的建设者和接班人。	高等教育必须贯彻国家的教育方针，为社会主义现代化建设服务、为人民服务，与生产劳动和社会实践相结合，使受教育者成为德、智、体、美等方面全面发展的社会主义建设者和接班人。	完善高等教育方针和任务
五	高等教育的任务是培养具有创新精神和实践能力的高级专门人才，发展科学技术文化，促进社会主义现代化建设。	高等教育的任务是培养具有社会责任感、创新精神和实践能力的高级专门人才，发展科学技术文化，促进社会主义现代化建设。	
二十四	设立高等学校，应当符合国家高等教育发展规划，符合国家利益和社会公共利益，不得以营利为目的。	设立高等学校，应当符合国家高等教育发展规划，符合国家利益和社会公共利益。	

① 《国家中长期教育改革和发展规划纲要（2010—2020年）》第二十章提出：“根据经济社会发展和教育改革的需要，修订教育法、职业教育法、高等教育法、学位条例、教师法、民办教育促进法，制定有关考试、学校、终身学习、学前教育、家庭教育等法律。”

续表

条款	1998 年	2015 年	
二十九	设立高等学校由国务院教育行政部门审批，其中设立实施专科教育的高等学校，经国务院授权，也可以由省、自治区、直辖市人民政府审批。对不符合规定条件审批设立的高等学校和其他高等教育机构，国务院教育行政部门有权予以撤销。 审批高等学校的设立，应当聘请由专家组成的评议机构评议。 高等学校和其他高等教育机构分立、合并、终止，变更名称、类别和其他重要事项，由原审批机关审批。章程的修改，应当报原审批机关核准。	设立实施本科及以上教育的高等学校，由国务院教育行政部门审批；设立实施专科教育的高等学校，由省、自治区、直辖市人民政府审批，报国务院教育行政部门备案；设立其他高等教育机构，由省、自治区、直辖市人民政府教育行政部门审批。审批设立高等学校和其他高等教育机构应当遵守国家有关规定。 审批设立高等学校，应当委托由专家组成的评议机构评议。 高等学校和其他高等教育机构分立、合并、终止，变更名称、类别和其他重要事项，由本条第一款规定的审批机关审批；修改章程，应当根据管理权限，报国务院教育行政部门或者省、自治区、直辖市人民政府教育行政部门核准。	下放高校设立审批权限
四十二	高等学校设立学术委员会，审议学科、专业的设置，教学、科学研究计划方案，评定教学、科学研究成果等有关学术事项。	高等学校设立学术委员会，履行下列职责： （一）审议学科建设、专业设置，教学、科学研究计划方案； （二）评定教学、科学研究成果； （三）调查、处理学术纠纷； （四）调查、认定学术不端行为； （五）按照章程审议、决定有关学术发展、学术评价、学术规范的其他事项。	强化了学术委员会作用

续表

条款	1998 年	2015 年	
四十四	高等学校的办学水平、教育质量，接受教育行政部门的监督和由其组织的评估。	高等学校应当建立本学校办学水平、教育质量的评价制度，及时公开相关信息，接受社会监督。 教育行政部门负责组织专家或者委托第三方专业机构对高等学校的办学水平、效益和教育质量进行评估。评估结果应当向社会公开。	强调第三方专业机构的评估作用
六十条第一款	国家建立以财政拨款为主、其他多种渠道筹措高等教育经费为辅的体制，使高等教育事业的发展同经济、社会发展的水平相适应。	高等教育实行以举办者投入为主、受教育者合理分担培养成本、高等学校多种渠道筹措经费的机制。	拓宽了筹资渠道

（一）完善高等教育方针和任务

关于高等教育的方针和任务，原高教法规定，高等教育必须贯彻国家的教育方针，为社会主义现代化建设服务，与生产劳动相结合，使受教育者成为德、智、体等方面全面发展的社会主义事业的建设者和接班人；高等教育的任务是培养具有创新精神和实践能力的高级专门人才，发展科学技术文化，促进社会主义现代化建设。

国家《教育规划纲要》提出，全面贯彻党的教育方针，坚持教育为社会主义现代化建设服务，为人民服务，与生产劳动和社会实践相结合，培养德智体美全面发展的社会主义建设者和接班人。党的十八大提出，全面贯彻党的教育方针，坚持教育为社会主义现代化建设服务，为人民服务，把立德树人作为教育的根本任务，培养德智体美全面发展的社会主义建设者和接班人。培养学生社会责任感、创新精神、实践能力。党的十八届三中全会提出，全面贯彻党的教育方针，坚持立德树人，加强社会主义核心价值体系教育，增强学生社会责任感、创新精神、实践能力。与高教法修改同步进行修改的教育法，则根据国家中长期教育规划纲要和党的十八大、十八届三中全会精神，对教育方针和任务进行了完善,规定:“教育必须为社会主义现代化建设服务、为人民服务,必须与生产劳动和社会实践相结合,培养德智体美等方面全面发展的社会主义建设者和接班人。”“教育应当坚持立德树人,对受教育者加强社会主义核心价值观教育,增强受教育者的社会责任感、创新精神和实践能力。”

根据教育法的修改,高教法也作了相应修改,明确:“高等教育必须贯彻国家的教育方针,为社会主义现代化建设服务、为人民服务,与生产劳动和社会实践相结合,使受教育者成为德、智、体、美等方面全面发展的社会主义建设者和接班人。”“高等教育的任务是培养具有社会责任感、创新精神和实践能力的高级专门人才,发展科学技术文化,促进社会主义现代化建设。”

(二)下放高校设立审批权限

原高教法规定,设立高等学校由国务院教育行政部门审批,其中设立实施专科教育的高等学校,经国务院授权,也可以由省、自治区、直辖市人民政府审批;设立其他高等教育机构,由国务院授权的有关部门或者省、自治区、直辖市人民政府审批。根据十八届三中全会关于扩大省级政府教育统筹权的精神,为了简政放权,调动各方面的积极性,促进高等教育发展,修改后的高教法将实施专科教育的高等学校和其他高等教育机构的设立审批权限明确下放到省、自治区、直辖市人民政府,规定:“设立实施本科及以上教育的高等学校,由国务院教育行政部门审批;设立实施专科教育的高等学校,由省、自治区、直辖市人民政府审批,报国务院教育行政部门备案;设立其他高等教育机构,由省、自治区、直辖市人民政府教育行政部门审批。审批设立高等学校和其他高等教育机构应当遵守国家有关规定。”

同时,为了与行政许可法有关行政许可由原行政机关或者上级行政机关撤销的规定相衔接,删除了“对不符合规定条件审批设立的高等学校和其他高等教育机构,国务院教育行政部门有权予以撤销”的规定,对不符合规定条件的审批,适用行政许可法有关行政许可撤销的规定。

(三)强化高校学术委员会作用

高等学校依法设立的学术委员会,是高等学校内部的最高学术机构。原高教法规定,高等学校设立学术委员会,审议学科、专业的设置,教学、科学研究计划方案,评定教学、科学研究成果等有关学术事项。国家《教育规划纲要》提出,充分发挥学术委员会在学科建设、学术评价、学术发展中的重要作用。教育部2014年公布了《高等学校学术委员会规程》,要求健全以学术委员会为核心的学术管理体系与组织架构,并以学术委员会作为校内最高学术机构,统筹行使学术事务的决策、审议、评定和咨询等职权。目前,全国普通高等学校已普遍设立了学术委员会,很多学校还制定了专门的学术委员会章程。

（四）强调第三方专业机构作用

2015年《高等教育法》规定："高等学校应当建立本学校办学水平、教育质量的评价制度，及时公开相关信息，接受社会监督。"确立了高等学校内部评价与社会监督相结合，强调高等学校校内评价结果的社会公开与社会监督，同时接受教育行政部门的监督和由其组织的评估。

强调专家和专业机构在高等学校评估中的作用，指出："教育行政部门负责组织专家或者委托第三方专业机构对高等学校的办学水平、效益和教育质量进行评估。评估结果应当向社会公开。"

（五）拓宽高校筹资渠道

2015年《高等教育法》规定："高等教育实行以举办者投入为主、受教育者合理分担培养成本、高等学校多种渠道筹措经费的机制。"首先，把以国家拨款为主修正为"以举办者投入为主"，这就给社会资本投入高等教育提供了更大的空间；其次，让"受教育者合理分担培养成本"，也提升了教育的社会公平性。（参见表5-2）

表5-2　高等教育办学自主权扩大的趋势

时间	教育法规名称	条文
1985	《中共中央关于教育体制改革的决定》	在教育事业管理权限的划分上，政府有关部门对学校主要是对高等学校管得过死，使学校缺乏应有的活力；而政府应该加以管理的事情，又没有很好地管起来。当前高等教育体制改革的关键，就是改变政府对高等学校统得过多的管理体制，在国家统一的教育方针和计划的指导下，扩大高等学校的办学自主权；对不同的高等学校，国家还可以根据情况，赋予其他的权力。
2010	《国家中长期教育改革和发展规划纲要（2010—2020年）》	政府及其部门要树立服务意识，改进管理方式，完善监管机制，减少和规范对学校的行政审批事项，依法保障学校充分行使办学自主权和承担相应责任。
2014	《关于进一步落实和扩大高校办学自主权完善高校内部治理结构的意见》（教改办〔2014〕2号）	在加大放权力度的同时，要改进和加强宏观管理，综合运用法律、政策、规划、公共财政、标准、信息服务和必要的行政措施，把该放的放开，把该管的管住，针对每一个放权事项建立监管办法，避免"一放就乱，一乱就收，一收就死"。

续表

时间	教育法规名称	条文
2017	《关于深化高等教育领域简政放权放管结合优化服务改革的若干意见》(教政法〔2017〕7号)	全面贯彻党的教育方针,坚持社会主义办学方向,完善中国特色现代大学制度,破除束缚高等教育改革发展的体制机制障碍,进一步向地方和高校放权,给高校松绑减负、简除烦苛,让学校拥有更大办学自主权,激发广大教学科研人员教书育人、干事创业的积极性和主动性,培养符合社会主义现代化建设需要的各类创新人才,培育国际竞争新优势。

第二节 高等教育法规实施

高等教育法规实施,包括执法、司法、守法三个既相互独立又相互依赖的过程,换句话说,它们之间是有法可依、有法必依、执法必严、违法必究的关系。有法可依、有法必依、执法必严、违法必究这四个方面相互联系、相互制约。有法可依是前提,有法必依是核心,执法必严是关键,违法必究是保障。

一、执法:高等教育法规执行

高等教育行政执法,即国家有关行政机关及其所属工作人员在现实生活中实施教育法规的活动,是有关行政机关及其工作人员按照法定职权和程序所采取的直接影响公民、社会组织或其他社会力量有关教育的权利与义务,或对其教育权利与义务的行使和履行进行监督的具体行政行为。

(一)高等教育行政执法的内涵

高等教育执法,即国家行政机关及其公职人员依照法定职权和程序,贯彻、执行法律的活动。高等教育执法有广义与狭义两种含义,在日常生活中,人们通常把这两种含义混淆使用。广义的高等教育执法是指国家教育行政机关、司法机关及其公职人员依照法定程序实施法律的活动。狭义的高等教育执法是指高等教育法的执行,即国家教育行政机关和法律授权、委托的组织及其公职人员,在行使行政管理权的过程中,依照法定的职权和程序,贯彻实施高等教育法律法规的活动。人们常把教育行政机关称为高等教育法的执法机关,这就是在狭义层面上使用教育执法的概念。本书所讲的执法专指狭义的法的执行。国家教育行政机关执行教育法律是高等教育法实施的重要方面。在现代社会，教育行政机关被称为教育立法机关的执行机关，即国家教育立法机关制定的法律、法规主要由教育行政机关来贯彻、执行、付诸实现。在我国，各级人民政府及其所属的教育管理部门是教育行政机关，负有执行教育法律的职权和职责。教育执法是实施教育法律的活动，是在教育法律规定的时间、地点、范围内的教育执法活动。而在这个大前提下发生的由高等教育执法人员本身或其他原因引发的非法操作常被冠以暴力执法、违规执法等。

（二）高等教育行政执法的原则

高等教育行政执法的原则，是指高等教育行政执法行为应遵循的基本准则，也是各种教育行政执法形式都应遵循的共有原则。主要包括以下几方面：

1.合法性原则

合法性原则，指各级高等教育行政机关应依法行政，即高等教育行政机关必须根据高等教育法规定的法定权限、法定程序和法治精神进行教育管理，越权无效。这也是现代法治国家行政活动的一条最基本的准则。

2.合理性原则

这是针对高等教育行政执法中享有的自由裁量权而提出的。高等教育行政机关应当是执行教育法律的机关，其行为皆应依法实施，但由于高等教育行政事务的复杂性，高等教育立法机关不可能通过严密的法律规范完全约束高等教育行政行为，不得不在事实上和法律上承认高等教育行政机关享有一定程度的行为选择权，即自由裁量权。但与此同时，由于高等教育行政裁量权较少受到法律的约束，就出现了被滥用的事实或出现具体高等教育行政行为显失公正的后果。本着既能承认自由裁量权的作用，又能加强对自由裁量权的控制，因此，在高等教育行政执法上提出合理性原则。

3.权责统一原则

高等教育行政执法活动中，教育行政机关有权对高等教育行政相对人适用高等教育法律规范，同时，也要承担由实施高等教育行政执法行为而引起的法律后果，即高等教育权力的行使和责任的承担要统一，不能只行使权力而不承担责任。

二、守法：高等教育法规遵守

（一）高等教育守法的含义

高等教育守法，即高等教育法律法规的遵守，是指一切国家高等教育行政机关及其工作人员、政党、社会团体、企事业单位及全体公民，自觉遵守高等教育法律的规定，将高等教育法律法规的要求转化为自己的行为，从而使高等教育法律法规得以实现的活动。高等教育守法是高等教育法规实现的最基本形式。高等教育法律法规的遵守包括高等教育权利的正确行使、积极义务的履行和禁令的遵守。

（二）高等教育守法的构成要素

高等教育守法构成要素主要包括高等教育守法主体、守法范围、守法内容及守法状态等。

高等教育守法主体，与其他法的守法主体一样，是一个国家和社会中应当遵守高等教育法律的人员。按照宪法的规定，在我国，高等教育守法的主体可以分为三类。第一类是一切国家机关、武装力量、政党、社会团体、企业事业组织；第二类是中华人民共和国公民；第三类是在我国领域内的外国组织、外国人和无国籍人。

高等教育守法的范围，是指高等教育守法主体必须遵守的行为规范的种类。在我国，高等教育守法的范围主要是有关高等教育的各级各类法律法规的内容，包括我国的宪法、教育法、教师法、高等教育法、学位条例暂行实施办法等。

高等教育守法的内容包括履行高等教育法律义务和行使高等教育法律权利，两者密切联系，不可分割，高等教育守法是履行高等教育法律义务和行使高等教育法律权利的有机统一。

高等教育守法状态，是指人们对高等教育法遵守的程度，包括高等教育守法的最低状态、高等教育守法的中层状态和高等教育守法的高级状态三种类型。高等教育守法的最低状态是不违法犯罪；高等教育守法的中层状态是依照高等教育法办事，形成统一的高等教育法律秩序；高等教育守法的高级状态是指高等教育守法主体无论是外在行为还是内在动机都符合高等教育法律法规的精神和要求，充分行使高等教育法赋予的权利，严格履行高等教育法律规定的义务，从而真正实现高等教育法律法规调整人们行为、关系的目的。

（三）高等教育守法的根据和理由

人们之所以要遵循高等教育法规，主要有以下几个方面的根据。

第一，高等教育法律法规的要求，亦即高等教育法规的权威性。高等教育法是为了发展高等教育，实施科教兴国战略，促进社会主义物质文明和精神文明建设，根据宪法和教育法制定的法规。它具有权威性，体现了对教育者及受教育者尊严的维护，其出发点就是保护接受高等教育者、教育者、教育组织等利益相关者的权利不受侵犯。

第二，高等教育守法是来自社会压力。在我国，高等教育法是在中华人民共和国境内从事高等教育活动所遵守的法律，换句话说，是在中华人民共和国境内从事高等教育活动的行为模式。这种内在的行为模式对社会形成巨大的压力。同时人们普遍鄙视违规行为，让不服从高等教育法律的人感到羞辱。这些来自社会的无形压力，足以使多数人遵守高等教育法。

第三，高等教育守法是出于契约式的利益和信用考虑。高等教育法是社会共同的、一定的高等教育利益和需要的表现。人们之间的高等教育契约关系是建立在自愿、合意的基础之上的法律关系，讲求信用往往被规定为契约履行的准则。因此，人们基于信用的要求，往往能自觉地履行契约，遵守高等教育法律。

第四，高等教育守法是由于惧怕法律。高等教育法有国家强制力保证实施，这是高等教育法的基本特征之一。制裁是强制力的具体实现，高等教育法同其他法律一样也是由制裁支持的。在一个法律秩序正常的社会，任何明显的高等教育违法行为都会受到应有的制裁。因此，法律的制裁成为公众守法的原因之一。

第五，高等教育守法是处于心理的惯性。心理上的惯性问题涉及高等教育法是否符合人的习惯及民族与社会的习惯问题。如果一个国家的高等教育法律符合人的习惯及民族和社会的习惯，那么，它就会比那些不符合这些习惯的高等教育法得到更好的遵守。

第六，高等教育守法是道德的要求。高等教育守法是道德要求解释了人们应当遵守高等教育法的根据和理由，即人们有无遵守高等教育法的道德义务。应当肯定和强调高等教育守法的道德义务的存在，这不仅是对人们的道德要求，也是对高等教育法的道德要求。

（四）高等教育守法的主客观条件

高等教育守法是组成并维系高等教育的基本保障。高等教育守法是协调高等教育利益相关者之间关系，并确保整个高等教育事业正常发展的有效途径。高等教育守法主体遵守高等教育法规的程度受到其主客观条件的影响。

1.守法主体遵守高等教育法的主观条件

高等教育守法者的主观条件是指守法主体的主观心理状态和法律意识水平。通常人们的政治意识、法律意识、道德意识、文化教育程度等都对其高等教育守法行为产生潜移默化的影响和支配。

（1）高等教育守法主体的政治意识

政治意识是指人们对于政治现象的思想、观点和心理的总和，是一种重要的社会意识。而政治意识处于社会意识诸形式的核心地位，它往往渗透到其他社会意识中，成为其中起指导作用的部分。每个阶级、每个人都有自己所特有的政治意识。人们政治意识的高或低、先进或落后、发达或不发达，都会强烈地影响人们对法的遵守。守法主体的政治意识是影响其遵守高等教育法律法规的重要因素，一般来说，守法主体的政治意识越高，其越可能将高等教育法律法规变为自己行为的准则；反之亦然。

(2)高等教育守法主体的法律观念

高等教育守法主体的法律观念是指人们对高等教育法所持的态度和信念，是一种对高等教育法律的意识形态，它较之政治意识对人们的守法有着更为直接的影响。高等教育法律观念的形成，既可来自人们内心对高等教育法的认同，也可来自外部的传导灌输，如社会宣传。高等教育法律观念的地域性很强，比如我国东西部对高等教育法的法律观念就有明显的不同，因为传统的思想往往通过“文化沉淀”的途径影响人们。

(3)高等教育守法主体的道德观念

道德观念是人们关于善与恶、公正与偏私、诚实与虚伪、荣誉与耻辱、正义与非正义等的观念。不同的道德观念会形成不同的善恶、是非、荣辱标准，对符合或违反法律的行为会给予不同的评价，从而使人们实施不同的行为。因此，道德观念对人们的高等教育守法行为也有着重大的影响作用。

(4)高等教育守法主体的文化教育程度

人们的文化教育程度在一定程度上影响着人们遵守高等教育法的状态。知识常常同文明相伴，而文明是守法的强化剂。人们文化的高低，知识的多寡，受教育的多少，直接影响到人们能否有效地学习高等教育法、准确地理解高等教育法和充分地掌握高等教育法，影响到人们能否对高等教育法建立正确的态度和信念，影响到人们能否正确履行高等教育法律义务和行使高等教育法律权利。

2.守法主体遵守高等教育法的客观条件

高等教育守法的客观条件是守法主体所处的客观社会环境，包括法制状况、政治状况、经济状况、民族传统、国际环境、科学技术的发展等，这些都会对守法主体遵守高等教育法的行为产生不同程度的影响。

(1)法制状况的影响

法制状况包括立法、执法、司法和法律监督等状况，这些都与守法者遵守高等教育法有着密切的联系。首先，守法的一个前提条件就是法律自身的质量，即有科学、公正、合理的高等教育法律法规。其次是执法和司法，国家行政机关和司法机关适用法的活动也影响着人们的高等教育守法。国家教育行政机关及其工作人员如能依法行政，严格执行高等教育法，国家司法机关及其工作人员如能以事实为依据，以法律为准绳，公正司法，树立起良好的高等教育执法、司法和守法形象，必能带动和促进其他社会组织和公民的高等教育守法。

(2)政治状况的影响

政治状况主要包括一个国家的社会制度、政治制度、各种社会力量对比、社会秩序等方面的状况。不同的社会制度具有不同性质的高等教育法，对人们的高等教育守法会产生不同的影响。在社会主义国家，高等教育法反映的是广大高等教育利益相关者的意志和利益，在正常情况下，大多数人都会自觉地遵守高等教育法。国家的政治制度对高等教育守法也会产生一定的影响。在民主制国家中，公民具有平等的基本法律地位，人民是终极的统治者，政府与公民的关系表现为双向的互控关系，政府的职能活动以保障人的权利为根本方向，由此，行使权利在人们的高等教育守法活动中占的比重较大。此外，在一个国家中，如果各种社会力量相对平衡，政局比较稳定，社会秩序较好，高等教育法就会有较高的权威，人们也就会更加自觉地去遵守它。

(3)经济状况的影响

经济状况主要包括一个国家的经济制度、经济体制和经济发展水平等，它们也在不同程度上影响着高等教育法的遵守。就经济体制来说，市场经济是法治经济。在实行市场经济的国家，国家和政府都十分注意把市场经济纳入高等教育法治的轨道，用法律的手段对市场经济进行调整。这就为高等教育守法营造了一个良好的法治环境，促使人们运用法律手段来维护公平的高等教育竞争，维护自己的合法权益。人们能否依法行使权利和履行义务，并不只是取决于人们主观上的愿望和选择，社会能否为他们提供必要的物质条件也是相当重要的，而这与社会经济的发展水平是密切相关的。

三、司法：高等教育法规适用

高等教育司法，又称高等教育法的适用，通常是指国家司法机关及其司法人员依照法定职权和法定程序，运用法律处理高等教育相关案件、解决高等教育纠纷的专门活动。高等教育司法是实施高等教育法律的一种方式，对实现高等教育法的目的、发挥高等教育法律的功能具有重要意义。应注意的是，仅就“适用”一词而言，它有时指司法机关运用法律处理高等教育相关案件的活动，有时则泛指高等教育法律的实施和运用活动。在中国，司法机关包括人民检察院(检察机关)和人民法院(审判机关)。《高等教育法》实施以后，陆续出现了一些相关的司法案件，比较典型的如“田永诉北京科技大学案”，成为“中国行政法学上一个里程碑式的案件”。

(一)高等教育司法权的功能

高等教育司法的基本功能是指司法权直接满足一定的主要目标所具有的

功能，即排除高等教育法律运行中的障碍，以维护高等教育法律的价值。

高等教育司法辅助功能是指为了实现司法权的基本功能所需要的功能，即为了解决高等教育权利冲突与纠纷，实现高等教育权力在国家权力体系中的制度性配置，国家赋予了司法权通过解决高等教育纠纷以维护高等教育法律价值体系这一独特的功能。正是因为国家赋予了司法权这种功能，司法权才能成为终结性的权力。

（二）高等教育司法原则

高等教育司法与其他领域司法活动遵循共同的原则，如法治原则、平等原则、独立原则、公正原则、统一原则、中立原则、公开原则等。

1.高等教育司法的法治原则

高等教育司法的法治原则是指在高等教育司法过程中，要严格依照高等教育法。既要遵循高等教育实体法又要遵循高等教育程序法，具体体现为“以事实为依据，以法律为准绳”原则。以事实为根据，就是司法机关对高等教育案件作出处理决定，只能以被合法证据证明了的事实和依法推定的事实作为适用高等教育法律的依据。以法律为准绳，就是指司法机关在实施行为时，要严格按照高等教育法律规定办事，把高等教育法律作为处理高等教育案件的唯一标准和尺度。以事实为根据、以法律为准绳，是一个有机的整体，两者相互依存，不可偏废，必须在高等教育司法中全面贯彻执行。

2.高等教育司法的平等原则

高等教育司法平等原则是现代法律平等原则——法律面前人人平等原则在高等教育司法活动中的具体体现。在我国，高等教育司法平等原则具体体现为：公民在高等教育法律面前一律平等。这一原则是指各级国家司法机关及其司法人员在处理高等教育相关案件、行使高等教育司法权时，对于任何公民，不论其民族、种族、性别、职业、宗教信仰、教育程度、财产状况、居住期限等有何差别，也不论其出身、社会地位和政治地位有何不同，在适用高等教育法律上一律平等，不允许有任何的特殊和差别。实行这一原则，对于切实保障高等教育利益相关者在适用法律上的平等权利，反对特权思想和行为，惩治高等教育司法腐败行为，维护高等教育法制的权威、尊严和统一，保护高等教育相关者的利益具有重要意义。

3.高等教育司法的独立原则

高等教育司法独立原则即司法权独立行使原则，是指司法机关在办理高等教育相关案件的过程中，依照高等教育法律规定独立行使司法权。这也是我国宪法规定的一条根本原则。这一原则要求司法权只能由国家司法机关统一行使；司法机关行使高等教育司法权只服从高等教育法律；司法机关行使高等教育司法权时，严格按照高等教育法律规定和高等教育法律程序办事，准确适用高等教育法律。当然，这并不意味着高等教育司法权不受监督。这里包括：党的领导和监督，国家权力机关的监督，司法机关上下级以及同级之间的监督，高等教育行政机关、企事业单位、社会团体以及人民群众的监督等。

4.高等教育司法的公正原则

高等教育司法公正原则是指司法机关及司法人员在处理高等教育相关司法活动的过程和结果中应坚持和体现高等教育公平和正义的原则。司法公正是社会正义的重要组成部分，它包括高等教育实体公正和高等教育程序公正，其中实体公正主要是指司法裁判的结果公正，高等教育当事人的权益得到了充分的保障，高等教育违法犯罪者受到应有的惩罚和制裁。高等教育程序公正主要是指司法过程的公正，司法程序具有正当性，高等教育当事人在司法过程中受到公平的对待。高等教育司法公正是高等教育司法的生命和灵魂，是高等教育司法的本质要求和终极价值准则。

5.高等教育司法的统一性原则

高等教育司法的统一性有两个方面的内涵：其一是高等教育司法权由法定机关统一行使，其他机关不能分享。这一特点是由高等教育法律的同一性及国家的统一性所决定的，国家立法机关通过的全国性高等教育法律，除高等教育法律有明确规定不能适用于特别地区之外，应当在全国范围内得到统一贯彻执行。而保证高等教育法律能在全国通行无阻地得到贯彻执行的最重要、最关键的机构，就是分布在全国各地的司法机关，因为只有它才能统一地适用法律。其二是用司法解释或指导性判例统一全国各级审判机关的裁判尺度。换句话说，一国之内司法权对相同性质的高等教育案件纠纷之处理是一致的，其法律评价是一样的。因为它在审理相同性质高等教育案件时所依据的程序是相同的，所适用的高等教育法律除地方性法规外也是相同的，对全国各地同一性质的高等教育纠纷应当有相同或相似的裁判结果。

6.高等教育中立性原则

高等教育中立性是高等教育司法权的第一特性。法官居中裁判，不偏不倚地、公正地对待原、被告和控辩双方，力求不受立场限制地作出准确判断。裁判者如果不能保持中立，其裁判结果的公正性就会受到怀疑。我国法院的院徽就是由一柱华表支起一架天平来表现其中立性。

高等教育司法权中立性的另一个层面是其消极性。司法是解决社会矛盾的最后防线，但不是唯一手段，通过谈判和解、调解和仲裁解决高等教育纠纷应是高等教育当事人的首选方式，不到最终不要随便动用国家的司法资源去解决高等教育纠纷。高等教育司法权的消极性还表现在司法机关不应该主动出击，而应被动地等待，坚持“民不告官不究”或“不告不理”的原则。如“田永诉北京科技大学案”，如果田永不向法院提起诉讼，法院可能不会对此事进行审理。一般来说就是实行不告不理原则，法官不能主动地挑起高等教育当事人去打官司。

7.公开原则

高等教育司法权的公开性也可以称为民主性。高等教育在接受社会和新闻媒体监督方面，人民大众、法学专家和新闻媒体都可以对生效的司法判决展开高等教育评论，如我国中央电视台的《今日说法》等各种新闻媒体栏目展开的大量的高等教育司法评论。这些媒体在进行高等教育法制宣传的同时，也吸引了社会各界对司法工作的关注与监督。

(三)高等教育司法的职能

高等教育司法机构及其职能与其他领域一样包括人民法院的审判权、人民检察院的检察权和公安机关的侦查权。

1.人民法院审判权

人民法院依法独立行使高等教育审判权，其他国家机关不能分享。宪法第一百二十三条规定，“中华人民共和国人民法院是国家审判机关”。依法确立了人民法院作为审判机关履行国家审判职能的性质。

2.人民检察院检察权

人民检察院依法独立行使检察权，有权对高等教育人员履行职务进行监督，对公安机关的侦查、人民法院的审判工作、司法行政机关的监狱工作进行监督。宪法第一百二十九条规定，“中华人民共和国人民检察院是国家的法律监督机关”。依法确立了人民检察院作为国家检察机关代表国家行使检察权的法律监督机关性质。

3.公安机关侦查权

公安机关依法行使侦查权，具有司法机关的性质。公安机关具有双重属性，除具有司法机关的属性外，还归属国家行政机关，是管理者运用国家权力，通过强制和非强制手段对国家经济、政治、教育、科技、文化、卫生、国防等事务进行组织和管理的机关。国家行政机关是国家机构的重要组成部分，其体制、职权由宪法和法律规定。公安机关的主要任务是维护国家安全，维护社会治安秩序，保护公民的人身安全、人身自由和合法财产，预防、制止和惩治违法犯罪活动。

第三节 高等教育法律监督

高等教育法律监督，是指高等教育管理机关、各级各类学校、企事业单位和个人对高等教育法规的实施和遵守状况进行监控和督促，做到执法必严、违法必究。各级高等教育管理机关、各级各类学校有权对下级机关、学校以及个人执行高等教育法规的情况实施监督，对模范守法者予以支持、奖励；对执行不力者进行批评帮助；对违反者要严肃批评乃至行政处罚；总结运用法律手段管理高等教育的经验，协调解决下级组织之间在实施法规管理过程中出现的问题，保证高等教育法规在本地区、本单位有效地贯彻落实。监督是双向的，既有上级机关对下级机关进行监督，同时上级机关也要接受下级对其实施法律法规的情况进行监督，以避免官僚主义、本位主义和不正之风等现象的出现。在监督中有一种执法检查，是管理执法机关依法对相对人是否守法的事实予以强制性检查的活动。检查作为一种单方的、依据法定职权行使权力的执法行为，目的在于了解、查实当事人是否守法（特别是依法履行义务）的情况，因此，检查不仅不必经相对人申请或征得相对人同意即可强制进行，而且检查中相对人有服从和协助的义务。执法检查是执法的一部分，有一定的法律要求和规定。

高等教育法律监督体系包括以下几种组成部分：国家权力机关的监督；教育行政机关的监督；司法机关的监督；社会监督（包括社会组织的监督，社会舆论的监督，人民群众的监督）；党的监督。

一、国家监督

国家监督是以国家机关及其公职人员为主体，以国家的名义，依法定职权和程序对高等教育各级机关及利益相关者进行的具有直接法律效力的监督。

（一）国家权力机关的高等教育监督

国家权力机关主要指各级人民代表大会及其常务委员会。国家权力机关的监督包括两个方面的内容：立法监督、对宪法和高等教育法律法规实施的监督。

国家权力机关监督对维护高等教育法治，捍卫民主，防止专横，抑制腐败，具有非常重要的作用。在我国，国家的一切权力属于人民。国家权力机关的监督是国家权力机关依法履行其职能的重要组成部分，是人民行使国家权力的重要方面。

国家权力机关的监督是指各级人民代表大会及其常务委员会为全面保证高等教育法律的有效实施，通过法定程序，对由它产生的国家机关实施高等教育法律的监督。这种监督的主体是各级人民代表大会及其常务委员会,其中,全国人民代表大会及其常务委员会在整个高等教育法律监督体系中居于主导地位。

(二)高等教育行政机关的高等教育监督

高等教育行政机关的监督是以高等教育行政机关为主体的监督,其监督的客体和内容包括两个方面:对高等教育行政机关的行政行为的合法性和合理性的监督;对社会组织和公民行为的合法性的监督。

对高等教育行政机关行政行为的监督分为两种:一种是一般行政监督,即基于行政管理权限和行政隶属关系由上级高等教育行政机关对下级高等教育行政机关进行的监督。另一种是专门高等教育行政监督,是高等教育行政系统内部的专门监督机关对高等教育行政机关及其工作人员执行法律、政策和命令等情况以及违法、违纪行为所进行的监督。具体包括高等教育行政监察监督、高等教育行政复议监督和高等教育审计监督等。

(三)国家司法机关的高等教育监督

在我国,国家司法机关的监督包括检察机关的监督和审判机关的监督。

1.检察机关的高等教育监督

我国《宪法》第一百二十九条规定:“中华人民共和国人民检察院是国家的法律监督机关。”根据我国宪法和有关法律规定以及检察实践,检察机关的高等教育监督是一种专门监督,即对有关高等教育行政机关执法、司法活动的合法性以及高等教育工作人员利用职务的犯罪和其他犯罪行为进行的监督。人民检察院的高等教育法律监督职能,与诉讼活动有着密切的联系,或者是在诉讼过程中进行,或者最终通过诉讼得以完成。因此,可以将检察机关的监督分为三类:刑事诉讼监督、民事诉讼监督、行政诉讼监督。刑事诉讼监督是我国检察机关的主要监督方式。民事诉讼监督是指人民检察院对高等教育民事审判活动所进行的监督。人民检察院发现人民法院已经发生法律效力的判决、裁定认定事实的主要证据不足或适用法律确有错误,或者法院违反法定程序,可能影响高等教育案件正确判决、裁定的,以及审判人员在审理高等教育案件时有贪污受贿,徇私舞弊,枉法裁判行为的,应当依照法定程序提出抗诉。行政诉讼监督是指人民检察院对高等教育行政诉讼所进行的法律监督。人民检察院发现人民法院已经发生法律效力的高等教育判决、裁定违反法律和法规规定的,有权按照审判监督程序提出抗诉。

2.审判机关的高等教育监督

审判机关的监督称为审判监督,一方面审判机关在内部进行自我监督,另一方面审判机关依诉讼程序对本系统外的其他国家机关行为的合法性进行监督。人民法院对行政机关的监督是通过依法审理与行政机关及其工作人员有关的刑事案件、行政案件、经济案件等，以判决、裁定的形式处理行政机关及其工作人员的违法行为和犯罪行为来实现的。人民法院依法对具体行政行为的合法性进行审查的司法活动是司法审查。人民法院认为地方人民政府制定、发布的规章与国务院部委制定、发布的规章不一致的，以及国务院部委发布的规章之间不一致的，由最高人民法院报请国务院作出解释或者裁决。据此可以认为，人民法院对抽象行政行为拥有间接审查的权力，即虽没有直接作出司法判决的权力，但具有审查、判断、适用权。

二、社会监督

社会监督是以国家机关以外的社会组织或公民为主体进行的高等教育监督。这种监督主体范围十分广泛，民主性比较突出，虽然不具有法律效力，但发挥着非常重要的作用。

（一）社会组织的高等教育监督

社会组织的监督在我国包括中国共产党的监督，人民政协的监督和民主党派、社会团体的高等教育监督等。

1.中国共产党的高等教育监督

中国共产党是执政党，在国家生活中处于领导地位，在监督宪法和高等教育法律的实施，维护国家法制统一，监督党和国家高等教育方针政策的贯彻，保证高等教育畅通，防止各级干部特别是高等教育领导干部滥用权力等方面，具有极为重要的作用。

中国共产党监督的重要作用可以从两方面实现。首先，中国共产党作为全国各族人民的领导核心，领导人民制定宪法和高等教育法律，并领导人民共同遵守、执行宪法和高等教育法律，保障宪法和高等教育法律的实施。党运用对人民群众的领导机制，领导与动员人民群众和各种社会组织依法对所有监督客体特别是高等教育执政的党组织和党员干部，进行广泛的高等教育监督。中共中央于 1987 年提出，要建立“一套制度制约和监督党和国家的高级领导人特别是职权最高的领导人都能严格遵守宪法、遵守党纪，不至于不受任何限制而自由行动，使我们党和国家的治理基本上靠制度而不是靠个人”。其次，按照“党要管党”的原则，运用党内民主监督与制约机制，加强对高等教育从政的党员特别是高等教育领导干部的严格监督。一方面，通过扩大党内民主，保障党员权利，以充分发挥全体党员与党组织在党的高等教育监督中的作用。另一方面，建立、健全有关党内高等教育监督的规章制度，充分发挥党内高等教育监督机制的功能。党的各级纪律检查机关是实现党的高等教育监督的重要职能机关。

党的纪律检查机关对党员和党组织的高等教育活动实行全面的监督,有权对高等教育的违法乱纪者实施党纪处分。当然,党纪不能代替国法,对违反高等教育法律者,还应由有关国家机关追究相应的法律责任。

2.中国人民政治协商会议的高等教育监督

中国人民政治协商会议是中国共产党领导的多党合作和政治协商的重要机构,是我国政治生活中发扬社会主义民主的重要形式。《中共中央关于坚持和完善中国共产党领导的多党合作和政治协商制度的意见》指出:“人民政协要对国家大政方针、地方重要事务、政策法令的贯彻、群众生活和统一战线的重大问题,加强政治协商和民主监督。”长期以来,人民政协在政治协商和民主监督方面发挥着重要作用。全国政协会议与全国人大会议同时召开,共商国是,已经成为习惯。政协委员以视察、调查研究等方式进行的高等教育法律监督,在实践中发挥了积极、有效的作用。

3.社会团体的高等教育监督

社会团体的高等教育法律监督主要是指工会、青年团、妇女联合会以及城市居民委员会、农村村民委员会、消费者保护协会等对高等教育组织所进行的法律监督。工会、青年团、妇女联合会是中国共产党联系广大人民群众的桥梁和纽带,在管理国家和社会事务中发挥着民主参与和民主监督的重要作用。这类高等教育监督作为一种集体监督,可以在高等教育事业中发挥重要的监督作用。

(二)社会舆论的高等教育监督

社会舆论对高等教育监督主要是指借助传媒手段进行的新闻舆论监督,是最能体现社会监督的广泛性、公开性和民主性的监督,能够十分有效地影响高等教育行政机关及其工作人员的行为,起到其他监督形式无法替代的作用。

新闻舆论的高等教育法律监督,是由新闻媒介进行的高等教育法律监督。它既是宪法规定的公民享有言论、出版自由在法律监督领域的具体应用,也是人民群众的监督在新闻、出版领域中的体现。在现代社会,新闻工作者是以自己对社会事件的报道和评价,参与高等教育的;新闻工作者以自己的职业敏感,运用报纸、广播、电视、因特网等大众传播媒介,对包括高等教育在内的社会生活进行广泛的甚至是无孔不入的报道,因此在社会生活中扮演着重要的角色。有些国家甚至称新闻舆论为“第四政府”。新闻舆论的高等教育监督因其反应速度快、传播范围广泛,而具有相当大的道义影响和震撼力。同时,新闻舆论高等教育监督,可以在高等教育法律监督方面起到防微杜渐、防患于未然的作用。所有严重、恶劣的高等教育违法事件和高等教育违法犯罪者,都有一个从小到大、由轻至重的发展过程。如果存在有效的高等教育舆论监督机制，能够把较小的高等教育违法行为及时公之于众，使之成为众矢之的，那就可以在很大程度上遏止高等教育违法行为的滋长和蔓延。中国古人讲："民之有口也，犹土之有山川也，财用于是乎出；犹其有原隰衍沃也，衣食于是乎生。口之宣言也，善败于是乎兴，行善而备败，其所以产财用衣食者也。"①此所阐述的是人民群众言论的好处，其中包含着舆论监督的作用。

（三）人民群众的高等教育监督

人民群众直接进行的高等教育法律监督是我国高等教育法律监督体系的基础和力量源泉。公民有权通过各种方式和途径监督各级高等教育行政机关运用高等教育法律的行为。

人民群众的高等教育监督，是指由人民群众直接对高等教育法律实施进行的法律监督。这种监督的主体是公民个人，客体则是所有高等教育行政机关及其工作人员、政党、社会团体、社会组织、大众传媒。监督内容包括：国家立法机关对高等教育行使国家立法权和其他职权的行为，国家司法机关对高等教育行使司法权的行为，国家行政机关对高等教育行使国家行政权的行为，各政党依法参与高等教育的行为，各社会团体、社会组织参与高等教育的行为，以及普通公民的法律活动。我国宪法规定：中华人民共和国的一切权力属于人民。人民依照法律规定，通过各种途径和形式，管理、参与高等教育活动。公民对任何高等教育行政机关和工作人员，有提出批评和建议的权利；对任何高等教育行政机关和工作人员的违法失职行为，有向有关国家机关提出申诉、控告或者检举的权利，但是不得捏造或者歪曲事实进行诬告陷害。对公民的申诉、控告或者检举，有关国家机关必须查清事实，负责处理，任何人不得压制和打击报复。根据我国宪法，人民群众法律监督的权利是我国人民所拥有的国家权力的必不可少的表现形式和组成部分。人民群众对高等教育的监督行为是一种法律行为，它将直接促使高等教育组织纠正错误、改进工作。

〔**经典案例**〕

中国首列被冒名顶替上学的案件：罗某霞事件

2004 年湖南省某一中高中毕业生罗某霞参加高考，总成绩 514 分，没达到湖南的二本录取分数线。2004 年 9 月，时任湖南省隆回县公安局政委

① 《国语·周语上》。

的王某嵘从女儿班主任一中教师张某迪处获取了罗某霞的高考信息，伪造了罗某霞的户口迁移证等证件。9 月 27 日，在王某嵘的操作下，当年高考成绩为 335 分的王某俊冒用罗某霞之名被贵州师范大学思想政治教育专业降低 20 分定向补录。2009 年 3 月，罗某霞在申办开通网上银行业务时被拒，随后确认高中同学王某俊盗用其身份证信息。2009 年 5 月 17 日，罗某霞以侵害姓名权、受教育权为由向天津市西青区人民法院起诉王某俊、贵州师大等 7 个单位和个人。6 月，将贵州师大历史与政治学院院长唐某雄追加为第 8 名被告。2010 年 8 月 13 日，罗某霞被冒名上大学案在长沙市中级人民法院开庭。4 个多小时后，罗某霞与各方达成和解协议，放弃对被告的诉讼请求，被告王某嵘一次性给付罗某霞赔偿金 4.5 万元。2009 年 10 月，王某嵘被湖南省邵阳市北塔区人民法院，以伪造国家机关证件罪判处有期徒刑 2 年。

〔案例评析〕

学校撤销王某俊的毕业证书、学位证书的依据是，《普通高等学校学生管理规定》第八条规定："凡属弄虚作假、徇私舞弊取得学籍者，一经查实，学校应当取消其学籍。"第三十八条规定："对违反国家招生规定入学者，学校不得发给学历证书、学位证书；已发的学历证书、学位证书，学校应当予以追回并报教育行政部门宣布证书无效。"学校可据此撤销王某俊的毕业证书、学位证书。班主任张某迪应承担教育法律责任：从本案介绍和纪委的处理来看，张某迪参与了该高招舞弊案，应该承担行政法律责任和民事赔偿责任，给予留党察看一年和降级处分。王某嵘的犯罪构成：有伪造、变造的直接故意和行为，侵犯了国家机关的正常管理活动和信誉。罗某霞主张及维护自己权利的方式：罗某霞可以姓名权受到侵害而对相关责任人提起侵权之诉，要求赔偿，但不能以受教育权受到侵害提起侵权之诉，因为该"司法解释"在 2008 年已被废止。

推荐阅读：

[1]劳凯声：《高等教育法规概论》，北京：北京师范大学出版社 2000 年版。

[2]桂霞、张芃：《高等教育法概论》，北京：中国社会出版社 2018 年版。

[3]陈坚良：《大陆与台湾高等教育法比较》，北京：中国方正出版社 2009 年版。

[4]梁东荣：《学校组织领导分布式模式研究》，北京：电子工业出版社 2008 年版。

[5]孙国华:《法理学》,北京:法律出版社1995年版。

[6]李龙:《法理学》,武汉:武汉大学出版社1996年版。

[7]申素平、邓雨薇:《我国高等教育法治70年发展史》,《教育发展研究》2019年第17期。

[8]刘永林:《新中国成立70年来高等教育法治建设的回顾与展望》,《中国高教研究》2020年第1期。

[9]郭为禄:《新时期高等教育法制建设进程研究》,华东政法大学博士论文,2008年。

[10]朱美梅:《我国高等教育立法及其完善思考》,西南交通大学硕士论文,2007年。

第六章　高等教育法规体系

章节提要

高等教育法规的法源是指高等教育法的形式渊源，也称为法的效力渊源。我国高等教育法规的法源主要包括宪法、教育基本法、教育单行法、教育行政法规、地方性教育法规、教育规章等。根据立法学理论，我国现行高等教育法体系分为横向与纵向两个维度，是一个门类齐全、结构严谨、内容和谐的法律系统。作为一名高等教育实践工作者，应该对国家出台的各项高等教育法规有所了解，以便在实际工作中切实做到依法治教。本章主要选取与教育关系较为密切的几部法律进行解读。主要阐释《中华人民共和国教育法》《中华人民共和国教师法》《中华人民共和国高等教育法》《中华人民共和国民办教育促进法》以及《中华人民共和国职业教育法》的重要内容和法治精神。

第一节　高等教育法规的法源

高等教育法规的法源是指高等教育法的形式渊源，也就是高等教育法的表现形式，也称为法的效力渊源。法源可以分为直接法源和间接法源。直接法源也就是成文法，是法定的国家机关制定的不同法律地位或效力的各类规范性文件；间接法源也就是不成文法，是指各种习惯、判例、宗教法规、法律学说、道德规则和规范等。

根据我国宪法和立法法的规定，我国高等教育法规的法源主要包括以下几类：

一、宪法

宪法是国家的根本大法，是我国一切立法的依据，具有最高的法律地位和法律效力，是制定一切教育法规的依据，是最高层次的法律渊源。宪法作为高等教育法的法源，一是规定了教育法的基本指导思想和立法依据；二是直接规定了教育教学活动的基本法律规范。

（一）确定我国教育事业的性质和基本原则

宪法在序言中规定了社会主义现代化建设必须坚持四项基本原则，第一条规定了实行社会主义制度，第二、五条规定了社会主义法制原则，第一、二、二十七条规定了关于国家根本制度和任务的原则，第四条规定，“各民族一律平等”，“国家保障各少数民族的合法的权利和利益”，“帮助各少数民族地区加速经济和文化的发展”，“各民族都有使用和发展自己的语言和文字的自由，都有保持自己的风俗习惯的自由”。第二十四条规定，“国家普及理想教育、道德教育、文化教育、纪律教育和法制教育”。这些规定都成为《教育法》确定我国教育事业的性质、原则和教育方针的理论指导和法律依据。

（二）把发展教育事业明确纳入国家职责

宪法第十九条规定，“国家发展社会主义教育事业”，“国家举办各种学校，普及初等义务教育”，“国家发展各种教育设施，扫除文盲”，这为《教育法》进一步确立教育的战略地位、政府的领导管理职责以及政府对教育投入与条件保障等职责提供了依据。

（三）把受教育权纳入公民的基本权利和义务

宪法第四十六条规定，“公民有受教育的权利和义务”。这一规定为《教育法》规定公民受教育权及受教育机会均等提供了依据，并为《高等教育法》奠定了基础。

（四）确定我国的教育制度框架和管理体制

宪法第十九条规定，“国家举办各种学校，普及初等义务教育、发展中等教育、职业教育和高等教育”，这为《教育法》关于国家“教育基本制度”的设定提供了依据。宪法第八十九条、一百零七条、一百零九条规定了国务院、县级以上地方人民政府和民族自治地方的自治机关领导和管理教育的权限，成为我国《教育法》关于实行“分级管理，分工负责”的领导和管理体制的依据。

二、教育基本法

教育基本法，是指《教育法》，其法律地位和效力仅次于宪法。它是调整我国教育关系的基本法律，对我国教育的基本原则、基本制度等重要问题作出了规定，是教育的其他单行法律、法规、规章的立法依据。

（一）明确我国教育的性质和方针

《教育法》总则规定，“国家坚持以马克思列宁主义、毛泽东思想和建设有中国特色社会主义理论为指导，遵循宪法确定的基本原则，发展社会主义的教育事业”，“教育必须为社会主义现代化建设服务、为人民服务，必须与生产劳动和社会实践相结合，培养德、智、体、美等方面全面发展的社会主义建设者和接班人”，高等教育必须贯彻这一教育方针。

（二）规定我国教育的基本制度

《教育法》第二章规定：“国家实行学前教育、初等教育、中等教育、高等教育的学校教育制度”，“国家实行九年制义务教育制度”，“国家实行职业教育制度和继续教育制度”，“国家实行国家教育考试制度”，“国家实行学业证书制度”，“国家实行学位制度”，“国家实行教育督导制度和学校及其他教育机构教育评估制度”。

（三）规定学校设立必须具备的条件，学校、教师、受教育者的权利与义务

《教育法》第三章规定了设立学校及其他教育机构必须具备的基本条件，学校的权利与义务；第四章对教师的权利与义务作了原则规定；第五章对受教育者的权利、义务及其权益保障问题作了规定；第六章规定了受教育者的社会责任和义务。

（四）规定教育经费来源渠道和投入体制

《教育法》第七章规定，“国家建立以财政拨款为主、其他多种渠道筹措教育经费为辅的体制，逐步增加对教育的投入，保证国家举办的学校教育经费的稳定来源”，“财政性教育经费支出占国民生产总值的比例应当随着国民经济的发展和财政收入的增长逐步提高”，“各级人民政府的教育经费支出，按照事权和财权相统一的原则，在财政预算中单独列项”，这些规定从法律上保证了高等教育发展稳定的经费来源。

（五）明确教育法律关系主体的法律责任

《教育法》第九章针对确立的义务性规范和禁止性规范，明确了相应的法律责任。与其他教育单行法律一道，对全面维护教育法律关系主体的合法权益提供了法律支持和保障。

三、教育单行法

教育单行法主要是指《高等教育法》，它是根据《宪法》和《教育法》制定的调整高等教育阶段各种教育关系的法律。《高等教育法》共八章六十九条。该法对高等教育的活动原则、高等教育基本制度、高等学校设立、高等学校的权利和义务、高等学校的内部管理体制、高等学校的教师和学生等方面均作出了具体的规定。

（一）规定了高等教育活动的若干原则

《高等教育法》规定，我国的高等教育活动必须坚持社会主义方向性原则、教育机会均等原则、社会参与原则、高等学校依法自主办学原则、依法民主管理原则、学术自由原则、民族性与国家性相结合的原则。

（二）明确了高等教育的任务

《高等教育法》第五条明确规定："高等教育的任务是培养具有社会责任感、创新精神和实践能力的高级专门人才，发展科学技术文化，促进社会主义现代化建设。"

（三）确立了高等教育的基本制度

《高等教育法》第十五条规定："高等教育包括学历教育和非学历教育。高等教育采用全日制和非全日制教育形式。"第十六条规定了高等学历教育的学业标准，第十七条和第十九条对学历教育的入学条件和修业年限作出了明确的规定。

此外，《高等教育法》第三章对设立高等学校的基本要求、基本条件、基本材料、基本程序都作出了规定。第四章就高等学校作为面向社会自主办学的法人实体，对其享有的权利和履行的义务进行了规定；对学校内部的领导分工、机构设置、管理权限以及相互关系进行了规定。第五章、第六章对高等教育的教师和学生的权利和义务进行了规定。第七章对高等教育的投入和条件保障进行了规定。

除了《高等教育法》之外，《教师法》《国家语言通用文字法》《民办教育促进法》等也涉及高等教育，也可归入高等教育单行法。

四、教育行政法规

教育行政法规是指由最高国家行政机关——国务院制定和发布的规范性文件。这类规范性文件一般用条例、办法、规定、章程、指示、决定、通知等命名，通常是针对某一类教育管理事务制定的，其实施依靠国家的行政权力和行政措施，在不同范围内具有不同程度的法律效力。在整个高等教育法规体系中，教育行政法规内容广泛、数量众多，在实际工作中起主要作用，是高等教育法规数量最多的一类法源。其内容不仅涉及我国教育的管理、经费、教育人事制度，而且还包括各级各类学校的教育方针、内容等问题。比如，《教师资格条例》《扫除盲工作条例》《教学成果奖励条例》《学校体育工作条例》《学校卫生工作条例》等。

五、地方性教育法规

地方性教育法规是指省、自治区、直辖市，省、自治区、直辖市人民政府所在市的和国务院批准的较大的市的人民代表大会及其常委会，根据本行政区域的具体情况和实际需要制定的、只在本行政区域内有效的规范性文件。地方性教育法规是我国高等教育法规的一个重要的法源，其目的在于根据本行政区的具体情况和实际需要，实施宪法、法律、行政法规，发展本地区的教育。其前提是不得同宪法、法律、行政法规相抵触。地方性教育法规所调整的教育法律关系更明确、具体，具有很强的实践性和可操作性，是高等教育法规的法源之一。

六、教育规章

教育规章是指由国务院教育行政部门——教育部根据法律和国务院的行政法规，在本部门的权限内发布的规范性文件。其内容不得与宪法、法律、行政法规相抵触，法律效力低于国务院制定的行政法规。我国的最高教育行政机关制定的“规程”“条例”“办法”等都属于教育规章。教育规章的调整范围是极其广泛的，是我国教育活动开展的基本依据。内容广泛具体，涉及高等教育的培养目标、教育制度、办学规章、教育原则、师资人事、教育经费、财物管理等诸多方面，为开展高等教育提供了必要的法律依据。教育规章是我国整个教育法体系的重要组成部分，是教育法律、行政法规的具体化和重要补充。

七、教育法规的其他法源

此外，我国政府与外国政府或者国际性组织签订的各种有关教育问题的国际条约或者协定，也是我国高等教育法规的法源，具有和我国教育法律、教育行政法规同等的效力。

第二节　高等教育法规体系构成

教育法规体系不是现行各种教育法律、法规的简单叠加，而是依据法理学原理，以宪法为基本指导思想，制定的不同内容的法律规范的有机组成。根据立法学理论，我国现行高等教育法规体系分为横向与纵向两个维度，是一个门类齐全、结构严谨、内容和谐、体例科学、协调发展的法律系统。

一、高等教育法规体系的纵向结构

高等教育法规体系的纵向结构，是指由不同层次的教育法律、法规组成的等级有序的纵向关系。它表现了一个国家的高等教育法律、法规是由哪些层次的教育法律形式所组成，以及它们之间的从属关系。高等教育法律体系的纵向构成与立法权限的划分有关。高等教育法律的立法权限和立法程序不同，其适用范围和效力也不同。按其不同的适用范围和效力等级，可以从纵向上将我国的高等教育法律分为以下几个层次：

（一）宪法中关于教育的条款

宪法是国家的根本大法，具有最高的法律地位和法律效力，是一切立法的依据。《宪法》关于教育的条款，主要规定了我国教育的指导思想、教育目的、教育制度、公民在教育方面的权利和义务、教育行政管理权限等，它具有最高的法律效力。我国现行宪法是第五届全国人民代表大会第五次会议于 1982 年 12 月 4 日通过，并于 2018 年修订后实施。我国宪法一是为教育法提供了基本指导思想和立法依据，二是为教育教学活动确定了基本法律规范。

宪法“总纲”中第一条、第二条、第三条、第四条、第五条、第二十三条、第二十四条规定了教育法的基本指导思想和立法依据，第十九条规定了国家发展教育事业的目的、基本原则和任务，第四十六条规定了公民的受教育权，第四十七条规定了公民有从事教育、科研等权利，第四十九条规定了父母的教育义务，第八十九条、第一百零七条、第一百一十九条规定了国务院和县级以上地方各级人民政府和民族自治地方的自治机关领导和管理教育工作的权限。

宪法是国家的根本大法，宪法中规定的国家的根本制度、国家政治生活的基本原则、国家机构、公民的基本权利和义务等，都直接或间接地制约着教育活动，是一切教育立法的重要依据。教育法律、法规、规章都要体现宪法的精神，以宪法为立法依据。任何形式的教育法都不得与宪法相抵触。

（二）教育基本法

《教育法》是与国家宪法相配套、对整个教育起宏观调控作用的教育基本法。它是依据宪法制定的调整教育内部及其与外部要素之间的相互关系的基本法律准则，有人将其称为“教育的宪法”或教育法规的“母法”。《教育法》对我国教育目的、任务、基本制度及教育主体的权利和义务作了规定，是我国教育事业改革与发展的根本大法，也是制定高等教育相关教育法规和在高校开展各种教育活动的基本法律依据。

(三)单行高等教育法律及其他法律中相关条款

第三个层级是与《中华人民共和国教育法》相配套的单行高等教育法律,以及其他法律中有关高等教育的条款。高等教育单行法是以宪法和教育基本法精神为依据制定的,用于调整高等教育或高等教育某一具体内容的教育法规。目前,我国已制定并公布实施的高等教育法律或者有关高等教育的法律主要有《中华人民共和国高等教育法》《中华人民共和国教师法》《中华人民共和国学位条例》《中华人民共和国职业教育法》以及《中华人民共和国民办教育促进法》等。

1.《中华人民共和国高等教育法》

《中华人民共和国高等教育法》于1998年8月29日第九届全国人民代表大会常务委员会第四次会议通过,1999年1月1日起实施。2018年12月29日,第十三届全国人民代表大会常务委员会第七次会议第二次修正,现行有效。《高等教育法》是在宪法和教育法的指导下制定的高等教育的基本法,是教育法的配套法律,也是我国高等教育发展史上的一部主要大法。《高等教育法》共八章六十九条,主要对高等教育的活动原则、高等教育基本制度、高等学校的设立、高等学校的权利和义务、高等学校的内部管理体制、高等学校的教师和学生等方面作出了具体的规定。作为教育法规体系的一个重要组成部分,《高等教育法》是高等教育实现依法治教的法律依据,是深化高等教育改革和促进高等教育事业进一步健康发展的有力保障。

2.《中华人民共和国教师法》

《中华人民共和国教师法》于1993年10月31日第八届全国人民代表大会常务委员会第四次会议通过,1994年1月1日起施行。2009年8月27日,第十一届全国人民代表大会常务委员会第十次会议修正,现行有效。它以各级各类学校和其他教育机构中履行教学职责的专业人员为适用对象,是新中国成立以来第一部专门针对从事某一职业的人而制定的单行性法律。《教师法》共九章四十三条,主要对教师的权利和义务、教师资格制度、教师的培养和培训、教师的聘任、考核与待遇以及违反《教师法》的法律责任等方面作出了具体的规定。它的出台,为规范教育队伍建设,进一步改革和完善教育人事制度、提高教师待遇、保障教师权益提供了重要的法律依据。

3.《中华人民共和国职业教育法》

《中华人民共和国职业教育法》于1996年5月15日第八届全国人民代表大会常务委员会第十九次会议通过,1996年9月1日起施行,共五章四十条,主要对职业教育的体系、职业教育的管理体制、职业教育的举办、职业教育的师资、经费等方面作出了明确的规定。它的颁布实施是我国教育法制建设史上的一件大事，是深化职业教育改革和促进职业教育事业进一步健康发展的有力保障。

4.《中华人民共和国民办教育促进法》

《中华人民共和国民办教育促进法》于2002年12月28日第九届全国人民代表大会常务委员会第三十一次会议通过，自2003年9月1日起施行。2018年12月29日，第十三届全国人民代表大会常务委员会第七次会议第三次修正，现行有效。共十章六十七条，具体规定了民办教育的设立、学校的组织与活动、教师与受教育者、学校资产与财务管理以及民办学校的管理与监督、扶持与奖励、变更与终止、法律责任等内容。《民办教育促进法》使我国的民办高等教育有法可循，对中国高等教育的发展具有重要意义。一方面，《民办教育促进法》为民办高等教育的发展提供了法律保障；另一方面，也在某种程度上为公立高等教育的改革提供了动力。

（四）高等教育行政法规

第四层级是与高等教育法律和其他法律相配套的高等教育行政法规。我们通常所说的高等教育行政法规专指国务院根据宪法和教育法律制定的有关高等教育方面的规范性文件。教育行政法规地位和效力低于教育法律，内容广泛，是在全国范围内具体实施教育法律的重要法律依据。一般可分为三类：一是对某一方面教育行政工作作较为全面、系统规定，通常称为“条例”，如《中华人民共和国民办教育促进法实施条例》《普通高等学校设置暂行条例》《高等教育自学考试暂行条例》《教师资格条例》《教学成果奖励条例》等。二是对某一项教育行政工作作部分规定，称为“规定”，如《高等教育管理职责暂行规定》等。三是对某一项教育行政工作作比较具体规定，通常称为“办法”或“细则”，如《中华人民共和国学位条例暂行实施办法》等。

（五）部门高等教育规章

我国高等教育法律体系纵向结构的第五个层级是部门高等教育规章，是国务院所属各部委根据法律和行政法规，在本部门权限内单独或与其他部委联合发布的有关教育工作的命令、指示、实施细则等规范性文件，其效力虽低于国务院制定的行政法规和其他规范性文件，但在全国范围内有效。教育规章调整范围是极其广泛的，是我国教育活动开展的基本依据。目前，仅教育部网站就有180个部门规章，如《中华人民共和国中外合作办学条例实施办法》《新时代高等学校思想政治理论课教师队伍建设规定》《高等学校预防与处理学术不端行为办法》等。部门高等教育规章内容广泛具体，涉及高等教育的培养目标、教育制度、办学规章、教育原则、师资人事、教育经费、财物管理等诸多方面，为开展高等教育提供了必要的法律依据。教育规章是我国整个教育法体系的重要组成部分，是法律、行政法规的具体化和重要补充。

(六)地方性高等教育法规和规章

最后一个层级是地方性高等教育法规和高等教育规章。地方性高等教育法规是由省、自治区、直辖市的人民代表大会及其常委会,在不与宪法、法律和行政法规相抵触的前提下,根据各地高等学校的实际情况,为贯彻国家高等教育的相关法律法规而制定的地方性法规。地方性教育法规只适用于本地区,其法律效力低于高等教育法律、高等教育行政法规,一般称为条例、规定、实施办法、补充规定等,如《山东省职业教育条例》《山东省师范生公费教育实施办法》《山东省教育厅关于加强研究生教育督导工作的实施意见》《山东省实施〈中华人民共和国教师法〉的办法》等等。

通过以上对高等教育法规体系纵向的分析,可以发现各种形式的教育法在效力上有从属关系,如图 6-1 所示:

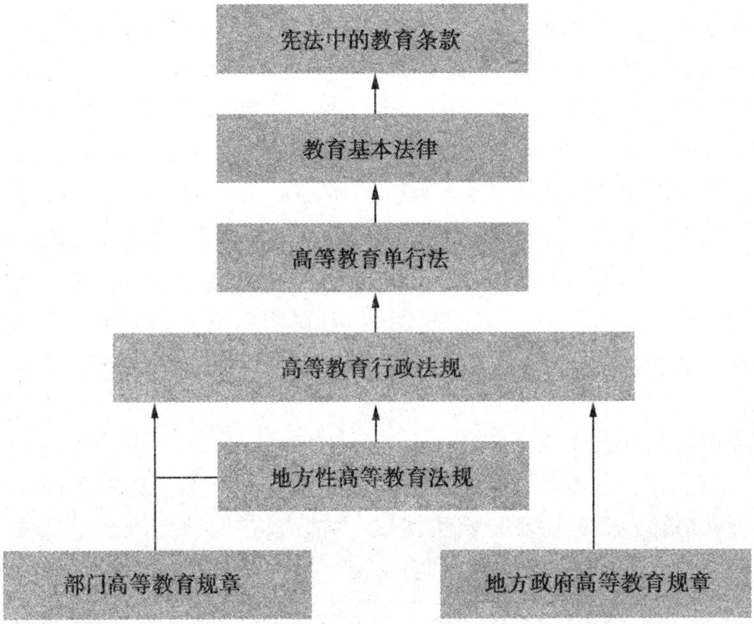

图 6-1　教育法效力从属关系图

图 6-1 中箭头表示从属关系,下一级的教育法不能与本级以上的教育法相抵触。上一级教育法律的效力高于下一级教育法律的效力。当下一级教育法律与上一级教育法律发生抵触时,下一级教育法律不具有法律效力,应当依法予以废止或修改。同一级教育法律的规定发生冲突时,特别法的规定优于普通法的规定,适用特别法的规定,普通法的规定不予适用,但普通法的规定仍具有

法律效力。教育政策在与教育法律法规不发生冲突时,也可以用来协调教育关系。同一级的教育法律法规具有同等效力,可以同时适用或选择适用。

二、高等教育法规体系的横向结构

高等教育涉及的内容十分广泛,其管理过程也十分复杂。为促进高等教育的规范化、法制化,针对高等教育的各方面内容,以《教育法》为基础,以《高等教育法》为核心,国家、省、市的立法机关和行政机关先后制定了一系列的规范性文件,使高等教育法规体系更加完善和协调。由于人们对高等教育内部和外部教育要素以及教育关系等方面认识的不同,划分高等教育法规横向结构所采用的标准就会有所不同。从目前情况看,按教育法规所规范的内容,可将我国高等教育法规在横向上分为以下几类:

(1)关于高等教育性质、目的的基本法规;

(2)关于高等教育管理的教育行政组织法规;

(3)关于高等教育活动的教育行政法规;

(4)关于实施高等教育所需经费设备的教育保障法规;

(5)关于高校教师及其他教育工作者的教职员法规;

(6)关于高校大学生及其行为的学生法规;

(7)关于高等教育法律责任的教育法规。

第三节　我国高等教育主要法规

随着我国高等教育事业的不断改革与发展,进一步加强教育法制建设,实施依法治教就显得越来越迫切。中共中央、国务院《关于深化教育改革全面推进素质教育的决定》明确指出:“全面推进素质教育,根本上要靠法治、靠制度保障。”作为一名高等教育实践工作者,应该对国家出台的各项高等教育法规有所了解,以便在实际工作中切实做到依法治教、依法治学,从而更好、更规范地做好教育教学工作。为帮助高等教育一线教育工作者更好地学习掌握相关高等教育法律法规,本部分主要选取与高等教育关系较为密切的几部法律进行解读。主要阐释《中华人民共和国教育法》《中华人民共和国教师法》《中华人民共和国高等教育法》《中华人民共和国民办教育促进法》以及《中华人民共和国职业教育法》的重要内容和法治精神。

一、《中华人民共和国教育法》解读

《中华人民共和国教育法》(以下简称《教育法》)是国家全面调整各类教育

关系，规范我国教育工作的基本法律，在我国教育法规体系中处于“母法”地位，具有最高的法律权威。其他一切单行教育法律法规的制定，都要以《教育法》为依据，不得与其所确立的原则和规范相违背。该法于 1995 年 3 月 18 日由第八届全国人民代表大会第三次会议通过，1995 年 9 月 1 日起实施。2009 年 8 月 27 日第十一届全国人民代表大会常务委员会第十次会议第一次修正，2015 年 12 月 27 日第十二届全国人民代表大会常务委员会第十八次会议第二次修正。《教育法》的颁布，是我国教育史上具有里程碑意义的大事，标志着我国教育从此进入了一个新的历史时期，走上了依法治教的轨道，为我国教育事业的改革和发展提供了切实的法律保障。《教育法》共十章八十六条，其中规定了一系列全局性的重大问题。本节主要就我国教育的性质、方针和原则、教育基本制度、教育法律关系主体的权利和义务、教育对外交流与合作、法律责任等五个方面进行解读。

（一）我国教育的性质、方针和原则

《教育法》第一条规定：“为了发展教育事业，提高全民族的素质，促进社会主义物质文明和精神文明建设，根据宪法，制定本法。”这条规定明确指出了教育法的立法目的，为我国教育事业的发展指明了方向。

1.我国教育的性质

《教育法》第三条规定：“国家坚持以马克思列宁主义、毛泽东思想和建设有中国特色社会主义理论为指导，遵循宪法确定的基本原则，发展社会主义的教育事业。”马列主义、毛泽东思想和建设有中国特色社会主义理论是我国社会主义性质的根本保证，以此为指导思想的教育，必然体现社会主义特性。为社会主义现代化建设培养人才，是对我国教育性质的本质规定。

2.我国的教育方针

《教育法》第五条规定了我国的教育方针：“教育必须为社会主义现代化建设服务、为人民服务，必须与生产劳动和社会实践相结合，培养德、智、体、美等方面全面发展的社会主义建设者和接班人。”这个方针规定了我国教育的目的是培养德、智、体、美等方面全面发展的社会主义建设者和接班人，为社会主义现代化建设服务，而实现教育目的的途径是教育必须与生产劳动和社会实践相结合。

3.我国教育的原则

教育原则是进行教育活动时必须遵循的基本要求，是保证教育目的得以顺利实现、教育活动得以顺利进行的重要方面。《教育法》对此也作出了明确的规定。

(1)坚持社会主义方向。《教育法》第三条规定：“国家坚持以马克思列宁主义、毛泽东思想和建设有中国特色社会主义理论为指导，遵循宪法确定的基本原则，发展社会主义的教育事业。”第六条规定：“教育应当坚持立德树人，对受教育者加强社会主义核心价值观教育，增强受教育者的社会责任感、创新精神和实践能力。国家在受教育者中进行爱国主义、集体主义、中国特色社会主义的教育，进行理想、道德、纪律、法治、国防和民族团结的教育。”第七条规定：“教育应当继承和弘扬中华民族优秀的历史文化传统，吸收人类文明发展的一切优秀成果。”这些规定都充分体现了我国教育应该坚持的社会主义方向。

(2)教育的公共性原则。《教育法》第八条规定：“教育活动必须符合国家和社会公共利益。”这一规定确立了我国教育的公共性原则。教育事业是国家、民族乃至全世界的共同事业。第二十六条规定：“以财政性经费、捐赠资产举办或者参与举办的学校及其他教育机构不得设立为营利性组织。”这说明，教育法要求任何组织和个人在中国境内举办学校及其他教育机构都应以促进学生的身心发展和教育的发展为主要目的，坚持教育符合社会的公共利益。第八条规定：“国家实行教育与宗教相分离。任何组织和个人不得利用宗教进行妨碍国家教育制度的活动。”这一规定要求教育要对国家、人民和社会公共利益负责、保证教育制度的正常运转。这些法律规定都体现了教育的公共性原则。

(3)教育的平等性原则。《教育法》第九条规定：“中华人民共和国公民有受教育的权利和义务。公民不分民族、种族、性别、职业、财产状况、宗教信仰等，依法享有平等的受教育机会。”这一规定确定了公民受教育机会平等的基本原则。在我国数民族地区和边远的贫困地区，由于经济发展较为落后，其教育水平也相对较低，为体现教育的公平，教育法作出了国家对这些地区及人群给予特殊帮助和扶持的规定。《教育法》第十条规定：“国家根据各少数民族的特点和需要，帮助各少数民族地区发展教育事业。国家扶持边远贫困地区发展教育事业。国家扶持和发展残疾人教育事业。”《教育法》第十一条规定：“国家采取措施促进教育公平，推动教育均衡发展。”这些法律规定都充分体现了我国教育的平等性原则。

(4)教育的终身性原则。现代生产科技以及科学知识的迅猛发展，对人类提出了终身教育的要求。《教育法》第十一条规定：“国家适应社会主义市场经济发展和社会进步的需要，推进教育改革，推动各级各类教育协调发展、衔接融通，完善现代国民教育体系，健全终身教育体系，提高教育现代化水平。”第二十条规定：“国家鼓励发展多种形式的继续教育，使公民接受适当形式的政治、经济、文化、科学、技术、业务等方面的教育，促进不同类型学习成果的互认和衔接，推动全民终身学习。”第四十二条规定：“国家鼓励学校及其他教育机构、社会组织采取措施，为公民接受终身教育创造条件。”这些法律规定都充分体现了我国教育的终身性原则。

(二)我国教育的基本制度

《教育法》第二章对我国教育的基本制度作了法律规定。

1.学校教育制度

学校教育制度简称学制,是国家教育制度的重要组成部分。具体是一个国家各级各类学校的系统,它规定各级各类学校的性质、任务、入学条件、修业年限以及它们之间的关系。《教育法》第十七条规定:"国家实行学前教育、初等教育、中等教育、高等教育的学校教育制度。国家建立科学的学制系统。学制系统内的学校和其他教育机构的设置、教育形式、修业年限、招生对象、培养目标等,由国务院或者由国务院授权教育行政部门规定。"

2.义务教育制度

《教育法》第十九条规定:"国家实行九年制义务教育制度。各级人民政府采取各种措施保障适龄儿童、少年就学。适龄儿童、少年的父母或者其他监护人以及有关社会组织和个人有义务使适龄儿童、少年接受并完成规定年限的义务教育。"

3.职业教育制度和继续教育制度

《教育法》第二十条规定:"国家实行职业教育制度和继续教育制度。各级人民政府、有关行政部门和行业组织以及企业事业组织应当采取措施,发展并保障公民接受职业学校教育或者各种形式的职业培训。"

4.国家教育考试制度

《教育法》第二十一条规定:"国家实行国家教育考试制度。国家教育考试由国务院教育行政部门确定种类,并由国家批准的实施教育考试的机构承办。"

5.学业证书与学位证书制度

《教育法》第二十二条规定:"国家实行学业证书制度。经国家批准设立或者认可的学校及其他教育机构按照国家有关规定,颁发学历证书或者其他学业证书。"第二十三条规定:"国家实行学位制度。学位授予单位依法对达到一定学术水平或者专业技术水平的人员授予相应的学位,颁发学位证书。"

6.扫除文盲制度

《教育法》第二十四条规定:"各级人民政府、基层群众性自治组织和企业事业组织应当采取各种措施,开展扫除文盲的教育工作。按照国家规定具有接受扫除文盲教育能力的公民,应当接受扫除文盲的教育。"

7.教育督导与评估制度

《教育法》第二十五条规定:"国家实行教育督导制度和学校及其他教育机构教育评估制度。"教育督导制度是县以上各级人民政府授权给所属的教育部门，对下级人民政府及其教育部门的教育工作进行监督、指导的制度。教育评估制度是依据一定的教育目标和标准，对学校的办学水平和教育制度等方面进行评价和估量，以保证办学基本质量的一项制度。教育评估制度的实施，对加强学校建设，提高教育教学质量起着良好的推动作用。

（三）教育法律关系主体的权利和义务

《教育法》对各类教育关系主体的权利、义务都作了明确规定，把教育关系主体的行为纳入法制化、规范化的轨道。《教育法》涉及的主要法律关系主体有学校、受教育者、教师，这里着重阐述学校及其他教育机构和受教育者的权利和义务，教师的权利和义务将在《中华人民共和国教师法》中详细解读。

1.学校及其他教育机构的权利和义务

学校是专门组织实施教育教学活动的实体，是教育法律关系中最重要的主体。作为独立的法人实体，学校及其他教育机构既可以行使一定的权利，同时也必须履行一定的义务。

《教育法》第二十九条规定了学校及其他教育机构可以行使的权利：（一）按照章程自主管理；（二）组织实施教育教学活动；（三）招收学生或者其他受教育者；（四）对受教育者进行学籍管理，实施奖励或者处分；（五）对受教育者颁发相应的学业证书；（六）聘任教师及其他职工，实施奖励或者处分；（七）管理、使用本单位的设施和经费；（八）拒绝任何组织和个人对教育教学活动的非法干涉；（九）法律、法规规定的其他权利。国家保护学校及其他教育机构的合法权益不受侵犯。

《教育法》第三十条规定了学校及其他教育机构应当履行的义务：（一）遵守法律、法规；（二）贯彻国家的教育方针，执行国家教育教学标准，保证教育教学质量；（三）维护受教育者、教师及其他职工的合法权益；（四）以适当方式为受教育者及其监护人了解受教育者的学业成绩及其他有关情况提供便利；（五）遵照国家有关规定收取费用并公开收费项目；（六）依法接受监督。以上六项义务，是学校及其他教育机构应当履行的义务。所谓应当履行就是必须履行，若不依法履行以上各项义务即为违法，应对行为人依法追究法律责任。学校及其他教育机构依法履行以上义务同行使法定权利一样，对端正办学思想、规范办学行为、保护社会公共利益、提高教育质量、促进我国教育业的顺利发展具有重要的现实意义。

2.受教育者的权利和义务

《教育法》第三十七条规定："受教育者在入学、升学、就业等方面依法享有平等权利。"受教育者的权利有广义和狭义之分，从广义而言，指国家宪法和法律授予全体公民受教育的权利；从狭义而言，是指法律、法规授予学生公民受教育的权利。我们这里所说的受教育权是指狭义的权利。

《教育法》第四十三条规定受教育者享有下列权利：(一)参加教育教学计划安排的各种活动，使用教育教学设施、设备、图书资料；(二)按照国家有关规定获得奖学金、贷学金、助学金；(三)在学业成绩和品行上获得公正评价，完成规定的学业后获得相应的学业证书、学位证书；(四)对学校给予的处分不服向有关部门提出申诉，对学校、教师侵犯其人身权、财产权等合法权益，提出申诉或者依法提起诉讼；(五)法律、法规规定的其他权利。

受教育者的义务是指受教育者依法承担的在教育教学过程中必须为或不为一定行为的责任。受教育者的权利和义务是同时存在且相一致的，享受一定的权利就应履行相应的义务，履行一定的义务就意味着可以享有相应的权利。

《教育法》第四十四条规定受教育者应当履行下列义务：(一)遵守法律、法规；(二)遵守学生行为规范，尊敬师长，养成良好的思想品德和行为习惯；(三)努力学习，完成规定的学习任务；(四)遵守所在学校或者其他教育机构的管理制度。

(四)教育的对外交流与合作

教育交流与合作对促进各国人民互相了解、互相学习，实现教育资源共享，推进教育事业和人类社会共同发展、共同进步具有重要的作用。为了保证教育对外交流与合作健康有序地发展，《教育法》第六十七条规定："国家鼓励开展教育对外交流与合作，支持学校及其他教育机构引进优质教育资源，依法开展中外合作办学，发展国际教育服务，培养国际化人才。教育对外交流与合作坚持独立自主、平等互利、相互尊重的原则，不得违反中国法律，不得损害国家主权、安全和社会公共利益。"第六十九条规定："中国境外个人符合国家规定的条件并办理有关手续后，可以进入中国境内学校及其他教育机构学习、研究、进行学术交流或者任教，其合法权益受国家保护。"

(五)违反教育法的法律责任

法律责任是指违反法律规定所应承担的法律后果，它与违法行为及法律制裁是紧密相连的。《教育法》对各种违法行为的法律责任作了明确的规定：

1.违反有关教育经费规定的法律责任

《教育法》第七十一条规定："违反国家有关规定，不按照预算核拨教育经费的，由同级人民政府限期核拨；情节严重的，对直接负责的主管人员和其他直接责任人员，依法给予处分。违反国家财政制度、财务制度，挪用、克扣教育经费的，由上级机关责令限期归还被挪用、克扣的经费，并对直接负责的主管人员和其他直接责任人员，依法给予处分；构成犯罪的，依法追究刑事责任。"

2.扰乱教育秩序、侵占学校财产的法律责任

《教育法》第七十二条规定："结伙斗殴、寻衅滋事，扰乱学校及其他教育机构教育教学秩序或者破坏校舍、场地及其他财产的，由公安机关给予治安管理处罚；构成犯罪的，依法追究刑事责任。侵占学校及其他教育机构的校舍、场地及其他财产的，依法承担民事责任。"

3.使用危险房屋进行教学活动造成损失的法律责任

《教育法》第七十三条规定："明知校舍或者教育教学设施有危险，而不采取措施，造成人员伤亡或者重大财产损失的，对直接负责的主管人员和其他直接责任人员，依法追究刑事责任。"

4.违法向学校或者向受教育者收取费用的法律责任

《教育法》第七十四条规定："违反国家有关规定，向学校或者其他教育机构收取费用的，由政府责令退还所收费用；对直接负责的主管人员和其他直接责任人员，依法给予处分。"第七十八条规定："学校及其他教育机构违反国家有关规定向受教育者收取费用的，由教育行政部门或者其他有关行政部门责令退还所收费用；对直接负责的主管人员和其他直接责任人员，依法给予处分。"

5.非法举办学校或其他教育机构的法律责任

《教育法》第七十四条规定："违反国家有关规定，举办学校或者其他教育机构的，由教育行政部门或者其他有关行政部门予以撤销；有违法所得的，没收违法所得；对直接负责的主管人员和其他直接责任人员，依法给予处分。"

6.违法招生或者招生工作中徇私舞弊的法律责任

《教育法》第七十六条规定："学校或者其他教育机构违反国家有关规定招收学生的，由教育行政部门或者其他有关行政部门责令退回招收的学生，退还所收费用；对学校、其他教育机构给予警告，可以处违法所得五倍以下罚款；情节严重的，责令停止相关招生资格一年以上三年以下，直至撤销招生资格、吊销办学许可证；对直接负责的主管人员和其他直接责任人员，依法给予处分；构成犯罪的，依法追究刑事责任。"第七十四条规定："在招收学生工作中徇私舞弊的，由教育行政部门或者其他有关行政部门责令退回招收的人员；对直接负责的主管人员和其他直接责任人员，依法给予处分；构成犯罪的，依法追究刑事责任。"

二、《中华人民共和国教师法》解读

《中华人民共和国教师法》(以下简称《教师法》)是我国重要的教育人事法律。1993 年 10 月 31 日第八届全国人民代表大会常务委员会第四次会议通过，1994 年 1 月 1 日起施行。2009 年 8 月 27 日第十一届全国人民代表大会常务委

员会第十次会议修正。它以各级各类学校和其他教育机构中履行教学职责的专业人员为适用对象，是新中国成立以来第一部专门针对从事某一职业的人而制定的单行性法律。《教师法》共九章四十三条。它的出台，为规范教育队伍建设，进一步改革和完善教育人事制度、提高教师待遇、保障教师权益提供了重要的法律依据。

（一）教师的权利和义务

就教师而言，权利和义务包括两个方面的内容：一方面是指教师作为公民所享有和履行的一般性权利和义务；另一方面则是指作为教师所特有的基于法律的特别规定所享有和履行的专属权利和义务。《教师法》第二章明确规定了教师的权利与义务，主要是指教师所特有的权利和义务，是基于教师职业的特定性质而产生和存在的，是一种特定的职业权利和义务。教师的权利和义务是统一的，始于其取得教师资格并在学校或其他教育机构任职，终于解聘。

《教师法》第七条明确规定教师享有下列权利：（一）进行教育教学活动，开展教育教学改革和实验；（二）从事科学研究、学术交流，参加专业的学术团体，在学术活动中充分发表意见；（三）指导学生的学习和发展，评定学生的品行和学业成绩；（四）按时获取工资报酬，享受国家规定的福利待遇以及寒暑假期的带薪休假；（五）对学校教育教学、管理工作和教育行政部门的工作提出意见和建议，通过教职工代表大会或者其他形式，参与学校的民主管理；（六）参加进修或者其他方式的培训。

《教师法》第八条明确规定教师应当履行下列义务：（一）遵守宪法、法律和职业道德，为人师表；（二）贯彻国家的教育方针，遵守规章制度，执行学校的教学计划，履行教师聘约，完成教育教学工作任务；（三）对学生进行宪法所确定的基本原则的教育和爱国主义、民族团结的教育，法制教育以及思想品德、文化、科学技术教育，组织、带领学生开展有益的社会活动；（四）关心、爱护全体学生，尊重学生人格，促进学生在品德、智力、体质等方面全面发展；（五）制止有害于学生的行为或者其他侵犯学生合法权益的行为，批评和抵制有害于学生健康成长的现象；（六）不断提高思想政治觉悟和教育教学业务水平。

《教师法》第三十七条规定：教师有下列情形之一的，由所在学校、其他教育机构或者教育行政部门给予行政处分或者解聘：（一）故意不完成教育教学任务给教育教学工作造成损失的；（二）体罚学生，经教育不改的；（三）品行不良、侮辱学生，影响恶劣的。教师有前款第（二）项、第（三）项所列情形之一，情节严重，构成犯罪的，依法追究刑事责任。

（二）教师资格制度

教师资格制度是国家对教师实行的一种特定的职业资格认定制度，是公民获得教师工作应具备的特定条件和身份。只有具备教师资格的人才能担任教师，否则不允许从事教师职业。实行教师资格制度，不仅有利于提高教师自身素质，而且有利于建立教师合格人才的选拔机制，还有利于加强教师队伍建设，提高教育教学质量。《教师法》第十条规定："国家实行教师资格制度。"1995 年 12 月 12 日国务院发布的《教师资格条例》以及 2000 年 9 月 23 日教育部发布的《〈教师资格条例〉实施办法》，规定了教师资格的基本条件，教师资格分类与适用，教师资格考试认定、罚则等，共同构成了我国教师资格制度的基本框架。

1.教师资格的条件

《教师法》第十条规定："中国公民凡遵守宪法和法律，热爱教育事业，具有良好的思想品德，具备本法规定的学历或者经国家教师资格考试合格，有教育教学能力，经认定合格的，可以取得教师资格。"根据本条规定，我国的教师资格条件包括下列四个方面，缺一不可。

（1）必须是合格的中国公民。

（2）具有良好的思想政治道德修养。

（3）具备规定的学历或通过教师资格考试。《教师法》第十一条规定，不同类型教师资格应当具备的不同的学历要求。取得幼儿园教师资格，应当具备幼儿师范学校毕业及其以上学历；取得小学教师资格，应当具备中等师范学校毕业及其以上学历；取得初级中学教师，初级职业学校文化、专业课教师资格，应当具备高等师范专科学校或者其他大学专科毕业及其以上学历；取得高级中学教师资格和中等专业学校、技工学校、职业高中文化课、专业课教师资格，应当具备高等师范院校本科或者其他大学本科毕业及其以上学历；取得中等专业学校、技工学校和职业高中学生实习指导教师资格应当具备的学历，由国务院教育行政部门规定；取得高等学校教师资格，应当具备研究生或者大学本科毕业学历；取得成人教育教师资格，应当按照成人教育的层次、类别，分别具备高等、中等学校毕业及其以上学历。

（4）具有教育教学能力。

2.教师资格的认定

教师资格的取得必须经过法定机构的认定。具备《教师法》规定的学历或者经教师资格考试合格的公民，可以依照教师资格条例规定申请认定其教师资格。《教师法》第十三条规定，中小学教师资格由县级以上地方人民政府教育行政部门认定。中等专业学校、技工学校的教师资格由县级以上地方人民政府教育行政部门组织有关主管部门认定。普通高等学校的教师资格由国务院或者省、自治区、直辖市教育行政部门或者由其委托的学校认定。对经认定合格者，教育行政部门或受委托的高等学校颁发由国务院教育行政部门统一制作的相应的教师资格证书。该证书全国通用，具有较高的权威性和稳定性。

3.教师资格的限制取得和丧失

教师的职业特点决定了对教师的思想品德、道德修养必然有很高的要求。《教师法》第十四条明确规定："受到剥夺政治权利或者故意犯罪受到有期徒刑以上刑事处罚的，不能取得教师资格；已经取得教师资格的，丧失教师资格。"《教师资格条例》中也有相应的规定。例如，对有弄虚作假，骗取教师资格的；品行不良，侮辱学生，影响恶劣等情形者均由县级以上人民政府教育行政部门撤销其教师资格，由其资格认定机构收回其教师资格证书。

（三）教师的聘任、考核与待遇

1.教师职务制度

教师职务制度是国家对教师岗位设置及各级岗位任职条件和取得该岗位的程序等内容进行规定的重要制度。《教师法》第十六条规定："国家实行教师职务制度，具体办法由国务院规定。"教师职务是根据学校教学、科研等实际工作需要设置的有明确职责、任职条件和任期，并需要具备专门的业务知识和相应的学术技术水平才能担任的专业技术工作岗位。教师职务与工资待遇挂钩，并有数额限制。教师职务要经过全面考核，以确定其是否称职。若教师达不到任职要求或不能履行职务职责，就要被解聘、低聘或者缓聘。教师职务制度的实施，从法律的高度确定了教师地位及其职业的不可替代性，促使教师队伍建设走上规范化、法治化的轨道，促进教师工资福利等待遇的改善，为优秀教师脱颖而出创造条件。

2.教师聘任制度

教师聘任制是学校与教师在遵循双方地位平等的原则下，签订聘任合同，明确规定双方权利、义务和责任的一种制度。《教师法》第十七条规定："教师的聘任应当遵循双方地位平等的原则，由学校和教师签订聘任合同，明确规定双方的权利、义务和责任。"

教师聘任制的特点主要有：(1)聘任关系平等。即教师聘任制度必须遵循双方地位平等的原则，学校与教师之间地位平等，教师具有择业的权利，学校具有依法聘任和解聘的权利。(2)聘任关系合同化。学校与教师之间签订聘任合同，聘任合同具有法律效力，明确聘任双方的权利、义务和责任。(3)聘任实行任期制。聘任合同具有明确的聘任期限。(4)聘任形式多样化。教师聘任形式依其聘任主体实施行为的不同可分为招聘、续聘、解聘、辞聘等几种形式。实行教师聘任制，有利于促进人才的合理流动，有利于激发教师的工作热情和责任感，调动工作自主性和积极性，提高教育教学质量。

3.教师考核与待遇

《教师法》第五章专门规定教师的考核制度。第二十二条规定了教师考核的内容："学校或者其他教育机构应当对教师的政治思想、业务水平、工作态度和工作成绩进行考核。"第二十三条规定了教师考核的原则："考核应当客观、公正、准确，充分听取教师本人、其他教师以及学生的意见。"第二十四条规定了教师考核的作用："教师考核结果是受聘任教、晋升工资、实施奖惩的依据。"

《教师法》第六章规定了教师工资、津贴、补贴、住房、医疗、退休金等问题。第二十五条规定："教师的平均工资水平应当不低于或者高于国家公务员的平均工资水平，并逐步提高。"第二十八条规定："地方各级人民政府和国务院有关部门，对城市教师住房的建设、租赁、出售实行优先、优惠。县、乡两级人民政府应当为农村中小学教师解决住房提供方便。"第二十九条规定："教师的医疗同当地国家公务员享受同等的待遇；定期对教师进行身体健康检查，并因地制宜安排教师进行休养。"

（四）违反教师法的法律责任

《教师法》第八章对违反教师法的法律责任作了规定，如第三十六条规定："对依法提出申诉、控告、检举的教师进行打击报复的，由其所在单位或者上级机关责令改正；情节严重的，可以根据具体情况给予行政处分。"第三十八条规定："地方人民政府对违反本法规定，拖欠教师工资或者侵犯教师其他合法权益的，应当责令其限期改正。"第三十九条规定："教师对学校或者其他教育机构侵犯其合法权益的，或者对学校或者其他教育机构做出的处理不服的，可以向教育行政部门提出申诉，教育行政部门应当在接到申诉的三十日内，作出处理。教师认为当地人民政府有关行政部门侵犯其根据本法规定享有的权利的，可以向同级人民政府或者上一级人民政府有关部门提出申诉，同级人民政府或者上一级人民政府有关部门应当作出处理。"

三、《中华人民共和国高等教育法》解读

《中华人民共和国高等教育法》（以下简称《高等教育法》）于 1998 年 8 月 29 日第九届全国人民代表大会常务委员会第四次会议通过，自 1999 年 1 月 1 日起施行。根据 2015 年 12 月 27 日第十二届全国人民代表大会常务委员会第十八次会议《关于修改〈中华人民共和国高等教育法〉的决定》进行了修正，2016 年 6 月 1 日起施行。《高等教育法》是在宪法和教育法的指导下制定的高等教育的基本法，是教育法的配套法律，也是我国高等教育发展史上的一部主要大法。作为教育法规体系的一个重要组成部分，《高等教育法》是高等教育实现依法治

教的法律依据，是深化高等教育改革和促进高等教育事业进一步健康发展的有力保障。该法的颁行，为我国高等教育的依法治理提供了基本的法律基础，标志着我国高等教育走上了法治轨道。该法的颁行，使我国的高等教育制度趋于完备，形成了以《宪法》为统领，以《教育法》为基本法，以《高等教育法》为核心，以其他相关高等教育法律、法规和规章为具体内容和实施细则的统一协调的高等教育法律法规体系。

(一)《高等教育法》的立法目的

《高等教育法》第一章第一条明确规定："为了发展高等教育事业，实施科教兴国战略，促进社会主义物质文明和精神文明建设，根据宪法和教育法，制定本法。"此规定包含了三个方面的立法目的。

1.发展高等教育事业

"本法所称高等教育，是指在完成高级中等教育基础上实施的教育。"高等教育在我国社会主义现代化建设中发挥着重要的作用，发展高等教育事业是《高等教育法》的立法目的之一。通过制定《高等教育法》，使我国高等教育领域的基本制度得以确立，使高等教育领域内各行为主体之间的法律关系得到进一步的规范，实现了促进高等教育事业有序发展的目的。

2.实施科教兴国战略

实施科教兴国战略，要求对我国的科教体系进行全面改革，建立或改革国家知识创新体系、知识传播体系和知识运用体系。高等教育是国家创新体系的重要组成部分，为使高等教育的发展适应实施"科教兴国"战略的要求，必须制定《高等教育法》。

3.促进社会主义物质文明建设和精神文明建设

高等教育的发展对社会的物质文明和精神文明有着巨大的促进作用，在人才培养、科学研究以及社会服务等方面具有突出的贡献。因此，为了更好地促进社会主义精神文明建设和物质文明建设，制定《高等教育法》。

(二)《高等教育法》的适用范围

《高等教育法》第一章第二条明确规定："在中华人民共和国境内从事高等教育活动，适用本法。"由此可知，《高等教育法》的适用对象包括一切在中华人民共和国境内从事高等教育活动的个人和组织。其中，个人也包括符合我国规定的条件并办理有关手续，进入中国境内高等学校学习、研究，进行学术交流或者任教的外国人。组织包括高等学校和经批准承担研究生教育任务的科学研究机构和其他高等教育机构。

(三)《高等教育法》的基本内容

《高等教育法》共八章六十九条，主要对高等教育的活动原则、高等教育基本制度、高等学校的设立、高等学校的权利和义务，高等学校的内部管理体制、高等学校的教师和学生等方面作出了具体的规定。

1.高等教育的活动原则

高等教育的活动原则是在高等教育活动中必须遵循的基本要求和行为准则，它是在高等教育实践的基础上概括出来的。主要有社会主义方向性原则、教育机会均等原则、社会参与原则、高等学校依法自主办学原则、高等学校依法民主管理原则、学术自由原则、民族性与国际性相结合的原则。

2.高等教育的任务

《高等教育法》第五条明确规定："高等教育的任务是培养具有社会责任感、创新精神和实践能力的高级专门人才，发展科学技术文化，促进社会主义现代化建设。"这里把培养高级专门人才的社会责任感增加为高等教育的任务，凸显作为未来中国特色社会主义建设者肩负的社会责任。

3.高等教育的基本制度

高等教育制度指的是高等学校教育系统，它规定高等教育的教育形式、学业标准、入学条件、修业年限及它们之间的衔接和关系。《高等教育法》第三章第十五条规定："高等教育包括学历教育和非学历教育。高等教育采用全日制和非全日制教育形式。"《高等教育法》第十六条规定了高等学历教育学业标准，专科、本科、硕士研究生、博士研究生教育，不同层次学历教育内容、掌握的知识、获得的能力都不相同。《高等教育法》第十七条和第十九条规定了高等教育的入学条件和修业年限。另外，《高等教育法》对高等教育的实施机构、学业学位证书、继续教育等方面都作了制度规定。

4.高等学校设立

《高等教育法》第三章对高等学校设立的基本要求、基本条件、基本资料、基本程序都作出了规定。第二十四条规定："设立高等学校，应当符合国家高等教育发展规划，符合国家利益和社会公共利益。"第二十五条规定："设立高等学校，应当具备教育法规定的基本条件。大学或者独立设置的学院还应当具有较强的教学、科学研究力量，较高的教学、科学研究水平和相应规模，能够实施本科及本科以上教育。大学还必须设有三个以上国家规定的学科门类为主要学科。"第二十七条规定："申请设立高等学校的，应当向审批机关提交下列材料：(一)申办报告；(二)可行性论证材料；(三)章程；(四)审批机关依照本法规定要求提供的其他材料。"第二十八条明确了高等学校的章程应当规定的事项。

5.高等学校的权利和义务

《高等教育法》第四章就高等学校作为面向社会自主办学的法人实体，对其享有的权利和履行的义务进行了规定；对学校内部的领导分工、机构设置、管理权限以及相互关系进行了规定。

《高等教育法》第三十条规定:“高等学校自批准设立之日起取得法人资格。高等学校的校长为高等学校的法定代表人。高等学校在民事活动中依法享有民事权利,承担民事责任。”这里明确了高等学校作为办学者所具有的法律地位。该法也赋予了高等学校多方面的自主权,确定了高校办学自主权的具体范围。一是招生自主权;二是学科专业设置和教学自主权;三是科研开发和社会服务自主权;四是机构设置与人事分配权;五是财产管理使用权;六是自主开展国际交流和合作的权利。当然,该法明确规定高等学校在享有上述权利的同时,还必须履行相应的义务。高等学校应当履行的义务主要包括以下方面:一是教学、科研和社会服务方面的义务;二是财产使用方面的义务;三是依法维护教职工合法权益的义务;四是接受监督和评估的义务。此外,高等学校还应该承担组织教师参加培训,为科学研究和学术交流提供便利条件,对大学生的社会服务和勤工助学活动进行引导管理,为毕业生、结业生提供就业指导和服务等义务。

这些规定明确了高等学校的权利与义务,为其真正成为自主办学的法人实体奠定了法律基础。

6.高等学校教师

教师是教育法律关系中的一个重要主体,《教育法》和《教师法》对这一主体的权利和义务已经作了全面阐述和规定,这些规定同样适用于高等学校的教师。此外,《高等新育法》第五章对高等学校教师和其他教育工作者的权利、义务和职责、教师职务制度、教师聘任制度、高等教育职员制度,专业技术职务制度以及教师的培训和考核等作出了规定。

《高等教育法》第四十五条规定:“高等学校的教师及其他教育工作者享有法律规定的权利,履行法律规定的义务,忠诚于人民的教育事业。”第五十二条规定:“高等学校的教师、管理人员和教学辅助人员及其他专业技术人员,应当以教学和培养人才为中心做好本职工作。”此外,《高等教育法》对高等学校教师的权利保障也作出了相应的规定:国家保护高等学校教师及其他教育工作者的合法权益,采取措施改善高等学校教师及其他教育工作者的工作条件和生活条件。高等学校应当为教师参加培训、开展科学研究和进行学术交流提供便利条件。高等学校应当对教师、管理人员和教学辅助人员及其他专业技术人员的思想政治表现、职业道德、业务水平和工作实绩进行考核,考核结果作为聘任或者解聘、晋升、奖励或者处分的依据。

《高等教育法》第四十六条规定了高等学校教师资格的条件:遵守宪法和法律,热爱高等教育事业,具有良好的思想品德;具备研究生或者大学本科毕业学历；有相应的教育教学能力。

《高等教育法》第四十七条规定了高等学校教师职务制度：高等学校教师职务根据学校所承担的教学、科学研究等任务的需要设置。教师职务设助教、讲师、副教授、教授。

《高等教育法》第四十八条规定了高等学校教师聘任制度：高等学校实行教师聘任制。教师经评定具备任职条件的，由高等学校按照教师职务的职责、条件和任期聘任。

此外，《高等教育法》第四十九条规定了其他教育工作者的聘任制度，即高等学校的管理人员，实行教育职员制度。高等学校的教学辅助人员及其他专业技术人员，实行专业技术职务聘任制度。

7.高等学校的学生

受教育者是教育法律关系中的又一重要主体。《教育法》对这一主体的权利和义务作了明确的阐述，这些规定也同样适用于高等学校的学生。基于高等学校学生的生理和心理的阶段性特点，《高等教育法》对高等学校学生的权利和义务作了一系列的补充规定。高等学校学生除享有《教育法》规定的权利外，还享有以下一些权利：一是在课余时间，可以参加社会服务和勤工助学活动；二是可以在校内组织学生团体；三是家庭经济困难的学生，可以申请补助或者减免学费。同时，《高等教育法》还规定了高等学校学生应当履行的义务：一是按照国家规定缴纳学费；二是获得贷学金及助学金的学生，应当履行相应的义务；三是参加社会服务和勤工助学活动，不得影响学业任务的完成，并接受学校的引导和管理；四是学生团体要接受学校的领导和管理。这些规定，肯定了学生在教育过程中的主体地位，既参照了国际上通行的做法，又考虑了我国的实际情况，是对《教育法》相关规定的进一步补充。

8.高等学校的投入和条件保障

《高等教育法》第七章第六十条至六十五条规定了高等教育的投入和条件保障。

《高等教育法》规定，我国高等教育经费筹措渠道主要包括：国家财政拨款；企事业组织、社会团体及其他社会组织和个人的投入；高等学校有关的销售和服务收入以及学费。此外，国家还有一些政策性措施保障高等学校在经费方面享有优惠。

《高等教育法》规定，高等教育的条件保障主要有：国务院和省、自治区、直辖市人民政府依照教育法第五十六条的规定，保证国家举办的高等教育的经费逐步增长；高等学校的举办者应当保证稳定的办学经费来源，不得抽回其投入的办学资金；高等学校收取的学费应当按照国家有关规定管理和使用，其他任何组织和个人不得挪用；高等学校应当依法建立、健全财务管理制度，合理使用、严格管理教育经费，提高教育投资效益。高等学校的财务活动应当依法接受监督。

四、《中华人民共和国民办教育促进法》解读

《中华人民共和国民办教育促进法》（以下简称《民办教育促进法》）于 2002 年 12 月 28 日第九届全国人民代表大会常务委员会第三十一次会议通过，自 2003 年 9 月 1 日起施行。2018 年 12 月 29 日第十三届全国人民代表大会常务委员会第七次会议第三次修正。《民办教育促进法》是中国民办教育发展史上具有里程碑意义的大事，是对我国教育法律体系的进一步完善，为全面依法治教奠定了良好的法制基础。它回应了民办教育实践的需要，为民办教育发展提供了稳定的制度环境、法律保障和法律支持，有利于促进民办教育事业的健康发展。《民办教育促进法》第一条明确规定："为实施科教兴国战略，促进民办教育事业的健康发展，维护民办学校和受教育者的合法权益，根据宪法和教育法制定本法。"该法共十章六十七条，具体规定了民办教育的设立、学校的组织与活动、教师与受教育者、学校资产与财务管理以及民办学校的管理与监督、扶持与奖励、变更与终止、法律责任等内容。

（一）民办教育的性质、地位与方针

《民办教育促进法》第三条明确规定："民办教育事业属于公益性事业，是社会主义教育事业的组成部分。国家对民办教育实行积极鼓励、大力支持、正确引导、依法管理的方针。各级人民政府应当将民办教育事业纳入国民经济和社会发展规划。"这一条明确规定了民办教育的性质、地位与方针。

（二）民办教育活动的原则

1.社会主义方向性与公益性原则

《民办教育促进法》第三条明确规定："民办教育事业属于公益性事业，是社会主义教育事业的组成部分。"

2.与公办教育平等的原则

《民办教育促进法》第五条规定："民办学校与公办学校具有同等的法律地位，国家保障民办学校的办学自主权。国家保障民办学校举办者、校长、教职工和受教育者的合法权益。"

3.统筹规划、协调发展原则

《民办教育促进法》第七条规定："国务院教育行政部门负责全国民办教育工作的统筹规划、综合协调和宏观管理。国务院人力资源社会保障行政部门及其他有关部门在国务院规定的职责范围内分别负责有关的民办教育工作。"

4.与宗教相分离的原则

《民办教育促进法》第四条规定:“民办学校应当贯彻教育与宗教相分离的原则。任何组织和个人不得利用宗教进行妨碍国家教育制度的活动。”

5.民办学校依法自主办学原则

《民办教育促进法》第四条规定:“民办学校应当遵守法律、法规,贯彻国家的教育方针,保证教育质量,致力于培养社会主义建设事业的各类人才。”

(三)民办学校的设立

《民办教育促进法》规定了民办学校严格的进入标准。第十条规定:“举办民办学校的社会组织,应当具有法人资格。举办民办学校的个人,应当具有政治权利和完全民事行为能力。民办学校应当具备法人条件。”第十一条规定:“设立民办学校应当符合当地教育发展的需求,具备教育法和其他有关法律、法规规定的条件。民办学校的设置标准参照同级同类公办学校的设置标准执行。”第十三条规定:申请筹设民办学校,举办者应当向审批机关提交下列材料:(一)申办报告,内容应当主要包括:举办者、培养目标、办学规模、办学层次、办学形式、办学条件、内部管理体制、经费筹措与管理使用等;(二)举办者的姓名、住址或者名称、地址;(三)资产来源、资金数额及有效证明文件,并载明产权;(四)属捐赠性质的校产须提交捐赠协议,载明捐赠人的姓名、所捐资产的数额、用途和管理方法及相关有效证明文件。由此可以看出,我国在民办学校的准入方面采取了较严格的要求。

(四)民办学校的内部管理制度

1.决策方及其职权

民办学校的内部管理不同于公办学校,主要实行的是理事会、董事会决策制。《民办教育促进法》第二十条规定:“民办学校应当设立学校理事会、董事会或者其他形式的决策机构并建立相应的监督机制。民办学校的举办者根据学校章程规定的权限和程序参与学校的办学和管理。”第二十一条规定:“学校理事会或者董事会由举办者或者其代表、校长、教职工代表等人员组成。其中三分之一以上的理事或者董事应当具有五年以上教育教学经验。学校理事会或者董事会由五人以上组成,设理事长或者董事长一人。理事长、理事或者董事长、董事名单报审批机关备案。”

《民办教育促进法》第二十二条规定:“学校理事会或者董事会行使下列职权:

(一)聘任和解聘校长;

(二)修改学校章程和制定学校的规章制度;

(三)制定发展规划,批准年度工作计划;

（四）筹集办学经费，审核预算、决算；

（五）决定教职工的编制定额和工资标准；

（六）决定学校的分立、合并、终止；

（七）决定其他重大事项。”

2.执行方及其职权

民办学校的执行方主要是校长，《民办教育促进法》第二十五条规定：“民办学校校长负责学校的教育教学和行政管理工作，行使下列职权：

（一）执行学校理事会、董事会或者其他形式决策机构的决定；

（二）实施发展规划，拟订年度工作计划、财务预算和学校规章制度；

（三）聘任和解聘学校工作人员，实施奖惩；

（四）组织教育教学、科学研究活动，保证教育教学质量；

（五）负责学校日常管理工作；

（六）学校理事会、董事会或者其他形式决策机构的其他授权。”

3.财务管理

对于民办学校的财务管理问题，《民办教育促进法》第三十五条规定：“民办学校应当依法建立财务、会计制度和资产管理制度，并按照国家有关规定设置会计账簿。”第三十八条规定：“民办学校收取费用的项目和标准根据办学成本、市场需求等因素确定，向社会公示，并接受有关主管部门的监督。非营利性民办学校收费的具体办法，由省、自治区、直辖市人民政府制定；营利性民办学校的收费标准，实行市场调节，由学校自主决定。民办学校收取的费用应当主要用于教育教学活动、改善办学条件和保障教职工待遇。”第三十九条规定：“民办学校资产的使用和财务管理受审批机关和其他有关部门的监督。民办学校应当在每个会计年度结束时制作财务会计报告，委托会计师事务所依法进行审计，并公布审计结果。”

4.教师与学生管理

从法律关系上看，民办学校的教师、受教育者与公办学校的教师、受教育者具有同等的法律地位。对于民办学校的教师和学生管理，《民办教育促进法》也作出了相关规定。《民办教育促进法》规定，民办学校聘任的教师，应当具有国家规定的任教资格。民办学校应当对教师进行思想品德教育和业务培训。民办学校应当依法保障教职工的工资、福利待遇，并为教职工缴纳社会保险费。

民办学校按照国家规定建立学籍管理制度，对受教育者实施奖励或者处分。民办学校的受教育者在升学、就业、社会优待以及参加先进评选等方面享有与同级同类公办学校的受教育者同等权利。

(五)国家对民办教育的管理、监督

由于民办教育是社会主义教育事业的一部分,因此,国家对民办教育进行管理与监督,而不能听之任之,坐视不管。教育行政部门及有关部门应当对民办学校的教育教学工作、教师培训工作进行指导。《民办教育促进法》第四十一条规定:“教育行政部门及有关部门依法对民办学校实行督导,建立民办学校信息公示和信用档案制度,促进提高办学质量;组织或者委托社会中介组织评估办学水平和教育质量,并将评估结果向社会公布。”民办学校的招生简章和广告,应当报审批机关备案。

(六)违反《民办教育促进法》的法律责任

《民办教育促进法》主要从民办学校、审批机关及社会组织和个人三方面对违反《民办教育促进法》的法律责任作出了界定。

1.民办学校违反办学及内部管理方面的法律责任

民办学校违反办学及内部管理行为主要包括:擅自分立、合并民办学校的;擅自改变民办学校名称、层次、类别和举办者的;发布虚假招生简章或者广告,骗取钱财的;非法颁发或者伪造学历证书、结业证书、培训证书、职业资格证书的;管理混乱严重影响教育教学,产生恶劣社会影响的;提交虚假证明文件或者采取其他欺诈手段隐瞒重要事实骗取办学许可证的;伪造、变造、买卖、出租、出借办学许可证的;恶意终止办学、抽逃资金或者挪用办学经费的。

《民办教育促进法》第六十二条规定,民办学校有上述行为之一的,由县级以上人民政府教育行政部门、人力资源社会保障行政部门或者其他有关部门责令限期改正,并予以警告;有违法所得的,退还所收费用后没收违法所得;情节严重的,责令停止招生、吊销办学许可证;构成犯罪的,依法追究刑事责任。

2.审批机关违反管理方面的法律责任

《民办教育促进法》第六十三条规定,县级以上人民政府教育行政部门、人力资源社会保障行政部门或者其他有关部门有下列行为之一的,由上级机关责令其改正;情节严重的,对直接负责的主管人员和其他直接责任人员,依法给予处分;造成经济损失的,依法承担赔偿责任;构成犯罪的,依法追究刑事责任。这些行为主要包括:已受理设立申请,逾期不予答复的;批准不符合本法规定条件申请的;疏于管理,造成严重后果的;违反国家有关规定收取费用的;侵犯民办学校合法权益的;其他滥用职权、徇私舞弊的。

3.社会组织和个人违反办学方面的法律责任

《民办教育促进法》第六十四条规定:“违反国家有关规定擅自举办民办学校的,由所在地县级以上地方人民政府教育行政部门或者人力资源社会保障行政部门会同同级公安、民政或者市场监督管理等有关部门责令停止办学、退还所收费用，并对举办者处违法所得一倍以上五倍以下罚款；构成违反治安管理行为的，由公安机关依法给予治安管理处罚；构成犯罪的，依法追究刑事责任。”

五、《中华人民共和国职业教育法》解读

《中华人民共和国职业教育法》(以下简称《职业教育法》)于1996年5月15日第八届全国人民代表大会常务委员会第十九次会议通过，自1996年9月1日起施行。它的颁布实施是我国教育法制建设史上的一件大事，是深化职业教育改革和促进职业教育事业进一步健康发展的有力保障。《职业教育法》第一条明确规定了立法宗旨：“为了实施科教兴国战略，发展职业教育，提高劳动者素质，促进社会主义现代化建设，根据教育法和劳动法制定本法。”《职业教育法》共五章四十条，重点对职业教育的体系、职业教育的管理体制、职业教育的举办、职业教育的师资、经费等作出了明确规定。

(一)职业教育的体系

职业教育体系是指不同类型、不同层次的职业学校教育与职业培训的总称，它是整个教育体系的一个子系统，受社会经济和科学文化发展水平的制约，并随社会经济的发展和科学文化水平的提高而不断调整。我国现阶段的职业教育体系，《职业教育法》第十二条规定：“国家根据不同地区的经济发展水平和教育普及程度，实施以初中后为重点的不同阶段的教育分流，建立、健全职业学校教育与职业培训并举，并与其他教育相互沟通、协调发展的职业教育体系。”第十三条规定：“职业学校教育分为初等、中等、高等职业学校教育。初等、中等职业学校教育分别由初等、中等职业学校实施；高等职业学校教育根据需要和条件由高等职业学校实施，或者由普通高等学校实施。其他学校按照教育行政部门的统筹规划，可以实施同层次的职业学校教育。”具体地说，我国现阶段的职业教育，从类型上看，分为职业学校教育和职业培训两大类；从层次上看，包括初等职业教育、中等职业教育和高等职业教育。初等职业教育包括初等职业学校教育和初级职业培训，主要是针对文化层次比较低的对象进行的职业知识和技能的教育和培训；中等职业教育包括中等职业学校教育和中级职业培训，主要是针对具有中等文化程度的对象进行的基础理论、专业知识和相关技能的教育和培训；高等职业教育包括高等职业学校教育和高级职业培训，是在高等教育阶段进行的职业教育，由高等职业学校或由普通高等学校实施。

(二)职业教育的管理体制

职业教育的管理体制是指管理职业教育的一种组织模式，实质上是解决职业教育如何运转的问题。《职业教育法》第六条、第十一条对我国职业教育的管理体制作了具体的规定。第六条规定：“各级人民政府应当将发展职业教育纳

入国民经济和社会发展规划。行业组织和企业、事业组织应当依法履行实施职业教育的义务。”第十一条规定：“国务院教育行政部门负责职业教育工作的统筹规划、综合协调、宏观管理。国务院教育行政部门、劳动行政部门和其他有关部门在国务院规定的职责范围内，分别负责有关的职业教育工作。县级以上地方各级人民政府应当加强对本行政区域内职业教育工作的领导、统筹协调和督导评估。”

（三）职业教育的举办

我国的职业教育已经形成了一种多元办学的格局，办学主体主要有各级人民政府、政府主管部门及行业组织、企业、事业组织和其他社会力量等。《职业教育法》第二十一条规定：“国家鼓励事业组织、社会团体、其他社会组织及公民个人按照国家有关规定举办职业学校、职业培训机构。”它们举办的职业教育是我国职业教育的重要组成部分。政府主管部门和行业组织在办好自己举办的职业教育机构的同时，还要负责对本行业的企业、事业组织举办的职业学校、职业培训机构进行组织、协调和指导，包括培养目标、专业设置、毕业生就业等方面。第十七条规定：“县级以上地方各级人民政府应当举办发挥骨干和示范作用的职业学校、职业培训机构，对农村、企业、事业组织、社会团体、其他社会组织及公民个人依法举办的职业学校和职业培训机构给予指导和扶持。”第十九条规定：“政府主管部门、行业组织应当举办或者联合举办职业学校、职业培训机构，组织、协调、指导本行业的企业、事业组织举办职业学校、职业培训机构。”第二十条规定：“企业应当根据本单位的实际，有计划地对本单位的职工和准备录用的人员实施职业教育。”

（四）职业教育的师资

职业教育的师资一般分为四类：一是普通文化课教师，二是职业基础和工厂实习教师，三是专业技术课教师，四是在工厂或企业的职业教育管理人员。合格的与培训任务相适应的教师和管理人员是职业学校、职业培训机构设立的基本条件之一，《职业教育法》对职业教育教师队伍的培养和培训，聘请专业技术人员担任职业教育的专、兼职教师等作出了明文规定。第三十六条规定：“县级以上各级人民政府和有关部门应当将职业教育教师的培养和培训工作纳入教师队伍建设规划，保证职业教育教师队伍适应职业教育发展的需要。职业学校和职业培训机构可以聘请专业技术人员、有特殊技能的人员和其他教育机构的教师担任兼职教师。”

（五）职业教育的经费

《职业教育法》第二十六条规定：“国家鼓励通过多种渠道依法筹集发展职业教育的资金。”这些渠道主要有：第一，各级政府财政拨款。第二十七条规定：

“省、自治区、直辖市人民政府应当制定本地区职业学校学生人数平均经费标准；国务院有关部门应当会同国务院财政部门制定本部门职业学校学生人数平均经费标准。职业学校举办者应当按照学生人数平均经费标准足额拨付职业教育经费。各级人民政府、国务院有关部门用于举办职业学校和职业培训机构的财政性经费应当逐步增长。任何组织和个人不得挪用、克扣职业教育的经费。”第二，企业承担职业教育经费。第二十八条规定：“企业应当承担对本单位的职工和准备录用的人员进行职业教育的费用，具体办法由国务院有关部门会同国务院财政部门或者由省、自治区、直辖市人民政府依法规定。”第三，开征教育附加费。第三十条规定：“省、自治区、直辖市人民政府按照教育法的有关规定决定开征的用于教育的地方附加费，可以专项或者安排一定比例用于职业教育。”第四，适当收取学费。根据《中国教育改革和发展纲要》及其实施意见的规定，实行学生缴费上学制度。提高非义务教育阶段学生学费标准，同时按不同情况确定义务教育阶段学杂费标准。职业教育（义务教育阶段的职业教育除外）是非义务教育，职业学校、职业培训机构对接受中等、高等职业学校教育和职业培训的学生适当收取学费是十分必要的。此外，还可以利用农村科学技术开发和技术推广的经费、贷款、校办企业和社会服务的收入、接受的捐款和资助等，增加职业教育的经费。

〔经典案例〕

田某诉北京科技大学拒绝颁发毕业证、学位证案[①]

（最高人民法院审判委员会讨论通过　2014年12月25日发布）

原告田某于1994年9月考取北京科技大学，取得本科生的学籍。1996年2月29日，田某在电磁学课程的补考过程中，随身携带写有电磁学公式的纸条。考试中，去上厕所时纸条掉出，被监考教师发现。监考教师虽未发现其有偷看纸条的行为，但还是按照考场纪律，当即停止了田某的考试。被告北京科技大学根据原国家教委关于严肃考场纪律的指示精神，于1994年制定了校发(94)第068号《关于严格考试管理的紧急通知》（简称第068号通知）。该通知规定，凡考试作弊的学生一律按退学处理，取消学籍。被告据此于1996年3月5日认定田某的行为属作弊行为，并作出退学处理决定。同年4月10日，被告填发了学籍变动通知，但退学处理决

① 资料来源于中国法院网，https://www.chinacourt.org/article/detail/2014/12/id/1524355.shtml.

定和变更学籍的通知未直接向田某宣布、送达，也未给田某办理退学手续，田某继续以该校大学生的身份正常参加学习及学校组织的活动。1996年9月，被告为田某补办了学生证，之后每学年均收取田某交纳的教育费，并为田某进行注册、发放大学生补助津贴，安排田某参加了大学生毕业实习设计，并由其论文指导教师领取了学校发放的毕业设计结业费。

田某还以该校大学生的名义参加考试，先后取得了大学英语四级、计算机应用水平测试BASIC语言成绩合格证书。被告对原告在该校的四年学习中成绩全部合格，通过毕业实习、毕业设计及论文答辩，获得优秀毕业论文及毕业总成绩为全班第九名的事实无争议。1998年6月，田某所在院系向被告报送田某所在班级授予学士学位表时，被告有关部门以田某已按退学处理、不具备北京科技大学学籍为由，拒绝为其颁发毕业证书，进而未向教育行政部门呈报田某的毕业派遣资格表。田某所在院系认为原告符合大学毕业和授予学士学位的条件，但由于当时原告因毕业问题正在与学校交涉，故暂时未在授予学位表中签字，待学籍问题解决后再签。被告因此未将原告列入授予学士学位资格的名单交该校学位评定委员会审核。因被告的部分教师为田某一事向原国家教委申诉，国家教委高校学生司于1998年5月18日致函被告，认为被告对田某违反考场纪律一事处理过重，建议复查。同年6月10日，被告复查后，仍然坚持原结论。田某认为自己符合大学毕业生的法定条件，北京科技大学拒绝给其颁发毕业证、学位证是违法的，遂向北京市海淀区人民法院提起行政诉讼。

北京市海淀区人民法院于1999年2月14日作出(1998)海行初字第00142号行政判决：一、北京科技大学在本判决生效之日起30日内向田某颁发大学本科毕业证书；二、北京科技大学在本判决生效之日起60日内组织本校有关院、系及学位评定委员会对田某的学士学位资格进行审核；三、北京科技大学于本判决生效后30日内履行向当地教育行政部门上报有关田某毕业派遣的有关手续的职责；四、驳回田某的其他诉讼请求。北京科技大学提出上诉，北京市第一中级人民法院于1999年4月26日作出(1999)一中行终字第73号行政判决：驳回上诉，维持原判。

〔案例评析〕

法院生效裁判认为：根据我国法律、法规规定，高等学校对受教育者有进行学籍管理、奖励或处分的权力，有代表国家对受教育者颁发学历证书、学位证书的职责。高等学校与受教育者之间属于教育行政管理关系,受教育者对高等学校涉及受教育者基本权利的管理行为不服的,有权提起行政诉讼,高等学校是行政诉讼的适格被告。

高等学校依法具有相应的教育自主权,有权制定校纪、校规,并有权对在校学生进行教学管理和违纪处分,但是其制定的校纪、校规和据此进行的教学管理和违纪处分,必须符合法律、法规和规章的规定,必须尊重和保护当事人的合法权益。本案原告在补考中随身携带纸条的行为属于违反考场纪律的行为,被告可以按照有关法律、法规、规章及学校的有关规定处理,但其对原告作出退学处理决定所依据的该校制定的第068号通知,与《普通高等学校学生管理规定》第二十九条规定的法定退学条件相抵触,故被告所作退学处理决定违法。

退学处理决定涉及原告的受教育权利,为充分保障当事人权益,从正当程序原则出发,被告应将此决定向当事人送达、宣布,允许当事人提出申辩意见。而被告既未依此原则处理,也未实际给原告办理注销学籍、迁移户籍、档案等手续。被告于1996年9月为原告补办学生证并注册的事实行为,应视为被告改变了对原告所作的按退学处理的决定,恢复了原告的学籍。被告又安排原告修满四年学业,参加考核、实习及毕业设计并通过论文答辩等。上述一系列行为虽系被告及其所属院系的部分教师具体实施,但因他们均属职务行为,故被告应承担上述行为所产生的法律后果。

国家实行学历证书制度,被告作为国家批准设立的高等学校,对取得普通高等学校学籍、接受正规教育、学习结束达到一定水平和要求的受教育者,应当为其颁发相应的学业证明,以承认该学生具有的相当学历。原告符合上述高等学校毕业生的条件,被告应当依《中华人民共和国教育法》第二十八条第一款第五项及《普通高等学校学生管理规定》第三十五条的规定,为原告颁发大学本科毕业证书。

国家实行学位制度,学位证书是评价个人学术水平的尺度。被告作为国家授权的高等学校学士学位授予机构,应依法定程序对达到一定学术水平或专业技术水平的人员授予相应的学位,颁发学位证书。依《中华人民共和国学位条例暂行实施办法》第四条、第五条、第十八条第三项规定的颁发学士学位证书的法定程序要求,被告首先应组织有关院系审核原告的毕业成绩和毕业鉴定等材料,确定原告是否已较好地掌握本门学科的基础理论、专业知识和基本技能,是否具备从事科学研究工作或担负专门技术工作的初步能力,然后再决定是否向学位评定委员会提名列入学士学位获得者的名单，学位评定委员会方可依名单审查通过后，由被告对原告授予学士学位。

推荐阅读：

[1]卫建国：《教育法规与教师道德》，北京：北京师范大学出版社2012年版。
[2]苏艳霞：《教育政策与法规》，北京：北京师范大学出版社2016年版。
[3]劳凯声：《教育法学》，沈阳：辽宁大学出版社2000年版。
[4]张乐天：《教育政策法规的理论与实践》，上海：华东师范大学出版社2009年版。
[5]阮成武：《小学教育政策与法规》，北京：高等教育出版社2006年版。
[6]陈晋胜：《新编高等教育法规概论》，太原：山西人民出版社2014年版。
[7]褚宏启：《学校法律问题分析》，北京：法律出版社1998年版。
[8]湛中乐：《公立高等学校法律地位研究》，北京：法律出版社1998年版。
[9]肖远军：《教师的法律视野》，杭州：浙江大学出版社2001年版。
[10]陈立鹏、刘新丽：《中国教育法律解读》，北京：机械工业出版社2002年版。

第七章　国家:依法治教

章节提要

在高等教育领域,依法治教就是依据法律来管理高等教育,规范高等教育行为。其实质是法治,核心在于依法行政。全面推进依法治教,首先要健全教育法律及制度体系,即把坚持党的领导和社会主义办学方向、遵循高等教育基本规律、明确政府及高等教育机构权责等重大基本事项纳入教育法规体系之中,做到有法可依。其次,形成高效的高等教育法治实施体系,各级教育部门要依法明确职能权限与责任,制定并公布权力清单和责任清单。按照法定职责必须为、法无授权不可为的原则,运用行政指导、行政处罚、行政强制等手段,依法纠正高校和教育机构的违法违规行为,保障教育法律和政策有效实施,及时查处违反教育法律法规、侵害受教育者权益、扰乱教育秩序等行为,依法维护高校、学生、教师和举办者的权益。再次,落实教育行政执法责任制,及时查处违反教育法律法规、侵害受教育者权益、扰乱高等教育秩序等行为,依法维护高校、学生、教师、校长和举办者的权益。

第一节　高等教育行政管理基本体制

高等教育行政管理体制是国家行政领导体制的一个重要方面,它随着高等教育事业的发展而发展变化,在高等教育改革与发展中起着关键性作用。在一定程度上,高等教育行政管理体制体现着国家高等教育行政管理的特征与水平。1985年颁布的《中共中央关于教育体制改革的决定》(下文简称《决定》)提出:"改革管理体制,在加强宏观管理的同时,坚决实行简政放权,扩大学校的办学自主权。"拉开了探索高等教育管理体制改革的序幕,改善和强化了政府对高等学校的宏观管理职能,扩大了高校办学自主权。自此,我国高等教育管理体制改革不断推进。《中华人民共和国教育法》(2015年第二次修正)提出:"高等教育由国务院和省、自治区、直辖市人民政府管理。"《中华人民共和国高等教育法》(2018年第二次修正)规定:"国务院教育行政部门主管全国高等教育工作,管理由国务院确定的主要为全国培养人才的高等学校。国务院其他有关部门在国务院规定的职责范围内,负责有关的高等教育工作。""省、自治区、直辖市人民政府统筹协调本行政区域内的高等教育事业,管理主要为地方培养人才和国务院授权管理的高等学校。"由此可见,我国实行的是中央和省、自治区、直辖市人民政府两级管理、分工负责,以省、自治区、直辖市人民政府统筹为主,条块有机结合的高等教育管理体制。

一、高等教育行政管理体制概述

(一)高等教育行政管理和高等教育行政管理体制的含义

高等教育行政管理,是指国家行政机关通过决策、组织、管理和调控来指导、协调和监督国家高等教育事务的一种管理方式。它既是教育行政的重要组成部分,也是国家行政的一个重要组成部分。高等教育行政管理产生并成为国家行政的重要方面,一方面缘于现代行政活动的范围逐渐从国家事务管理越来越广泛地扩展到社会公共事务管理;另一方面也受到19世纪以来世界教育国家化趋势的影响。随着高等教育的蓬勃发展,高等教育在国家和社会政治、经济和文化中举足轻重作用的发挥,以及对家庭及个体人力资本提升所带来的收益增加,国家对高等教育的干预普遍增强。同时,制定相关的国家高等教育政策法律法规、高等教育发展的总体战略和规划,有序开展高等教育行政体制改革,以使高等教育适应社会发展的需要。例如,1998年8月,国家制定出台了《中华人民共和国高等教育法》;1985年5月,中共中央颁布《关于教育体制改革的决定》;2019年2月,中共中央、国务院印发《中国教育现代化2035》,等等。

由此观之,在一定程度上,高等教育行政管理是高等教育发展的产物。现代高等教育规模呈稳步发展态势,形式多样,联系广泛,已成为一项大规模的公共事业。我国已建成了世界上规模庞大的高等教育体系,即将由高等教育大众化阶段进入普及化阶段。2019年全国教育事业发展统计公报显示,全国各类高等教育在学总规模4002万人,高等教育毛入学率51.6%。全国共有普通高等学校 2688 所(含独立学院 257 所),成人高等学校 268 所,研究生培养机构 828 个,普通高等学校校均规模 11260 人。由此可见,建立一个职权划分合理、整体运转有序、行政效能良好的行政管理系统来管理高等教育,已成为现代高等教育发展的必备条件。

体制是组织领域里被广泛使用的概念,是指国家机关、企事业单位在机构设置、领导隶属关系和管理权限划分等方面的体系、制度、方法、形式等的总称。同理,高等教育行政管理体制是高等教育在管理机构设置、领导隶属关系和管理权限划分等方面的体系、制度、方法、形式等的总称。具体指政府高等教育行政部门与政府其他职能部门之间、中央政府与地方政府之间及政府与高校(含其他高等教育机构)之间管理高等教育事业的权限划分及其关系的设定。它规定着国家实施高等教育行政的组织系统、原则、方法和程序等。高等教育行政管理体制是高等教育体制的重要组成部分,属于上层建筑的范畴,是一个国家的政治、历史、社会、文化传统等多种因素共同作用的结果。它与一定的社会制度密切相关,既是一定历史时期生产力发展水平的反映,又与一定的生产关系发展相联系。它随着高等教育的出现而产生,随着高等教育事业的发展而变化。

(二)高等教育行政管理体制的类型

高等教育行政管理体制主要指高等教育的宏观管理体制,涉及中央与地方、中央各行政部门之间、政府与高校之间的权责和利益关系问题。由于各个国家政治经济制度、社会历史条件和文化传统的差别,其高等教育行政管理体制也不尽相同。就其权限划分来看,目前,世界大多数国家高等教育行政管理体制主要可以分为三种类型:中央集权制、地方分权制和中央地方合作制。

1.中央集权制

中央集权制的高等教育行政管理体制是一种直线式的领导管理制度,主要是指高等教育由国家举办,高等教育管理的权力主要集中在中央政府,由中央政府通过一定的计划、法律、行政命令、拨款、监督等手段来直接干预和调节高等教育活动的管理体制。教育行政权力集中于中央政府或上级机关,政府和高校之间表现出一种完全的上下级关系,高校很大程度上处于依附地位。地方政府和下级机关没有或很少有自主权,地方制定的政策只限于对中央政策的解释和执行。高校的经费几乎完全由国家划拨,因此高校必须面向政府承担责任。在利益关系上,国家作为社会各个利益集团的代表,统筹高等教育的宏观管理活动,履行全面的职责。

法国是实行中央集权制的典型代表。法国高等教育的决策和管理权在中央政府及其教育主管部门。中央政府直接管理和调节高等教育活动,高等教育资源配置由政府按计划分配。在法国的高等教育体制中，中央政府的国民教育部拥有很大的权力，包括制定方针政策，审批学校专业文凭授予权，批准各级人事安排，确定限额招生专业及其招生数，分配教育经费等，几乎涉及高等教育系统运行的所有方面。法国虽然设有大学区，但大学区不是一级教育行政单位，而是中央政府国民教育部的派出机构。大学区总长由教育部长提名，总统任命，代表教育部长直接管理大学。大学的教育经费绝大多数来自国家，高等教育是国民经济发展规划中的一个组成部分。

中央集权制的高等教育行政管理体制的主要优点在于：既能保持全国发展高等教育事业的政策和法令的统一以及行政标准的一致，又能够统筹兼顾各地高等教育发展；行政力量集中，易于发挥政府的管理效能，便于对全国高等教育监督和指挥；政策、法规、政令易于得到贯彻执行，推动高等教育的改革和发展。教育权集中于中央，能充分发挥中央政府举办高等教育的积极性，有利于集中国家的财力和物力，按照国家的某项需要实施重点发展。

与此同时，这种管理体制在实践中也暴露出了一些弊端：教育行政管理权集中于中央，中间环节多，权责界限不明，易造成行政效率低；地方政府和高等学校缺乏自主权，导致办学积极性不高，产生依赖心理；中央统一制定的教育政策可能与各地的实际情况不太适应，使高校不能很好地适应经济社会发展的需要；由于中央政府必须同时面对不同地区纷杂的教育事务，容易增加教育管理的成本。

2.地方分权制

地方分权制是指高等教育系统的决策权力不是集中在中央政府，而是由地方政府在其管辖范围内全权决定并自主运作高等教育事务的一种教育行政管理体制。国家主要运用法律法规、咨询、间接指导、信息服务、财政拨款等手段，实施对高等教育的影响和监督。地方政府一般是作为地方公办高等教育的举办者，承担着高等教育宏观管理和协调的职责。高等学校作为法人实体在地方政府大的政策框架之下，依法独立办学。社会广泛参与是分权制的一个典型特征。社会中的各种利益集团，如政治组织、学生家长群体、实业界人士以及教育界各种团体等，可通过种种途径将自己的意志渗透到高等教育的决策活动中。从权力下放程度上看，地方分权制可以有不同表现形式：任务下放，即原来可能由中央高等教育行政部门做的事，转移到地方高等教育行政部门去做，但决定权仍在中央；授权，即一般事务由中央转移到地方，但地方行使权力必须在中央的政策框架内，而且中央保留了对重大事项的最终决定权；放权，即完全由地方自主，中央不作任何干预。这三种模式中，权力下放的程度是依次递进的。

美国是实行地方分权制的典型代表。美国的宪法中没有规定联邦政府干预教育的权力，在法律上把高等教育管理权划给了州政府。联邦政府虽设有教育部，但属于一般性指导、咨询服务机构，无决策和直接管理高等学校的权力。联邦教育部的主要任务是管理联邦的教育投资，推动教育研究，收集并分发教育情报资料。但它同时依靠两个强有力的手段：一是影响国会的教育立法；二是通过确定教育投资的重点和范围，把联邦政府政策渗透到高等教育领域，以达到对高等教育实施有效的间接控制。除联邦教育部外，其他政府机构也负责为高等学校提供资助或服务。各州政府则对本州的高等教育实施广泛的行政管理。多数州政府通过州高等委员会行使两项重要权力：一是在州立院校成立以前，批准建校的必要规章；二是为新建院校发放许可证。根据州宪法，有独立法人资格的大学，有较大的自治权限，受到州宪法、州议会及州政府的规定保护，而较少受到政府有关部门的干预；多数州立大学根据州宪法的规定具有法人的资格，但在办学上受州议会和州政府的支配；还有一类没有法人资格，被看作州机关一部分的大学，在州长或者州教育委员会指导下，接受教育系统之外的行政当局的支配。

分权制的优点：有利于调动地方政府的积极性，增加对高等教育的投入；有利于为当地经济社会发展服务，培养所需的人才；有利于调动社会的广泛参与；有利于建立相对灵活的机制，形成特色。

这种类型的缺点：国家难以从整体上控制高等教育的发展，国家重点需要建设的人才难以保障；缺乏统一的发展高等教育的目标和标准，教育质量可能参差不齐，甚至可能会扩大教育机会不均等现象；国家整体上的协调、控制、评价、督导等规范化管理难以实施，行政管理能力弱化。

3.中央地方合作制

中央地方合作制介于集权制与分权制之间，是一种由中央和地方政府或政府与高等学校共同承担高等教育管理职能的管理体制。这几种体制的共同之处在于，国家、地方政府和高校分别享有高等教育的管理权力，在各自的不同层次上行使各自的职能，且满足各方利益需要。中央政府一般发挥宏观指导和协调职能，并与地方政府和高校共同行使一定的决策权，有的在政府和高等学校之间有一种缓冲组织或力量，用以协调国家和高等学校之间的关系。

英国和日本等国是实行中央与地方合作制的典型代表。在高等教育管理上，英国长期实行双轨制，即把高等教育分为“自治”的大学部分和大学以外的各种学院构成的“公共”部分。政府承认大学是独立和自治的机构。中央政府设有科学教育部，其主要职权为制定国家教育政策，不直接管理高等学校。政府通过非官方机构“大学拨款委员会”分配经费的手段来实现对大学的影响，协调国家和大学之间的关系。不过，“大学拨款委员会”是相对独立于政府的机构,政府无权直接干预其活动。不属大学性质的"公共"部分的高等院校由地方教育当局负责管理和提供经费,中央政府对这类高校的影响取决于它与地方教育当局的关系是否融洽。20 世纪 80 年代以后,英国政府对高等教育的宏观控制有所加强。1985 年 3 月,英国政府向议会提出了《20 世纪 90 年代英国高等教育发展》绿皮书,1987 年又提出了《迎合挑战的高等教育》白皮书,表明了对高等教育改革的关切。1988 年,英国颁布《1988 年教育改革法案》。据此,1989 年新设"大学基金委员会",其成员来自高等院校和工商界,由政府和该委员会主席协商后任命。英国政府借助这个组织,既达到了控制高等教育的目的,同时又避免了政府与大学的直接冲突,并且在形式上维护了大学自治的传统。

综上,我们认为,从本质上来看,高等教育行政管理体制并没有优劣之分,只是在高等教育管理决策权的分配和集中程度上有所差别而已。按照中央政府和地方政府所拥有的学术权力大小划分高等教育管理体制的类型,只是有利于充分认识各国高等教育管理方式和结构,它不能作为判断一国高等教育管理体制先进与否的标准。归根结底,高等教育行政管理体制是教育行政管理体制的一部分,教育行政管理的性质最终由社会政治经济制度的性质决定。因此,有什么样的政治经济体制和运行机制,就应该有与之相对应的高等教育行政管理体制和高等教育行政运行机制。

当今世界各国的高等教育行政管理体制总的发展态势呈现出分权与集权的不断融合。实行中央集权制的国家,通过扩大地方和高校的权限、广泛建立咨询审议机构等途径,不断实现管理的民主化,以加强对中央政府权限的制约,提高中央政府决策的科学性。实行分权制的国家,通过建立教育部或运用拨发高等教育经费的手段,以加强中央政府对高等教育的管理权。任何一国高等教育体制的最终建立,一般都需经过长期高等教育管理实践的检验,摸索出一套适合本国具体情况和高等教育发展规律的管理体制,从而在高等教育管理权责配置方面出现不同的倾向。

二、改革开放以来我国高等教育行政管理体制改革的主要历程

改革开放以来,总体来看,我国高等教育行政管理体制改革主要围绕中央政府与地方政府的关系、业务部门办学体制、政府与学校的关系、学校与社会的关系四个关键问题进行推进。具体改革历程如下:

(一)全面恢复、调整和确立统一领导、分级管理的高等教育行政管理体制

1979 年 9 月,中共中央批转教育部关于建议重新颁发《关于加强高等学校统一领导、分级管理的决定》(以下简称《决定》)的报告,同意对高等学校实行中央统一领导,中央和省、市、自治区两级管理。此后,开始在全国高等学校恢复

统一领导、分级管理的管理体制，国务院各部委和各省、市、自治区对各自所属的高等学校的领导管理关系进行了调整。

1985 年 5 月 27 日，《决定》颁布，标志着我国高等教育行政管理体制改革进入全面探索时期。《决定》明确指出我国教育体制的主要弊端是："在教育事业管理权限的划分上，政府有关部门对学校主要是高等学校统得过死，使学校缺乏应有的活力；而政府应该加以管理的事情，又没有很好地管起来。"《决定》强调："当前高等教育体制改革的关键，就是改变政府对高等学校统得过多的管理体制，在国家统一的教育方针和计划的指导下，扩大高等学校的办学自主权，加强高等学校同生产、科研和社会其他各方面的联系，使高等学校具有主动适应经济和社会发展需要的积极性和能力。""为了调动各级政府办学的积极性，实行中央、省（自治区、直辖市）、中心城市三级办学体制。"《决定》将高等教育行政管理体制改革的"关键"定位在政府和高校的关系上，明确了要转变政府职能，对统一领导、分级管理体制进行调整。

1986 年，国务院发布《高等教育管理职责暂行规定》和《普通高等学校设置暂行条例》，分别就原国家教委、国务院有关部委、省（自治区、直辖市）政府在管理高等教育方面的职责、关系以及高等学校的设置标准和审批手续等问题上作出明确规定，即国家教育委员会在国务院的领导下，主管全国高等教育工作；国务院有关部门在国家教育委员会的指导下，管理其直属高等学校；省、自治区、直辖市人民政府管理本地区内的高等学校。同时要求扩大高等学校管理权限，增强高等学校适应经济和社会发展需要的能力。至此，我国高等教育统一领导、分级管理的体制基本确立。

（二）合理划分中央政府与地方政府的权限，实行中央与省（自治区、直辖市）分级管理、分级负责，以省级政府统筹管理为主的高等教育行政管理体制

20 世纪 90 年代以后，我国明确提出建立社会主义市场经济体制的目标。面对社会发展的新形势，1992 年起，我国对高等教育行政管理体制进行了大规模的改革，在中央与地方的关系上，实行"在国家宏观政策指导下以省级政府统筹协调为主"的高等教育行政管理体制；在政府与高校的关系上，形成政府依法宏观管理、高校依法自主办学的管理体制。

1993 年 2 月 13 日，中共中央、国务院颁发《中国教育改革和发展纲要》，明确提出高等教育体制改革的目标和主要任务。要"改革包得过多、统得过死的体制"，使之与社会主义市场经济体制和政治体制、科技体制改革相适应。着重指出："进行高等教育体制改革，主要是解决政府与高等学校、中央与地方、国家教委与中央各业务部门之间的关系，逐步建立政府宏观管理、学校面向社会自主办学的体制。""在政府与学校的关系上，要按照政事分开的原则，通过立法，明确高等学校的权利和义务，使高等学校真正成为面向社会自主办学的法人实体。”“在中央与地方的关系上，进一步确立中央与省（自治区、直辖市）分级管理、分级负责的教育管理体制。中央直接管理一部分关系国家经济、社会发展全局并在高等教育中起示范作用的骨干学校和少数行业性强、地方不便管理的学校。在中央大政方针和宏观规划指导下，对地方举办的高等教育的领导和管理、责任和权力都交给省（自治区、直辖市）。”“按照这个精神中央要进一步简政放权，扩大省（自治区、直辖市）的教育决策权和包括对中央部门所属院校的统筹权。”

1994 年的全国教育工作会议通过的《国务院关于〈中国教育改革与发展纲要〉的实施意见》（以下简称《意见》）进一步指出：“高等教育逐步实行中央和省、自治区、直辖市两级管理，以省级政府为主的体制。认真贯彻落实国务院关于《高等教育管理职责暂行规定》中有关中央和地方对高等教育的管理权限，逐步扩大省级政府的教育决策权和统筹权。”

（三）调整中央政府教育主管部门与业务部门的关系，改造部门办学体制

1994 年《意见》指出：“逐步改变高等学校条块分割、‘小而全’的状况，优化高等教育的结构与布局，提高办学效益。”“为推进部门所属院校管理体制改革，加快探索部门所属院校由各省、自治区、直辖市政府领导或实行中央部委和省、自治区、直辖市政府之间多种形式的联合办学。”

1995 年 7 月，国务院办公厅转发国家教委发布的《关于深化高等教育体制改革的若干意见》提出：“高等教育管理体制改革的目标是，争取到 2000 年或稍长一点时间，基本形成举办者、管理者和办学者职责分明，以财政拨款为主多渠道经费投入，中央和省、自治区、直辖市人民政府两级管理、分工负责，以省、自治区、直辖市人民政府统筹为主，条块有机结合的体制框架。”改革按照“共建、合并、划转、协作、合作”五种形式推进，改革学校单一的隶属关系，加强省级政府的统筹，变条块分割为条块有机结合。1998 年 7 月，国务院出台《关于调整撤并部门所属学校管理体制的决定》，对国务院相关部委所属院校进行了调整。

（四）转变政府职能，重构新型政府与高等学校的关系，加强省级政府教育统筹

2010 年 7 月，中共中央、国务院印发《国家中长期教育改革和发展规划纲要（2010—2020 年）》中的“管理体制改革”部分提出，一是要健全统筹有力、权责明确的教育管理体制。“以转变政府职能和简政放权为重点，深化教育管理体制改革，提高公共教育服务水平。明确各级政府责任，规范学校办学行为，促进管办评分离，形成政事分开、权责明确、统筹协调、规范有序的教育管理体制。”二是加强省级政府教育统筹。“完善以省级政府为主管理高等教育的体制，合理设置和调整高等学校及学科、专业布局，提高管理水平和办学质量。”三是转变政府教育管理职能。“改变直接管理学校的单一方式，综合应用立法、拨款、规划、信息服务、政策指导和必要的行政措施，减少不必要的行政干预。”此后，转变政府职能，调整政校关系，强化省级统筹成为高等教育管理体制改革的方向。

（五）推进政府依法管理、学校依法自主办学、社会各界依法参与和监督的高等教育公共治理新格局的形成

近年来，随着治理理论在高等教育领域的广泛应用，政府正着力推进高等教育放管服改革，力图形成政府依法宏观管理、学校依法自主办学、社会有序参与的高等教育行政管理体制。2015 年发布的《教育部关于深入推进教育管办评分离促进政府职能转变的若干意见》中提出“深入推进管办评分离，厘清政府、学校、社会之间的权责关系，构建三者之间良性互动机制，促进政府职能转变。”“推进依法行政，形成政事分开、权责明确、统筹协调、规范有序的教育管理体制。”

2017 年 3 月，教育部、中央编办、发展改革委、财政部、人力资源和社会保障部联合印发的《关于深化高等教育领域简政放权放管结合优化服务改革的若干意见》，要求“破除束缚高等教育改革发展的体制机制障碍，进一步向地方和高校放权，给高校松绑减负、简除烦苛，让学校拥有更大办学自主权”。强调通过事中事后监管机制以及服务型政府建设，实现高等学校办学自主权行使中的权责统一。

2017 年 9 月，中共中央、国务院印发的《关于深化教育体制机制改革的意见》指出：“坚持放管服相结合。深化简政放权、放管结合、优化服务改革，把该放的权力坚决放下去，把该管的事项切实管住管好，加强事中事后监管，构建政府、学校、社会之间的新型关系。”完善“政府依法宏观管理、学校依法自主办学、社会有序参与、各方合力推进的格局”。

三、我国现行高等教育行政管理基本体制

改革开放以来，历经几十年的改革，我国高等教育行政管理体制逐步完善，取得了历史性成就和经验，基本上形成了一套适合我国国情、具有中国特色的高等教育行政管理体制。《中华人民共和国教育法》和《中华人民共和国高等教育法》对我国的高等教育行政管理体制作了明确的规定。

《教育法》第十六条规定：“国务院和县级以上地方各级人民政府应当向本级人民代表大会或者其常务委员会报告教育工作和教育经费预算、决算情况，接受监督。”这一规定体现了我国一切权力属于人民，人民代表大会作为我国的

权力机关，对教育行政管理负有最高、最终的决定权和监督责任。

《教育法》第十四条规定："国务院和地方各级人民政府根据分级管理、分工负责的原则，领导和管理教育工作。""高等教育由国务院和省、自治区、直辖市人民政府管理。"第十五条规定："国务院教育行政部门主管全国教育工作，统筹规划，协调管理全国的教育事业。县级以上地方各级人民政府教育行政部门主管本行政区域内的教育工作。"上述规定表明我国高等教育行政管理实行由国务院和省、自治区、直辖市人民政府分级管理、分工负责的体制。

为了进一步明确中央和地方的高等教育行政管理职权，《高等教育法》第十三条规定："国务院统一领导和管理全国高等教育事业。省、自治区、直辖市人民政府统筹协调本行政区域内的高等教育事业，管理主要为地方培养人才和国务院授权管理的高等学校。"根据这一规定，国务院对全国高等教育事业负有统一领导和宏观管理的职责，各省、自治区、直辖市人民政府则负有协调本行政区域内的高等教育事业、管理高等学校的责任。

为了有效地管理教育工作，国务院下设教育行政部门作为全国教育工作的主管部门，负责统筹规划、协调管理全国的教育事业。《高等教育法》第十四条规定："国务院教育行政部门主管全国高等教育工作，管理由国务院确定的主要为全国培养人才的高等学校。国务院其他有关部门在国务院规定的职责范围内，负责有关的高等教育工作。"与此相应，各省、自治区、直辖市人民政府下设教育行政部门，在政府的领导下主管本行政区域内的高等教育工作。

综上所述，经过几十年的改革探索，我国中央政府与地方政府之间、政府各部门之间、政府与学校之间、政府与社会之间、学校与社会之间的权责关系不断明晰，学校依法自主办学、社会有序参与不断完善，具有中国特色的高等教育行政管理体制逐渐形成。目前，我国已经形成了在国务院统一领导和宏观管理下，国务院和省、自治区、直辖市人民政府分级管理、分工负责，以省级政府统筹管理为主的高等教育行政管理体制。它把高等教育管理的集权与分权、统一性与多样性有效地、科学地结合了起来，使中央与地方保持良好的沟通与联系，既加强了中央的宏观调控，又保证了地方自主权的发挥，激发了学校办学的活力和社会参与的积极性，体现了当今世界高等教育行政管理体制改革的基本趋势。

第二节　高等教育行政管理的实施形式

高等教育行政管理的形式是指教育行政机关在行使国家高等教育管理权力时所采取的活动方式。在我国，教育管理是国家权力的一部分，是通过国家行政机关的行政活动来实现的。

国家行政机关是国家教育管理权力的行使者，对国家教育事业实施领导、指导、组织、管理，行使教育行政管理活动的法定职权。从教育行政管理活动是否产生法律效力和后果及其产生的程度来看，教育行政管理的形式有法律形式、准法律形式和非法律形式三种形式。

教育行政管理的法律形式是指直接产生特定法律效果的活动，通常是指教育行政立法活动和教育行政执法活动。教育行政立法活动是为实施教育法律而制定和发布的具有普遍规范意义的行为规则，主要表现为教育行政法规和规章。教育行政执法活动是为实施教育法律而规定和采取的具体的行政措施，主要表现为针对特定对象的管理措施和针对违法者的行政处罚措施。教育行政管理的准法律形式是指对行政立法和行政执法直接或间接产生影响但并不直接产生法律后果的活动，如开展教育统计、教育规划、教育协调沟通、发布行政指导性文件等。教育行政管理的非法律形式是指不产生特定法律效果的活动。这类活动通常表现为教育情况调查研究、社会人才需求的预测、教育政策法规及管理咨询、国内外教育信息交流等。

通过教育行政管理三种形式的划分，我们可以看出，法律管理是国家行政管理中必不可少的组成部分，这就要求行政主体必须依法行政，坚持“法无授权不可为”的原则；同时也要积极作为，坚持“法定职责必须为”的原则，提高行政效能。

一、高等教育行政行为的概念与特征

（一）高等教育行政行为的概念

高等教育行政行为，是指教育行政主体在对高等教育实施行政管理活动或行使行政职权过程中所作出的具有法律意义的行为。这是高等教育行政管理的主要形式。教育行政主体主要是指享有国家教育行政权力，并能以自己的名义进行高等教育行政管理和独立地承担相应法律责任的教育行政机关。具有法律意义的教育行政行为指的是教育行政机关在对教育事务进行组织和管理过程中实施的能产生法律效力与后果的行为。具有法律意义的教育行政行为在执行时还必须具备以下必要条件。

（1）从主体上看，高等教育行政行为是由教育行政机关所实施的行为，只能由教育行政机关作出。教育行政机关虽然可以授权或委托其他机关或组织实施某个高等教育行政行为，但承担法律效力与后果的主体则不同。如为授权，则由接受授权的机关或组织承担；如为委托，则承担法律后果的主体仍为委托一方的教育行政机关。教育行政机关以外的机关或组织所作出的高等教育行政行为，除非有法律、法规的授权，否则都不能产生高等教育行政行为的法律效力及后果。

(2)从性质上看,高等教育行政行为是行使法律授予的国家教育行政权力的行为。

(3)从目的上看,高等教育行政行为实施的目的主要是为了维持高等教育秩序,保证具有国家效力的教育政策与决策得以切实贯彻执行,促进高等教育事业的发展,因此,教育行政机关如果出于以上之外的目的和需要所实施的行为,如购买办公用品、租用办公用房等行为就不属于教育行政行为,而只算作一般的民事行为。

(4)从效果上看,高等教育行政行为是教育行政机关所作出的具有法律意义的行为,其行为必然对高等教育行政管理相对人产生直接或间接的影响,所以,不针对高等教育行政管理相对人,对其没有影响的行为不属于高等教育行政行为。教育行政管理相对人是指享有一定权利,承担一定义务,与教育行政主体相对应的另一方当事人,是教育行政主体的行政行为影响的个人或组织,具有相对性。

(二)高等教育行政行为的特征

根据以上分析,我们可以看出,高等教育行政行为具有下列特征:

(1)从属法律性。由于高等教育行政行为是执行法律的行为,因此,教育行政机关所作出的高等教育行政行为必须以法律为依据,必须是在其权限内按照法律规定的程序和形式所做的合法行为,并要接受监督和承担相应的责任。

(2)裁量性。教育行政机关按照法律的规定,在实施高等教育行政行为时,可以依据实际情况在法律适用的范围内予以灵活地执行,即在法律允许的范围内根据立法精神和立法目的进行有限制的自由裁量。

(3)单方意志性。高等教育行政行为是教育行政主体行使国家教育行政权的具有法律效力的行为。教育行政主体在法律法规授权的范围内,可自行决定和直接实施教育行政行为而无需与教育行政相对人进行协商和征得行政相对人的同意。

(4)效力先定性。高等教育行政行为一经作出,即被推定是合法有效的,其约束力随之产生。在未被国家有权机关宣布违法或无效之前,高等教育行政管理相对人必须遵守和服从,对其合法性、合理性的怀疑和抗辩不能影响其效力先行。

(5)强制性。高等教育行政行为是教育行政主体代表国家依法实施的行为。因此,国家的权威性和强制性是高等教育行政行为实施的基本保障。教育行政相对人必须服从教育行政主体并配合高等教育行政行为,否则,教育行政主体将有权予以制裁或强制执行。

二、高等教育行政行为的内容和效力

（一）高等教育行政行为的内容

高等教育行政行为的内容是指高等教育行政行为对相对方在权利和义务上产生的具体处理和决定。主要包括以下内容：

(1)赋予权益或义务。赋予高等教育行政管理相对人一定的权利、资格，或要求其为一定行为或不为一定行为。

(2)剥夺权益或免除义务。剥夺行为相对人原有的法律上的权利、资格，或解除其原来所负有的义务。

(3)变更法律地位。依法变更相对人的法律地位，即对其原有权利和义务的范围进行缩小或扩大。

(4)确认法律事实与法律地位。确认法律事实是指教育行政主体通过行政行为依法确认对某种法律关系有重大影响的事实是否存在；确认法律地位是指教育行政主体通过行政行为对某种法律关系是否存在及其存在的范围的认定。

(5)依法裁决高等教育活动中发生的纠纷。

（二）高等教育行政行为的效力

高等教育行政行为的效力是指高等教育行政行为具备合法要件后，对教育行政法律关系当事人权利义务所发生的影响。一般可分为公定力、确定力、拘束力和执行力四个方面。

(1)公定力，是指教育行政主体在其职权范围内作出的行政行为，一经作出，即推定为合法，在未经法定机关通过法定程序撤销或宣布为无效之前，任何人不得否定其效力。

(2)确定力，是指高等教育行政行为一经作出，其内容非依法不得随意变更或撤销，具有不可争辩力。

(3)拘束力，是指高等教育行政行为一经作出，其内容对有关人员或组织产生法律上的约束力，必须得到遵从、服从。

(4)执行力，是指高等教育行政行为一经作出，教育行政主体依法有权采取一定手段，使行政行为的内容得以实现的效力。

三、高等教育行政行为的合法要件

高等教育行政行为的合法要件，是指高等教育行政行为合法成立并生效所应具备的条件或基本要素。高等教育行政行为是教育行政主体行使行政职权的行为，其一旦成立，即被推定有效，并对教育行政相对人产生约束力。而该行为是否真正合法，就要看它是否具备相应的合法要件。一般而言，高等教育行

政行为的合法要件主要有以下四项:

(一)主体合法

主体合法要求实施高等教育行政行为的组织或机构必须具备教育行政主体资格,能以自己的名义实施高等教育行政行为,并独立承担法律责任,否则无效。它主要包括:第一,行政机关合法,即实施行政行为的行政机关必须依法设立,并具有行政主体资格。第二,行政人员合法,即具体实施教育行政行为的工作人员必须是有资格代表教育行政机关执行公务的公务员,或具备相应合法身份的公职人员。第三,委托合法,如果实施的是委托行为,则接受委托的组织及接受委托的条件等也必须合法,未经合法委托手续的组织或机构不得实施教育行政行为。

(二)行政权限合法

权限合法要求教育行政主体必须在法定的职权范围内实施高等教育行政管理行为,其行为必须符合一定的权限规则。国家法律在赋予教育行政主体行使教育行政管理权的同时,也规定了该机关行使这一权力的范围和幅度。教育行政主体只有在规定的职权范围、地域范围以及行政手段、程序、条件与委托权限等方面符合法律规定,才能实施教育行政行为,否则就构成了超越职权的违法行为。

(三)行政行为的内容合法

内容合法要求高等教育行政行为中所涉及的权利、义务以及对这些权利、义务的影响或处理均应符合法律法规的规定和社会公共利益。教育行政机关无权自作主张要求被管理者履行义务或赋予其权利,任何没有法定根据的教育行政行为都属于违法行为。这就意味着高等教育行政行为必须符合法律法规的规定,必须符合法定的范围和幅度,其实施目的明确具体、切实可行、公平公正合理。

(四)行政行为程序合法

程序合法要求教育行政主体实施高等教育行政行为的过程及构成这一过程的步骤、顺序、期限和方式等均必须符合有关法律的规定,否则无效。程序合法是高等教育行政行为合法和独立的必要条件。程序违法也构成了高等教育行政违法的充分条件。

四、高等教育行政行为的无效、撤销和废止

(一)高等教育行政行为的无效

高等教育行政行为的无效,是指高等教育行政行为自始至终不发生法律效力,对相对人没有拘束力。其产生的条件主要包括:高等教育行政行为具有特

别重大明显的违法情形；教育行政主体不明确或高等教育行政行为明显超越教育行政主体的职权。行政相对人可在任何时候请求国家有权机关宣布该行为无效；有权机关可在任何时候宣布相应行政行为无效。高等教育行政行为被宣布无效后，应取消所加予相对人的一切义务，赔偿对其所造成的实际损失。

（二）高等教育行政行为的撤销

高等教育行政行为的撤销是对已经发生法律效力的高等教育行政行为，因其合法要件缺损或不当，由有权机关予以撤销。高等教育行政行为撤销前，教育行政主体通过该行为赋予相对人的权益应予收回，但相对人无过错的，这种收回应以不造成相对人其他损害为限；教育行政主体通过该行为加于相对人的义务应给予撤销；造成相对人损害的，应予赔偿，但相对人也有过错的除外。

（三）高等教育行政行为的废止

高等教育行政行为的废止是指已发生法律效力的高等教育行政行为，因具有法定情形而依法定程序宣布废止，使其失去法律效力。高等教育行政行为自废止之日起失去效力。

五、高等教育行政行为的实施形式

高等教育是一项涉及面很广的复杂活动，为了有效地实现对高等教育的管理，教育行政机关经常运用以下一些行政管理行为：

(1)高等教育行政立法，是指国务院、教育部和具有高等教育行政管理职能的直属机构，省、自治区、直辖市人民政府及较大的市人民政府和教育行政管理部门依照法定权限和程序制定、发布高等教育行政法规和行政规章的高等教育管理行为。高等教育行政立法是特定的行政机关的职权、职责，并不是所有国家机关都拥有这一职权，也有别于权力机关的立法。特定行政机关依照法定程序制定的规范性文件具有法的效力，可以作为具体高等教育行政行为、高等教育行政执法的依据，也可以作为法院司法的参照依据。

(2)高等教育规范行为，是指有高等教育行政管理权的行政机关通过制订具有普遍约束力的规范（表现为各种文件、规定等）以组织和管理高等教育事务的行为。高等教育规范行为是一种抽象行为，如具体规定高等教育执法的条件、裁量幅度、实施细则等，凡拥有高等教育行政管理权的行政机关均可制订。但这些文件、规定不具有法律效力，而只用于指导下级行政机关的高等教育行政管理行为，或用于指导相对人理解、执行教育法律。

(3)高等教育行政强制行为，包括即时强制和行政强制执行。即时强制是指教育行政主体在紧急状态下，直接基于法律法规的规定而采取强制措施，防止危害高等教育秩序的行为或事件发生或扩大的行为。行政强制执行则是在教育行政相对人拒不履行有关高等教育法规所规定的义务或由教育行政行为确立的义务，教育行政机关或人民法院采取强制措施，迫使其履行义务或使其达到与履行义务具有相同状态的行为。执行机关必须依法实施，不得任意创新或更改，在强制执行过程中不得进行执行和解。

(4)高等教育行政许可行为，是指具有高等教育管理权的行政机关根据公民、法人或其他组织的申请，依法赋予其从事某种高等教育活动的资格或权利的行为。高等教育行政许可行为是教育行政主体针对教育行政相对人的申请，依法采取相应的教育行政行为，必须遵循一定的法定程序，并以正规的文书、格式、日期、印章等形式予以批准、认可和证明。高等教育行政许可行为的依据来源于《中华人民共和国行政许可法》(2019 修正)，其目的在于抑制高等教育公共利益上的危险或影响高等教育行政管理的因素。因此，它是授益性的行政行为，既有利于国家对高等教育事务进行宏观管理，又有利于保护高等教育相对人的合法权益。

(5)高等教育行政检查行为，是指具有高等教育管理权的行政机关对学校和其他教育机构、教育工作者、受教育者以及其他组织或公民法人遵守及执行有关高等教育法律法规、执行教育行政机关的决定命令的情况进行了解的行为。高等教育行政检查的内容涉及高等教育事务的方方面面，有普查、抽查、定期检查、临时检查、现场检查、书面检查等多种方式。高等教育行政检查有助于教育行政机关及时了解高等教育法律法规等实施的情况，预防或纠正高等教育行政相对人的违法行为，促进高等教育行政管理目标的实现。

(6)高等教育行政处罚，详见第三节。

(7)高等教育行政确认，是指教育行政机关依照法定权限和程序对相对人的条件、资格、水平等进行甄别，通过确定、证明等方式决定管理相对人某种法律地位的行政行为。高等教育行政确认的主体是行政主体，内容是对行政相对人的法律地位和权利义务的确定或否定。高等教育行政确认有稳定的法律关系，对于防止和解决高等教育纠纷具有相当重要的作用。

第三节　高等教育行政法律责任

一般而言，责任是指在一定条件下行为主体应尽的义务或者因违反义务而应承担一定的否定性后果。高等教育行政法律责任是高等教育法律责任中的重要内容，既包括教育行政主体的教育行政责任，也包括教育行政相对人的教育行政责任。

一、高等教育行政法律责任的含义

高等教育行政法律责任，又称高等教育行政责任，是指教育行政主体或教育行政相对人因违反行政法律规范所应承担的法律后果或应负的法律责任。高等教育行政责任是基于行政法律关系而发生的，对教育行政主体而言，不依法行政，要承担法律责任；对教育行政相对人而言，不履行法定义务，同样要受到法律的追究。

二、高等教育行政法律责任的特征

高等教育行政法律责任基于违反行政法律义务而产生，主要包括四个方面：第一，教育行政机关的行政责任。教育行政机关既要依照法定权限，履行教育行政管理的职责，也要履行保障相对人合法权益的义务。滥用职权和不履行义务将导致承担相应的法律责任。其责任方式为撤销违法行为、纠正不当行为、履行法定职责、赔偿损失等，其宗旨多是以补救为主。第二，教育行政机关工作人员的行政责任。教育行政机关工作人员滥用职权和违反职责的行为一旦作出，则应承担个人责任。其承担方式主要为行政处分、行政追偿等，主要目的在于杜绝其后。第三，行政受托人的行政责任。公民和组织受教育行政机关委托进行一定的教育行政活动，必须在规定的授权范围内行使权利和承担义务，一旦超出这个范围，将承担一定的行政责任。第四，相对人的行政责任。行政相对人因违反行政法律、法规而承担的法律责任，一般以行政处罚、停止违法行为等为责任方式，其目的是为了维护高等教育秩序。

高等教育行政责任应由人民法院或有关国家行政机关依照相关行政法规定的条件和程序予以追究，追究行政责任的主体具有法定性。

追究行政责任，除适用诉讼程序外，还可以适用其他行政程序。如行政复议制度、教师申诉制度、学生申诉制度。

三、高等教育行政法律责任的承担方式

承担高等教育行政法律责任的方式有两类，即高等教育行政处罚和高等教育行政处分。

高等教育行政处罚，是指特定的国家行政机关对违反有关高等教育法律法规的公民、法人或其他组织给予的处罚和制裁。其旨在通过对违法者的惩戒，使其不再重犯，达到惩前毖后、避免类似事件再度发生之目的，同时有效地实施高等教育行政管理和维护高等教育公共利益。《中华人民共和国行政处罚法》(2017 修正)第十五条规定："行政处罚由具有行政处罚权的行政机关在法定职

权范围内实施。”1998 年国家教委通过的《教育行政处罚暂行实施办法》第四条和第五条规定:“实施教育行政处罚的机关,除法律、法规另有规定的外,必须是县级以上人民政府的教育行政部门。”“对高等学校或者其他高等教育机构及其内部人员的处罚,为省级人民政府教育行政部门。”可见,高等教育行政处罚的主体是教育行政机关,实施处罚必须依据法定权限。

《教育行政处罚暂行实施办法》第九条指出,教育行政处罚的种类包括:①警告;②罚款;③没收违法所得,没收违法颁发、印制的学历证书、学位证书及其他学业证书;④撤销违法举办的学校和其他教育机构;⑤取消颁发学历、学位和其他学业证书资格;⑥撤销教师资格;⑦停考、停止申请认定资格;⑧责令停止招生;⑨吊撤办学许可证;⑩法律法规规定的其他教育行政处罚。

教育行政机关在作出行政处罚决定之前,应当告知当事人作出行政处罚决定的事实、理由及依据,并告知当事人依法享有的权利。对一些事实清楚、情节较轻的违法行为应当依法从轻或减轻行政处罚。一般的行政处罚程序包括调查、审核调查结果、作出处罚决定、制作并送达处罚决定书等一系列过程。对一些情节比较复杂、违法程度较重、处罚较为严厉的案件,应当通过听证程序来实施处罚。受到高等教育行政处罚的行为通常是违法但未构成犯罪的行为,被处罚者在处罚过程中享有知情权、陈述权、辩解权、申请复议和提起诉讼权。

高等教育行政处分,是指国家行政机关依照行政隶属关系对有轻微违法或者失职行为的国家公务员等工作人员,或者高等学校等教育机构对于教师等工作人员和学生违反有关规定,按照有关法律法规的授权而给予的一定惩戒。根据现行的《国家公务员暂行条例》,对公务员的行政处分种类有警告、记过、记大过、降级、撤职、开除。根据人力资源和社会保障部、监察部 2012 年颁布的《事业单位工作人员处分暂行规定》,以及 2017 年人力资源和社会保障部发布的《关于贯彻执行〈事业单位工作人员处分暂行规定〉若干问题的意见》,对高等学校教师的行政处分种类有警告、记过、降低岗位等级或者撤职、开除。针对高等学校学生的处分,适用于 2017 年 9 月 1 日施行的《普通高等学校学生管理规定》(2016 年修订),处分种类有警告、严重警告、记过、留校察看、开除学籍。

四、高等教育行政处分与高等教育行政处罚的关系

高等教育行政处分与高等教育行政处罚都是针对违反教育行政法律规范的行为实施的行政法性质的法律制裁,都是由教育行政主体予以实施,都是被惩戒人承担高等教育行政法律责任的方式。二者的区别主要有以下几点。

第一,二者针对的对象不同。高等教育行政处分的对象是行政机关的内部公务人员,他们与教育行政机关具有人事管理上的隶属关系;高等教育行政处

罚针对的是教育行政相对人，即学校、教师、学生以及其他社会组织，他们是行政主体实施教育管理的对象。

第二，二者的制裁原因不同。高等教育行政处分是教育行政机关对其内部人员违反政纪而予以的惩戒，针对的是违反了行政机关对内部管理的教育行政法律规范的违法行为；高等教育行政处罚是教育行政主体对违反行政管理秩序的相对人实施的惩戒，所针对的是违反了对社会实施管理的教育行政法律规范的违法行为。

第三，二者制裁的依据不同。高等教育行政处分的依据只是适用于行政机关内部的法律规范，如《事业单位工作人员处分暂行规定》《公务员法》等；高等教育行政处罚的依据则是行政机关据以管理教育行政事务的各种行政法律规范，如《行政处罚法》《教育行政处罚暂行实施方法》等。

第四，二者制裁的方法与手段不同。高等教育行政处分所使用的方式与内部的人事管理相适应，如记过、记大过、降级、撤职、开除等；高等教育行政处罚则运用财产罚、申诫罚、行为罚等多种多样的方式，如罚款、没收、责令停止招生、吊销办学许可证等。

第五，二者对惩处的救济途径不同。对高等教育行政处分不服的，只能向主管行政机关申诉或者提起人事争议仲裁解决；对高等教育行政处罚不服的，则可以向复议机关申请行政复议或向人民法院提起行政诉讼。

〔**经典案例**〕

于某茹诉北京大学撤销博士学位决定案

于某茹系北京大学历史学系2008级博士研究生，于2013年7月5日取得历史学博士学位。2013年1月，于某茹将其撰写的论文《1775年法国大众新闻业的“投石党运动”》（以下简称《运动》）向《国际新闻界》杂志社投稿，并于同年7月23日刊登。2014年8月17日，《国际新闻界》发布《关于于某茹论文抄袭的公告》，认为于某茹的《运动》一文中大段翻译原作者的论文，直接采用原作者引用的文献作为注释，其行为已构成严重抄袭。

随后，北京大学成立专家调查小组对于某茹涉嫌抄袭一事进行调查。经调查认为，《运动》一文基本翻译外国学者的作品，因而可以视为严重抄袭，应给予严肃处理。2015年1月9日，北京大学依据《中华人民共和国学位条例》《国务院学位委员会关于在学位授予工作中加强学术道德和学术规范建设的意见》《北京大学研究生基本学术规范》等规定，作出《关于撤销于某茹博士学位的决定》(以下简称《撤销决定》)。

该决定于2015年1月14日送达于某茹。于某茹不服,先后向北京大学学生申诉处理委员会和北京市教育委员会提出申诉,均遭到驳回。于某茹不服,于同年7月17日向一审法院提起行政诉讼,请求撤销北京大学作出的《撤销决定》,并判令恢复其博士学位证书的法律效力。

2017年1月17日,北京市海淀区人民法院以"北京大学作出的《撤销决定》违反法定程序、适用法律存在不当之处"为由判决撤销被告北京大学作出的《撤销决定》,驳回原告于某茹的其他诉讼请求。北京大学不服一审判决,上诉至北京市第一中级人民法院。2017年6月,二审法院判决驳回上诉,维持原判。

法院生效裁判认为:结合双方当事人的诉辩主张,本案的争议焦点在于:一、北京大学作出《撤销决定》时是否应当适用正当程序原则;二、北京大学作出《撤销决定》的程序是否符合正当程序原则;三、北京大学作出《撤销决定》时适用法律是否准确。

关于焦点一,正当程序原则的要义在于,作出任何使他人遭受不利影响的行政权力的决定前,应当听取当事人的意见。正当程序原则是裁决争端的基本原则及最低的公正标准,其在我国行政处罚法、行政许可法等基本行政法律规范中均有体现。作为最基本的公正程序规则,只要成文法没有排除或另有特殊情形,行政机关都要遵守。即使法律中没有明确的程序规定,行政机关也不能认为自己不受程序限制,甚至连最基本的正当程序原则都可以不遵守。应该说,对于正当程序原则的适用,行政机关没有自由裁量权。只是在法律未对正当程序原则设定具体的程序性规定时,行政机关可以就履行正当程序的具体方式作出选择。本案中,北京大学作为法律、法规授权的组织,其在行使学位授予或撤销权时,亦应当遵守正当程序原则。即便相关法律法规未对撤销学位的具体程序作出规定,其也应自觉采取适当的方式来践行上述原则,以保证其决定程序的公正性。

关于焦点二,正当程序原则保障的是相对人的程序参与权,通过相对人的陈述与申辩,使行政机关能够更加全面把握案件事实、准确适用法律,防止偏听偏信,确保程序与结果的公正。而相对人只有在充分了解案件事实、法律规定以及可能面临的不利后果之情形下,才能够有针对性地进行陈述与申辩,发表有价值的意见,从而保证其真正地参与执法程序,而不是流于形式。譬如,行政处罚法在设定处罚听证程序时就明确规定,举行听证时,调查人员提出当事人违法的事实、证据和行政处罚建议,当事人进行申辩和质证。本案中,北京大学在作出《撤销决定》前,仅由调查小组约谈过一次于某茹，约谈的内容也仅涉及《运动》一文是否涉嫌抄袭的问题。至于该问题是否足以导致于某茹的学位被撤销，北京大学并没有进行相应的提示。于某茹在未意识到其学位可能因此被撤销这一风险的情形下，也难以进行充分的陈述与申辩。

因此，北京大学在作出《撤销决定》前由调查小组进行的约谈，不足以认定其已经履行正当程序。北京大学对此程序问题提出的异议理由不能成立，本院不予支持。

关于焦点三，作为一个对外发生法律效力的行政行为，其所依据的法律规定必须是明确的，具体法律条款的指向是不存争议的。唯有此，相对人才能确定行政机关的确切意思表示，进而有针对性地进行权利救济。公众也能据此了解行政机关适用法律的逻辑，进而增进对于相关法律条款含义的理解，自觉调整自己的行为，从而实现法律规范的指引、教育功能。本案中，北京大学作出的《撤销决定》虽载明了相关法律规范的名称，但未能明确其所适用的具体条款。而上述法律规范的条款众多，相对人难以确定北京大学援引的具体法律条款，一审法院据此认定北京大学作出的《撤销决定》没有明确的法律依据并无不当，本院应予支持。

综上，上诉人北京大学提出的要求撤销一审判决等上诉主张缺乏事实及法律依据，本院不予支持。

〔**案例评析**〕

作为法律、法规授权的组织，北京大学在行使学位撤销权时，其行为属于高等教育行政行为。因此，应当遵守法定程序，即不仅要依据相关法律法规，还要根据行政法的基本原则，比如正当程序原则、合法行政原则来进行评判。

正当程序原则是裁决争端的最基本的原则及最低的公正标准，行政机关在作出任何影响行政相对人权益的行政行为前，都必须遵循正当程序原则，包括事先告知相对人，听取相对人的陈述、申辩，保障其享有相应的权利。作出的对于行政相对人不利的决定如果有违正当程序原则，应当予以撤销。

合法行政原则，即行政行为必须有法律依据，且法律依据一定是具体的，没有具体法律依据就是没有法律依据。北京大学作出决定的法律依据是《中华人民共和国学位条例》《国务院学位委员会关于在学位授予工作中加强学术道德和学术规范建设的意见》等规定，但是并没有具体到适用的是哪一条款,因此作出的决定缺乏明确的法律依据,应当予以撤销。

本案值得深思的核心问题在于:一方面,在全面推进依法治教的新时代,行政主体作出行政行为时必须符合法律的规定,不但要符合实体性法律的规定,而且要符合程序性法律的规定,充分尊重行政相对人的合法权益;另一方面,行政主体必须坚持"法无明文规定不可为"的原则,并要接受监督和承担相应的行政法律责任。

推荐阅读:

[1]王宝堂:《当代高等教育管理与实践路径研究》,青岛:中国海洋大学出版社2018年版。

[2]杨德广:《高等教育管理学》,上海:上海教育出版社2007年版。

[3]王爱国:《高等教育法规基础》,杭州:浙江大学出版社2001年版。

[4]周光礼:《法律制度与高等教育》,武汉:华中科技大学出版社2005年版。

[5]郑良信:《教育法学通论(修订版)》,南宁:广西教育出版社2005年版。

[6]闵维方:《高等教育运行机制研究》,北京:人民教育出版社2001年版。

[7]申素平:《教育法学:原理、规范与应用》,北京:教育科学出版社2009年版。

[8]李艳芳、韩燕:《新时期高等教育管理路径及实践策略研究》,长春:东北师范大学出版社2018年版。

[9]劳凯声等:《规矩方圆——教育管理与法律》,北京:中国铁道出版社1997年版。

[10]黄欣:《教育法学》,上海:上海教育出版社2011年版。

第八章　高等院校：依法治校

章节提要

高校依法治校是实现高校治理现代化，提升高校治理能力的重要抓手和关键突破点。深入推进高校依法治校首先需要明确高校的法律地位与资格，以便为高校开展依法治校、行使法律权利、履行法律义务，提供法律依据、保障、规约；其次需要明确高等院校内部依法治理的体系、结构，为高校开展内部治理搭建治理体系与结构范例，实现高校内部依法治理的高效与规范化。我国公立高校一般可以界定为公法人、社团法人、公益法人、事业单位法人，非营利性民办高校通常可以界定为非营利法人、私法人、财团法人，开办资金或经费全部或部分为国有资产的非营利性民办高校，可以登记为事业单位法人。我国高校依法治理权力的配置经历了从“国家控制型”向“行政主导型”“法人治理型”的相继转变；校党委会、校长办公会或校务会、学校董事会、学术委员会、教职工代表大会等成为高校内部依法治理的基本组织架构。

第一节　高等院校的法律地位与资格

法律地位（legal status）的含义非常丰富，根据《布莱克法律词典》的解释，共有四种含义：(1)地位、状态或者条件，社会地位。(2)个体与团体中其他成员的法律关系。(3)决定个体属于某类的权利、责任、能力和无能力。(4)本质上非临时性的也非当事方单纯意志所能终止的个体之间的法律关系,这种关系与第三方和国家有关。

学校的法律地位,主要是指学校在法律上的归类与定位,以及它相应的权利、责任、能力和无能力。学校广泛参与各种社会关系,在不同的关系中所处的地位是不同的。一般说来,学校的法律地位可以从以下三对关系中讨论:一是从学校作为社会组织接受政府行政管理的角度出发,学校的法律地位是"行政相对人";二是从学校作为市场经济主体参与民事活动的角度出发,学校的法律地位是法人或非法人;三是从学校作为教育机构对教师及学生进行管理和处分的角度出发,部分学校又可以具有"授权行政主体"的地位。这三种地位是研究学校法律地位的主要关注点,但并非所有学校都同时具有。有些学校可能不具有法人资格,有些学校可能不具有行政主体资格。

学校是否具有法人资格,对其参与民事活动的独立性及相应权利自然会产生影响,但确立学校法人资格的意义和作用并不只限于学校参与民事活动的领域,它也在相当程度上影响到学校与政府的关系以及与教师和学生的关系。在学校具有法人资格之后,必然要面临确定学校法人权利,重新划分学校与政府关系,以及学校与教师、学生关系的问题。因此,关于学校是不是或要不要成为法人、学校是什么性质的法人等问题,不仅成为学校法人地位讨论中的关键问题,也产生了牵一发而动全身的效果,成为学校法律地位变迁中的基本问题。

从各国教育法的规定来看,学校的法律地位既有共同的特征,也有各自不同的特点。以共同点来说,法、德、英、美、日等主要国家的公立中小学校大多不具法人资格,在法律上仅是地方政府的一部分。与此不同的是,这些国家的公立高等学校则普遍具有法人资格。日本自2000年以来对国立大学进行行政法人化改革,在坚持大学作为国家设立的公共机构的同时,确立大学相对于国家的独立法人资格。我国2019年最新修订的《中华人民共和国民办教育促进法》第九条规定:"举办民办学校的社会组织,应当具有法人资格,举办民办学校的个人,应当具有政治权利和完全民事行为能力。民办学校应当具备法人条件。"这在法律上保障了我国民办高校的法人地位。

一、国外高等学校的法律地位与资格

确定高等学校的法律地位,是处理国家与教育、学校与社会,以及处理学校内部各种关系的前提,是各国高等教育法必须予以规范的内容之一。

确定高等学校的法律地位必须考虑国家在高等教育范围内起作用的程度,做到既维护国家的合法权益,又满足高等学校作为自治社会实体的要求,同时

还须考虑不同种类学校法律地位的平等问题。为了实现这些目标，必须强调学校的自主权，鼓励多样化，充分发挥学校的主动性，使各种高等教育机构办得名副其实，而不是用一个办学模式来衡量。这是各国在规定高等学校法律地位时的基本出发点。

在公立高等学校的法人性质或类型方面，各国存在一些小的差异，但趋向公法人的共同点仍然比较明显。例如，法国将高等学校定位于科学文化和职业公务法人。德国规定高等学校的法律地位原则上为“公法社团”，同时并为“国家机构”，但同时允许以“其他法律方式”设立高等学校。因此，在理论上高等学校可以以公法社团、公法财团或公共营造物的地位存在，但从现状来看其仍然是兼具公法社团与国家机构双重身份。大学法人化改革走的是行政法人的方向，确立的也是大学的公法人地位。英美法制虽然不区分公法私法，也不刻意划分公法人和私法人，但公立高等学校被视为政府之手臂（The Arm of the State），受到专门规范政府公共机构的相关宪法和法律条款，特别是行政程序条款的规范和制约，体现出其不同于私立学校的公共机构的地位。

在私立学校的法人地位问题上，各国呈现出较多的差异。法国、德国等欧洲大陆国家的私立学校在数量和地位上处于弱势，有的具有法人资格，有的没有法人资格。但英、美国家的私立学校，不仅数量较多，而且具有足够与公立学校竞争的强势地位，一般均具有法人资格。日本虽也存在较成熟的私立学校体系，但其私立学校的法律地位较为独特。日本将学校与学校设置者加以区别，设立私立学校必先成立学校法人，一个学校法人可以设置一所或多所私立学校；私立学校本身不是权利义务主体，学校设置者才是权利义务的主体，因此其《私立学校法》的多数条款都是针对学校法人设计的。

二、国内高等学校的法律地位与资格

确立高等学校的法人地位，运用法人制度来处理高等学校与政府的关系，是市场经济国家行之有效的方法。世界上很多国家的高等学校都具有法人地位，而亚太地区近年来也出现了高等学校法人化的现象。对中国而言，确立和完善高等学校法人制度，明确其法人资格，是改革高等学校与政府关系的重要思路之一。

（一）国内公立高校的法律地位与资格

研究公立学校的法律地位有多种角度，从不同的视角出发，公立学校具有不同的法律地位。从它作为社会成员接受政府管理的视角出发，它是行政相对人；从它作为市场经济中的一员参与民事活动的角度出发，它又具有民事主体的地位。除此之外，它还可能具有其他地位，如公立高等学校在管理教师、学生时可以具有公法人中的特别法人地位。综合学界观点,概括来说,我国公立高校可以界定为公法人、社团法人、公益法人、事业单位法人。

1.公法人

公法人与私法人,是西方国家的一种重要法人分类。其分类标准有多种。以设立法人之目的为准。以公共利益为目的的为公法人;以法人设立所依据的法律为准,依公法设立的为公法人;以法人的设立者为准,由国家或公共团体设立的为公法人;以法人是否行使或分担国家权力为准,凡行使或分担国家权力或政府职能的为公法人……由上可见,无论依哪种分类标准,公立高等学校应属公法人,与国家机关法人性质相同。但如前所述,因为高等学校具有不同于政府的独特性,因而又与国家机关不同,应是一类特殊的公法人,具体说则是公法人性质的特别法人,应受行政法以及教育法律的支配。

2.社团法人

这是以法人成立的基础所作的划分。社团法人是以人的集合为基础而成立的法人。社团法人分为营利性社团法人和公益性社团法人。我国大多数的高等学校,是由政府投资、由政府以行政命令的方式设立的,采用的是强制设立形式,在设立方式、设立者及法人的关系与内部组织机构上,更具有社团的特征。这与西方国家的情况有很大差异。因此,法学界将事业单位与大部分社会团体笼统地归为公益性社团法人,是有一定道理的。

3.公益法人

这是依法人成立或活动的目的所作的划分。公益法人是指以社会公共利益为目的而成立的法人。很明显,无论是公立高等学校或社会力量举办的高等学校在我国均属公益法人。高等学校办学不得以营利为目的,而应把主要精力放在教学、科研等公益性活动上。当然,这并不意味着高等学校不能从事营利活动,而只是说明,高等学校的经营收益,不能用于投资者或经营者之间的利益分配,而只能用于高等学校法人的办学上。

4.事业单位法人

我国公立高等学校法人应属事业单位法人。1986年我国《民法通则》颁布,标志着法人制度的正式确立。根据《民法通则》的规定,事业单位只要具备依法成立;有必要的财产或者经费;有自己的名称、组织机构和场所;能够独立承担民事责任,则自其成立之日起就成为事业单位法人,可以独立地进行民事活动并独立承担责任。它的颁布第一次使那些经费、预算独立的事业单位的法人资格在立法上得到确认,对学校的法律地位产生了重要的影响。

(二)国内私立高校的法律地位与资格

在私立学校的法人地位问题上,各国呈现出较多的差异。法国、德国等欧洲大陆国家的私立学校在数量和地位上处于弱势，有的具有法人资格，有的没有法人资格。而且上述国家的私立学校主要处于一种补充地位，且并非一定是法人。但英、美国家的私立学校，不仅数量较多，而且具有足够与公立学校竞争的强势地位，一般均具有法人资格。日本虽也存在较成熟的私立学校体系，但其私立学校的法律地位较为独特。私立学校本身并不具有法人资格。设立私立学校必先成立学校法人，私立学校本身不是权利义务主体，学校设置者才是权利义务的主体。

1992年，在《关于国家教委直属高等学校内部管理体制改革的若干意见》中，我国首次提出“国家教委直属高校是由国家教委直接管理的教育实体，具有法人地位”。同年的《国家教委直属高等学校深化改革、扩大办学自主权的若干意见》再次强调“要逐步确立高等学校的法人地位”。1993年《中国教育改革和发展纲要》正式提出“要使高等学校真正成为面向社会自主办学的法人实体”，使得高等学校的法人地位问题受到广泛关注。1995年，教育界期待已久的《教育法》颁布。该法第三十一条规定：“学校及其他教育机构具备法人条件的，自批准设立或者登记注册之日起取得法人资格。”我国首次在法律上明确了学校的“法人”资格。此后，1998年颁布的《高等教育法》第三十条规定：“高等学校自批准设立之日起取得法人资格，高等学校的校长为高等学校的法定代表人。高等学校在民事活动中依法享有民事权利，承担民事责任。”再次确认高等学校的法人资格。2002年底颁布的《民办教育促进法》第九条规定：“民办学校应当具备法人条件。”第三十五条规定：“民办学校对举办者投入民办学校的资产、国有资产、受赠的财产以及办学积累，享有法人财产权。”确立了各级各类民办学校的法人资格。

2020年5月底颁布的《中华人民共和国民法典》基本沿用了《民法总则》中的法人分类制度，即把法人分为营利法人、非营利法人及特别法人三类。根据民办高等学校的性质，我们认为民办高校属于非营利法人或公益法人、私法人、财团法人。此外部分非营利性民办高校，符合《民办学校分类登记实施细则》，可以被登记认定为事业单位法人。

1.非营利法人或公益法人

《民法典》第八十七条第一款规定“为公益目的或者其他非营利目的成立，不向出资人、设立人或者会员分配所取得利润的法人，为非营利法人”。结合《中华人民共和国民办教育促进法》(以下简称“《民促法》”)关于非营利性学校举办者不得取得办学收益、办学结余及剩余财产分配方式的相关规定，非营利性学校应当属于《民法典》中的非营利法人。有的研究者也把部分以非营利为目的，以服务社会公益为办学宗旨，或者在符合条件的情况下获得合理回报，学校的办学及收益主要用于学校发展的民办高校定位为公益法人。合理回报目前被认为是国家对民办教育的一种扶持政策,而不属于营利行为。

2.私法人

社会力量举办的高等学校,虽然也从事公益事业,得到政府的承认或帮助,但原则上受民法和教育法律的支配,不属于公法人,应属于私法人。私立学校具有与公立学校不同的设立主体和经费来源渠道,更多受到的是私法而非公法的规制,虽然在接受政府补助款项范围内从事相关事务时可以构成政府行为,但并不影响其自身的私法人地位,因而在大多数国家和地区都归属私法人的范畴。

因而我们认为,民办学校非由国家机构设立,基本上不分担或行使国家教育权力,对学生或教师的管理权限并非来自教育法的授权,而是基于双方的入学或聘任合同,虽然具有公益性,但仍应属于私法人。

3.财团法人

鉴于财团法人类型的私立学校制度较为彻底地体现了学校的公益性特征,以及它在西方各国的成功实践,因此长期以来为我国学界认可。对于捐资办学的民办高校来说,一般定位为非营利性高校,可以借鉴国外财团法人制度的做法来加以完善。因为这类民办学校法人以设立者投入的财产为基础而成立,设立者在学校法人成立后即与其分离,不再享有投入财产的所有权,也不能将财产予以收回等,较符合财团法人的特征。

我国社会力量举办的高等学校,在设立基础、条件、方式、程序及法律效力上,更具有财团法人的性质。因财团法人实质上与捐助法人的含义相同,已有学者建议用捐助法人代替财团法人,避免为公众费解或混淆。

4.事业单位法人

我国的民办高校一般为非营利性法人。根据《民法典》第八十八至九十四条的规定,非营利法人的不同形态将遵循不同的设立和治理规则。《民法典》第八十七条第二款规定,非营利法人包括事业单位、社会团体、基金会、社会服务机构等。但是我国《社会团体登记管理条例》第二条第一款,《基金会管理条例》第二条及第三条规定,非营利性学校不属于社会团体或基金会。

我国民办高校是否属于事业单位呢?根据《事业单位登记管理暂行条例》第二条第一款的规定,事业单位是指国家为了社会公益目的,由国家机关举办或者其他组织利用国有资产举办的,从事教育、科技、文化、卫生等活动的社会服务组织。因此,从上述定义来看,结合《事业单位、社会团体及企业等组织利用国有资产举办事业单位设立登记办法(试行)》第二条的规定,开办资金或经费来源全部或部分为国有资产的非营利性学校,都有可能登记成为事业单位法人。

2016 年 12 月 30 日，由教育部等五部门发布的《民办学校分类登记实施细则》第七条亦明确了非营利性学校符合《事业单位记管理暂行条例》等事业单位登记管理有关规定的，可以登记为事业单位。比如由汕头大学和以色列理工学院共同举办的广东以色列理工学院，由香港中文大学和深圳大学共同举办的香港中文大学(深圳)，由深圳市人民政府、莫斯科国立大学、北京理工大学共同举办的深圳北理莫斯科大学等中外合作大学，已经登记为事业单位法人。

第二节　高等院校内部依法治理

在内外部环境急剧变化的时代，要想更深刻、更全面地认识大学治理，探讨大学治理层次是一个必要前提。通过对影响大学发展的内外部环境的初步分析，我们可以大致地把大学治理分为三个层次。一是全球层面的大学治理。主要探讨全球化时代影响高等教育发展与变革的全球性因素。二是国家层面的大学治理。它以大学为载体，研究大学与本国政府和市场之间的关系，也称为外部治理。三是学校层面的大学治理，也简称为内部治理，包括校长及行政组织的制度及权力关系，涉及董事会、校务会议(评议会)、学术委员会等利害关系人等。

本节内容主要讨论大学学校层面的治理，也可称之为大学内部治理，并重点对大学内部依法治理进行探究和介绍。

一、大学内部治理的五种理想模式

自国家接管教育管理，教育事务已是政府职责的一部分。高等教育性质取决于政府体制的性质，各国多由中央部门承担公立大学的办学责任，并授予合法的权力，大学的内部组织结构多仿效政府的科层体制。除了来自政府官僚的影响，大学自治是以教授行会为主的组织团体，在政策决策中根据教授角色及协商过程，又衍生出许多内部治理模式。

(一)官僚模式

以韦伯官僚主义为理论基础，组织架构为正式科层体制，假设分层官僚组织专注于有限目标及组织的最大效率，具有合法性，善于处理集体事务，其决策过程为理性决策，有正当程序落实公正及公平。

(二)同僚模式

以专业主义及人际关系方法为理论基础，组织架构为同侪团体，在高等教育精英时代，政府介入较少，对于大学及学院控制较松，强调非科层合作决策方式与学术人员自治，提出三种思路——同僚决策模式、教授专业权威及乌托邦传统来经营教育系统,其决策过程为凝聚共识参与决策及其他均权方式。

(三)专业模式

专业模式系指在大学松散联盟里,权威专家与不同水平单位联合治理。

(四)法人模式

当进入高等教育大众化时期,大学的学术内容与如何达成学术同样重要,大学董事会应由自然人接管,控制委员会议题及会议过程,主席全权负责,其中校长成为主要执行主管,设定优先事项,资源募集为管理工具,副校长、董事会从政策发展的顾问角色转到政策执行的领导与管理者,发挥内部协商的重要作用,平衡外部代表权。

(五)企业模式

高等教育市场化,强调赋权,增加对于绩效责任的要求,朝向市场模式,以企业管理方式经营大学,创立公司、合营企业、实现创收,这些营利单位甚至可能独立于大学之外,大学绩效责任与社区或是代理人结合。

二、大学治理结构法治化变迁的国际经验

大学治理结构法治化表现为授权并规约高校治理组织及利益相关者之间权益关系的法律制度安排,其演化目的是完善大学法人治理。完备、细化的法律制度供给与创新;公正、平等、自由的法治理念;多样化的法人类型;学术权力主导、行政权力分化、政治权力式微、民主权力与市场权力壮大的法权关系,是德英美日等发达国家大学治理结构变迁的规律性经验与实践逻辑,有利于引导我国公立与民办高校构建公平、均衡治理结构,实现有效法人治理。

(一)国家机构、公法团体更替为独立公法人的德国大学治理

德国大学治理体现了浓厚的法治意识和传统。1976 年的《高等教育总法》确立了德国高校既是国家机构,又是公法团体的复杂法人身份,在某种程度上暗示着国家行政权力对大学自治的干扰。但德国大学在这一法律框架下,仍然享有较大的自治权力。除了在办学经费和高等教育的宏观政策方面,德国大学受政府的影响较大外,在其他方面的自治权如科学研究权、教学自由权、学术裁判权都受到法律保护,享有充分的自由;在大学实行由讲座、学部、大学评议会组成的三级教授制,各级教授在学校的教学和科研管理方面都有发言权和决策权;大学推选一名专职行政职责的官员,设立行政执行委员会处理学校的行政、学术及经费筹措分配事宜,从而构建了较完整的内部治理结构。

随着教育法律条款的修改完善,德国大学内部治理结构的法治化特征更为明显。例如,1996 年修订的《高等教育总法》删除了很多限制性规定,为德国大学形成校议会、校务会和校监会为主的治理结构和以校长、教授、学生、政府、社

会公众代表组成的治理参与主体奠定了坚实的法律基础。2007年，德国北威州正式实施的《高校自治法》宣布大学不再是国家机构，只具有公法人地位。《关于废除“高校总纲法”的法令》自2008年10月1日的正式施行，迫使各联邦州将相继修订本州的“高等教育法”，标志着德国对大学的治理从“合作联邦制”向“竞争联邦制”的转变，实际是运用法律手段扩大了大学自治权。

(二)特许法人、法定法人、公司法人、高等教育法人相继诞生的英国大学治理

英国大学依照法人地位立法依据的不同，可分为根据特许状设立的大学、根据英国议会相关法律设立的大学、以非营利有限公司注册成立的大学、根据1988年《教育改革法》和1992《继续和高等教育法》设立的多科技术学院四种类型。其对应的法人类型依次定位为特许法人、法定法人、公司法人、高等教育法人，体现了英国大学法治化演变的渐进历程和多样化形态。

四种大学的法人类型尽管不同，但都具有根据大学治理章程对大学进行自治的权力，并依据特许状、章程、条例、规章、教育法等对大学各类权力形态所依附的组织结构、实施规则等作了界定。所以英国的教育行政部门不直接插手大学的内部事务，在高等教育中扮演的是政府仲裁与国家监督的角色，一般通过颁发法案、政策，授权中介机构等对大学进行宏观调控，从而使得英国大学在教学、学术研究、社会服务，乃至学校资产管理、校长遴选等方面都有高度自治权，并从政府的行政控制和财务控制中独立出来。

(三)公务法人、公益法人、营利性法人相继出现的美国大学治理

公立高校作为美国高校的重要组成部分，形成了有别于私立高校的法人治理结构，并从法律上界定了其实行国家与州政府分权治理的模式。国家主要通过经费配置及拨款的方式对大学实施宏观性的间接影响，不直接参与大学的内部管理事务；法律授予州政府对大学有直接的调控权，但州政府对大学内部管理事务没有直接干预的权力，大多数州赋予了州立大学宪法上的地位，使其享有充分的自治权，从而确立了公立大学公务法人地位。公立大学的公务法人自治权力，往往通过法律与契约的形式来体现。1791年的《权利法案》规定美国各州对教育有保留权，从而为美国高等教育确立各州享有高等教育自治权奠定了基础。1862年美国国会颁布的《莫雷尔法案》通过向大学赠地的形式，引导大学重视应用性研究和社会服务，增强了政府对大学的间接控制。1958年的《国防教育法》则鼓励高校主动服务国家战略需要和区域经济社会发展。1972年的《高等教育法》修订案规定联邦政府向全国所有高校提供不带任何条件的资助，保障了大学的学术自由和学术自治。此外，美国出台的系列法律进一步明晰了大学作为公务法人的治理结构及其治理权力。

对已成为美国高校主体的私立大学而言，有非营利私立大学和营利私立大学之分,非营利私立大学的法人性质被定位为公益性法人,营利性私立大学被定位为营利性法人。以公益性法人为基本定位的非营利私立大学,其创校办学主旨在于服务社会,也因此获得了免税的权利。以营利性法人为基本定位的营利性私立大学创校办学的宗旨是通过提供获得公众认可的教育产品和服务获得利润,需向国家交税。法人性质相异的两类私立大学的治理结构都主要由董事会或理事会、行政会、教授会组成。虽然学术事务管理方面,非营利性私立大学把学术事务管理权力交给教师代表组成的教授委员会来履行,营利性私立大学的学术事务管理权力则多集中在行政管理层手里。但是两类私立大学在选聘与解雇校长、教授、职员和设置专业课程、制定招生计划与选拔生源,确定员工工资福利方面都有高度的自主权。

(四)从学校法人、政府延伸机构到独立行政法人的日本大学治理

日本大学的法人化历程,因其国内私立大学、国立大学、公立大学的并存,主要出现了三类法人类型。一类是私立大学为主的学校法人;另一类是独立行政法人,也被称为国立大学法人;还有一类是以市立大学为主体的公立大学法人。下面论述仅涉及在日本影响比较大的学校法人和独立行政法人。

根据2013年8月的官方数据,日本私立大学的数量占总大学数的77.5%,在校生人数占总数的73.5%,在日本高等教育界有重要影响,其治理结构的法治化进程早于国立大学。依据《私立学校法》,私立大学被定位为学校法人,拥有学校法人身份的私立大学的日常治理规则和组织机构体系授权于《学校教育法》,代表学校法人的理事会、代表大学的教授会构成了日本私立大学的治理结构主体。

对日本国立大学而言,长期以来由于受中央集权的教育管理体制的管控,都是以政府延伸机构的身份存在。直到1987年的《临时教育审议会第三次报告》,提出了国立大学的公法人资格,国立大学的法人地位才得到确立,但是仍受国家行政权力、政治权力的较大影响,离成为独立行政法人仍有较大差距。随着《独立行政法人通则法》《国立大学法人法》等系列法案的相继出台。2004年4月,日本国立大学正式开始了独立行政法人化改革。实施法人化改革以前,国立大学治理权力主要集中在学部教授会、评议会、运营咨询会三大机构;法人化改革后,国立大学从国家直接管理转变为间接管理,校长成为学校的法人代表,拥有国立大学作为独立行政法人的最终决策权、执行权,役员会、经营协议会、教育研究协议会成为辅助校长的三大新型治理机构。在此基础上,每所国立大学都配置了相应的执行委员会、学术委员会和管理委员会,"第三者评议机制"集中处理学校发展战略、财务、对外关系经营、人事任免、教学与研究、办学绩效评价等多方面事务,体现了以校长法人为中心的法权结构。

三、大学内部治理法治化变迁的主要进展与问题

我国大学的内部依法治理作为高等学校基本的制度安排，深受国家政治制度、法律制度、社会文化传统的影响，也是政府、社会、市场、大学等多方治理主体进行权力博弈的结果，其形成发展既遵循了特有的历史痕迹，也体现了大学自治、学术自由、尊重法权的治理传统。

(一)从人治走向非完全独立性法治

新中国成立初期，由于实行统一式的计划经济管理体制，大学管理权严格控制在上级教育行政机关手里，大学隶属于政府机关，导致人治代替了法治，大学无从确立法人地位。

改革开放后，教育领域的简政放权和一系列教育法规的出台，使大学自治权利得到了法律保障。1995 年颁布的《中华人民共和国教育法》与 1998 年颁布的《中华人民共和国高等教育法》以法律的形式确立了大学的学校法人地位。这些法律的出台使高等学校在民事活动中依法享有民事权利，承担民事责任，其物权、债权、继承权、财产权利等得到了法律保护，有利于界定大学与政府、教育行政管理部门、其他社会公共服务部门、市场经济主体之间的权利与义务关系、权力架构，使大学的治理结构得到了一定意义上的法律保障。但大学的法人类型仍不是严格意义上的独立行政法人，实际治理过程中公办大学在校长选聘、经费来源、学科专业点设置、招生计划、课程设置、用人编制等事关学校发展的重要治理事项方面仍受控于政府、教育行政管理部门，没有掌握完全独立的自治权利。

(二)政治权力、行政权力彰显的非均衡法权关系

大学治理结构主要由行政权力、学术权力、政治权力、民主权力之间的制衡关系、权力规则、组织架构形成。新中国成立后的前 30 年，由于没有系列教育政策、法规的出台，我国大学治理机制极为不稳定，发生了较为频繁的系列演化，先后经历了“校务委员会制”“校长负责制”“党委领导下的校务委员会负责制”“党委领导下的校长为首的校务委员会负责制”等。而“文革”时期“革命委员会”成为学校的最高权力机关，校长的行政主导权被剥夺。改革开放至今，我国大学治理结构虽然得到了完善，但是大学治理结构应对冲突和多元利益需求的决策权结构并没有得到实质性改变，来自政府、政党的行政权力、政治权力仍然左右着高校的治理格局，发挥着其他类型治理权力不可替代的决定性作用。

(三)单一的学校法人类型制约多元化法人治理结构发展

随着拨乱反正，实施改革开放的新时代来临，我国大学治理结构在最近三十余年迎来了相对完善、科学配置的新阶段。这一时期，随着系列教育政策、法规的出台，我国大学治理权力的配置经历了从“国家控制型”向“行政主导型”“法人治理型”的相继转变。随着依法治教、依法治校、依法办学的战略指导思想的推广和被认可，引导我国大学形成了以行政权力、政治权力、学术权力、民主权力为主的治理权力结构。[①] 但是，学术治理、企业治理、商业治理、法人治理协同发挥作用的合作治理模式，并没有得到平等、合法的授权，导致了我国大学法人治理结构的相对封闭保守。然而，由于办学体制、机制的多元化，我国相继出现了大量的民办大学以及以公办高校为母体举办的各类独立学院，其法人治理结构迫切要求作出与其产权结构、办学体制机制相一致的适应性调整。

四、《高等教育法》修订对大学内部依法治理的影响

2015 年 12 月，全国人大常委会对《中华人民共和国高等教育法》(简称《高等教育法》)进行了若干重要的修改，涉及高等教育的方针与任务、高等学校设立的目的与审批权限、高校学术委员会制度、高等教育质量评估以及高等教育投入机制等内容，亮点颇多，但是也存在诸多值得反思和进一步完善的问题。应将大学自治与大学法治相结合，全面推动现代大学制度的建立，加快建成一批世界一流大学和一流学科，真正实现《中华人民共和国高等教育法》的立法目的和全面提升高等教育质量的重要目标。

(一)《高等教育法》修改的背景与过程

《高等教育法》自 1999 年施行至今，许多方面已经滞后于教育实践的快速发展，不符合现代大学治理的理念与制度要求。

一是我国高等教育立法体系与结构较为滞后，不能适应规模日益壮大的高等教育发展需求。一方面原有的《高等教育法》法律条文较少，规定也颇为粗疏，存在大量的立法空白。许多原本应当由法律规定的事项，只能以大量的行政法规、规章和政策文件来予以规范。另一方面立法的滞后，导致高等学校内部和外部治理结构不清晰，高等学校内部和外部法律关系无法理顺。

二是原有《高等教育法》的规定存在若干不合理之处。如高等学校的设立不得以营利为目的的条款，极大地束缚了民间办学的活力，严重阻碍了民办教育的发展，应当予以修改；高校学术委员会“审议学科、专业的设置，教学、科学研究计

---

① 参见刘恩允：《治理理论视阈下的我国大学院系治理研究》，北京：中国社会科学出版社 2018 年版，第 25～26 页。

划方案;评定教学、科学研究成果等有关学术事项”的条款,没有确立学术委员会作为校内最高学术机构的决策地位,不利于学术委员会功能的充分发挥。

三是教育的信息化与教育的国际化为高等教育的发展提供了新的机遇和挑战,目前我国的高等教育核心竞争力不足,原有的《高等教育法》已经不能全面适应新的大学治理模式与建立现代大学制度的要求,亟待改进。为更好地实现《教育规划纲要》的目标、引领教育改革与发展,真正建设一批世界一流大学和世界一流学科,培养更多的高等教育人才,在《高等教育法》实施十余年后,关于高教法修改的建议开始启动。

在本次修法的过程中,教育领域法律“一揽子修改”的形式贯穿始终。2012年7月27日,教育部报请国务院审议《教育法律一揽子修订建议草案(送审稿)》,建议对《中华人民共和国教育法》《中华人民共和国高等教育法》《中华人民共和国教师法》和《中华人民共和国民办教育促进法》四部法律进行统筹修订。在同教育部反复研究、修改及征求意见后,2013年9月5日,国务院法制办公室发布了关于《教育法律一揽子修订草案(征求意见稿)》公开征求意见的通知。通知就四部法律的修改向社会公开征求意见,并在其后的说明中明确了此次修法的主要目标,包括:“完善教育基本制度,促进教育现代化建设”,“完善民办学校管理制度,探索分类管理”,“完善高校管理制度,推动现代大学建设”,“完善教师管理制度,加强教师队伍建设”,“完善法律责任,增强可操作性”等。在此过程中,全国人大法工委、教科文卫委员会还多次赴全国各地调研,多方面听取关于法律修改的意见。

经国务院第七十七次常务会议讨论通过后,2015年8月24日,《教育法律一揽子修正案(草案)》首次列入全国人大常委会会议议程,正式进入了立法程序,教育部部长袁贵仁对《草案》作了说明。在对草案的二审稿进行了分组审议之后,2015年12月27日,第十二届全国人民代表大会常务委员会第十八次会议以141票赞成、6票反对、12票弃权的表决结果,通过了《关于修改〈中华人民共和国高等教育法〉的决定》,并自2016年6月1日起施行。

(二)《高等教育法》修改的内容与评价

此次修法涉及《高等教育法》的七个具体条文,涵盖了高等教育的方针与任务、高等学校设立的目的与审批权限、高校学术委员会制度、高等教育质量评估以及高等教育投入机制等关键问题,可谓是亮点颇多,但许多方面仍然值得关注和反思。

1.高等教育的方针与任务

《高等教育法》第四条、第五条是关于高等教育方针和任务的总括性规定。与之前相比第四条增加了高等教育必须为人民服务以及“与生产劳动和社会实践相结合"的内容。第五条关于高等教育任务的表述在原有的培养具有创新精神和实践能力的高级专门人才之外还增加了社会责任感的要求。这两处修改与《教育法》第五条、第六条的修改一致，均着力于德育和公民意识培育的目标，同时力图改变产学脱离的现状，强调对学生学习能力、实践能力、创新能力的全面培养；推进产学研用结合，增强大学服务社会的能力。本条的修改体现了教育改革发展以人为本、全面实施素质教育的时代主题，具有重要的意义。

2.高等学校设立目的

教育的公益性并不意味着绝对不能以营利为目的。《高等教育法》第二十四条是本次修法的重大突破之一，突破了"高等学校的设立不得以营利为目的"的限制，亦即，除国家和社会公共利益外，不得因民办学校的营利目的而限制其设立。这是对原有法律规定对民办学校不合理限制的纠正，也与《教育法》第八条的修改相契合。这一修改，是《教育规划纲要》"积极探索营利性和非营利性民办学校分类管理"的切实体现，使得民办教育得以突破"不得以营利为目的"的制度藩篱，有利于激发民办学校的活力，形成多元化的教育格局。本条的修改也为《民办教育促进法》的分类管理体制探索预留了法律空间。

3.高等学校设立的审批权限

《高等教育法》第二十九条是关于高等学校设立审批权的修改。"设立实施专科以下高等学校"，不再须经国务院审批，可由省级人民政府直接依职权审批，报教育部备案。本条的修改，明确体现了加强省级政府教育统筹的改革导向。省级政府主管地方高等教育，有利于契合地方高等教育体制的实际，合理优化教育资源配置；提升地方教育行政决策的科学性和有效性，提升管理水平和办学质量。这也是中央教育行政部门进一步转变职能、简政放权、加强宏观调控的重要体现。

同时本条修改对原有"对不符合规定条件审批设立的高等学校和其他高等教育机构，国务院教育行政部门有权予以撤销"的规定进行了合理的删除。这主要是因为按照谁审批、谁监管的一般行政法治原则，撤销违法审批的有权机关应当为原审批机关，当其不作为时，应由其上级领导机关纠正和督促，这一行为宜规范为其"义务"而非"职权"，无需立法的专门规定。

4.高校学术委员会制度

学术委员会制度是现代大学治理中的一种必要的关键的制度设计，是保障学术自治的最主要制度，是实现学术自治的最重要载体，但在我国却长期处于缺位状态。2014 年 3 月 5 日开始施行的《高等学校学术委员会规程》是首部关于学术委员会制度建设的部门规章，从功能定位、组成规则、职责权限及运行制度等方面对学术委员会制度予以规范。《高等教育法》第四十二条的修改，是对上述规章的确认与巩固，明确了大学学术委员会具有“审议学科建设、专业设置，教学、科学研究计划方案”“评定教学、科学研究成果”“调查、处理学术纠纷，认定学术不端行为”及“按照章程审议、决定有关学术发展、学术评价、学术规范的其他事项”等重要职能。与原来的法律规定相比，修改后的第四十二条的规定更为详尽，具有更强的可操作性，也更符合教育客观规律。这一修改有助于彻底解决学术腐败、学术泡沫等现象，推进教育综合改革的深入，不断完善学术治理体系，持续提升学术治理能力。

5.高等教育质量评估

《高等教育法》第四十四条是关于高等教育质量评估制度的修改与完善。一方面高等学校应当自主建立本学校办学水平、教育质量的评价制度并且及时公开相关的信息，接受社会监督；另一方面高等学校还要接受教育行政部门组织的专家或委托的第三方专业机构对其进行的教育质量评估，评估结果也必须向社会公开。这一修改意味着高教领域不仅应当坚持政校分开、管办分离，还必须实现“管办评”三方分离。这是《教育规划纲要》中关于建立专业评价组织、鼓励专门机构和社会中介机构进行专业评价的具体法律保障，有助于最终建立起科学的高等教育质量评估体制。

6.高等教育投入机制

《高等教育法》第六十条，改变了原有“以财政拨款为主、其他多种渠道筹措高等教育经费为辅的体制”，代之以“举办者投入为主、受教育者合理分担培养成本、高等学校多种渠道筹措经费的机制”。教育需要大量的经费投入，除政府财政投入外，社会投入也是高等教育投入的重要组成部分。本条的修改，一方面强调了受教育者的合理分担，可能会助推学费标准的提高；另一方面为社会资源进入高等教育领域开拓了入口，有利于鼓励和引导社会力量捐资、出资办学，提升社会办学的积极性，最终实现保障办学经费稳定、逐步增加教育投入的宗旨。

五、大学治理结构法治化变迁的逻辑反思

探寻我国大学内部治理法治化变迁的实践经验，归纳其遵循的理念逻辑、路径逻辑、执行逻辑，对解决我国大学依法治理中存在的突出问题，形成公平、自由、均衡的大学治理结构有重要的实践参考价值。

（一）正义、公平、自由主导的理念逻辑

大学培养人才、科学研究、服务社会的三大基本职能，决定了大学治理必然以受教育者利益为本，追求学术自由与创新、维护社会公益、提高管理效率。因

此,大学组织作为世界上最大的以学术性、公益性为主的法人团体,需要寻求无差距、无歧视、无偏向、公平、灵活、可选择的法治环境。

纵观德英美日等主要教育发达国家,其大学治理结构的发展趋势与潮流显示学术权力及其所依存的治理组织机构是维持大学治理的脊柱;政治权力对大学治理仍有一定影响,但明显有弱化发展趋向;大学组织自身所掌控的行政权力在大学发展竞争化、国际化、精细化、特色化背景下,受到持续重视和细化;市场权力、民主权力的影响从式微走向显著,是大学治理权力结构中日益突起的潜力股。

上述大学治理权力发展格局的形成,既受到大学所面临的宏观政治、经济、文化、管理环境的影响,也与高等教育法律条文能够营造公正、平等、自由的法治逻辑有关。例如,在欧美教育发达国家,以维护正义、公平、自由为己任的教育法律赋予公立大学、私立大学同台公平竞争的权利,不因或公或私、或名牌高校或普通高校的身份属性受到差别性对待,以确保处于最弱势地位高校的最大利益。而在我国,公办大学与民办大学虽然同时被授予学校法人地位,但具体的法律条文对两类高校的治理组织机构设置与治理权力规约,导致了因身份属性不同产生的不平等竞争。因此,维护正义、公平、自由,仍是我国大学治理结构法治化长期遵循的基本理念和合法性基础。

(二)法人类型与法权关系多样态发展的路径逻辑

大学治理结构法治化表现为授权并规约高校利益相关者之间权益关系、法人权责的系列法律制度安排。而大学法人地位的巩固与类型的多样态发展,是大学治理结构成熟发展的标识。由于各国法治传统、法治根基的不同,国外发达国家相比我国而言,对大学法人地位的巩固及其多样化发展给予了比较系统全面的法律支持。随着国外发达国家各式教育法案的出台和历史性积累,特许法人、公务法人、高等教育法人、公司法人、营利性法人、独立行政法人等各类大学法人类型和与法人类型对应的治理结构,不断得到法治化确认。大学治理结构的发展经验表明,大学法人地位的确立和多样化法人形态的形成,是构建大学治理结构法治化的根基,体现了大学治理结构的变革核心始终服务于大学治理的有效性、适应性,促进了权力利益协调和各类办学资源分配。

我国由于整个国家权力体系的法治传统相对淡薄、教育法律法规建设滞后,导致大学法人类型单一,治理结构缺乏系统的法律支持。目前,我国公办高校与民办高校在法律上只被定位为具有公益性的学校法人,诸如公司法人、营利性法人、独立行政法人的高校法人类型在我国还没有得到法律承认。因此,丰富我国大学法人类型,完善大学治理结构任重道远。

(三)明细化、可操作性强的执行逻辑

可操作的细致化法律授权,是大学治理结构法治化得以落实的制度保障,没有明细化的法律条文对具体治理权力与治理组织机构的规约,大学治理结构就变成了无法攀登的空中楼阁。通过考察发现,国外发达国家制定的教育法律可操作性、可执行性强,对治理权力及其治理组织机构的职责权限都有明确的法律约定。

相比之下,我国的相关教育法律虽然规定了校党委会、校长办公会或校务会、学术委员会、教职工代表大会作为高校基本治理组织机构,有中层干部任免、教师聘任、校内机构设置、财务运营管理、产学研合作等方面的管理自主权,但遗憾的是我国《高等教育法》没有授予公办高校自主任免校长的权利,一些事关学校生存发展的关键权利也由政府、教育行政管理部门掌控,致使政治权力、行政权力管的过宽过深,学术权力、专业权力式微,大学治理的执行程序与执行标准模糊,执行效果急需提升。可见,遵照明细化、可操作性强的法律授权有利于提升大学治理实效。

〔**经典案例**〕

清华大学诉“清华同仁”侵犯名称权案

清华大学起诉北京清华同仁科技有限责任公司(以下简称“清华同仁”)擅用“清华”一案,历时2年多,终于有了结果。2018年11月21日,北京法院审判信息网公布了清华大学诉清华同仁不正当竞争纠纷一案一审判决书。判决书显示,清华同仁被判停止在其企业名称中使用“清华”字样。

据了解,清华同仁成立于1994年11月21日,经营范围包括委托生产保健食品、经营保健食品、技术开发、技术服务等。不只名字带有“清华”,在很多推广网站上,清华同仁在介绍自己时也提及了清华大学或者与其相关的字样,比如“清华人”“清华园”等。

对此,清华大学并不买账。2016年,清华大学向法院提出,“清华”作为清华大学的简称为公众所熟知,而清华同仁在其企业名称中使用了“清华”字样,使相关公众认为被告与原告之间存在一定的关联,从而可能对市场主体及商品或服务的来源产生混淆和误认,侵害了原告的名称权,构成不正当竞争。两年后,清华大学维权成功。

〔案例评析〕

该案清华大学之所以胜诉,是因为《中华人民共和国高等教育法》规定,高等学校自批准设立之日起具备法人资格,独立行使民事权利并承担相应的民事责任。2019年年末废止的《中华人民共和国民法通则》和2020年5月颁布的《中华人民共和国民法典》的相关条款都赋予法人应当有自己的名称,法人享有名称权,有权依法决定、使用、变更、转让或者许可他人使用自己的名称,任何组织或者个人不得以干涉、盗用、假冒等方式侵害他人的姓名权或名称权。因而,本案中北京清华同仁科技有限责任公司侵害了清华大学作为法人的名称权,所以败诉。

推荐阅读:

[1]劳凯声:《变革社会中的教育权与受教育权:教育法学基本问题研究》,北京:教育科学出版社2003年版。

[2]申素平:《教育法学:原理、规范与应用》,北京:教育科学出版社2009年版。

[3]褚宏启:《论教育法的精神:为了人的自由而全面的发展》,北京:教育科学出版社2013年版。

[4]王晓辉、刘敏、谷小燕:《大学治理:理念、模式与制度》,北京:北京师范大学出版社2018年版。

[5]教育部全国教育普法领导小组办公室编:《常用教育法律法规》,北京:教育科学出版社2010年版。

[6]谢艳娟:《大学治理结构法治化变迁的国际经验与逻辑反思》,《现代教育管理》2014年第5期。

[7]谢艳娟:《学术资本主义与大学治理结构变革》,《现代教育管理》2014年第6期。

[8]湛中乐:《大学治理的重要保障——兼评〈中华人民共和国高等教育法〉的修改与完善》,《中国高教研究》2016年第6期。

[9]胡弼成、欧阳鹏:《共建共治共享:大学治理法治化新格局——基于习近平的社会治理理念》,《中南大学学报(社会科学版)》2014年第6期。

[10]湛中乐:《我国公立大学治理政策变迁的制度逻辑——基于历史制度主义的分析》,《中国高教研究》2014年第3期。

第九章　高等院校教师：依法治学

章节提要

"所谓大学者，非谓有大楼之谓也，有大师之谓也。"作为人类灵魂的工程师，教师从事着太阳底下最光辉的职业，承担着教书育人的崇高使命！特别是高校教师，不仅承担着教书育人的重要使命，还具有科学研究、社会服务、文化传承与创新等重要作用。成为一名高校教师，必须遵循教师资格制度、教师聘任制度和教师职务制度。近年来，随着高等教育的发展，高校教师的待遇问题和管理问题、学术规范等问题也是亟须关注的问题。

第一节　高等院校教师的地位和作用

高等学校教师是高等学校的教育者，他们既是某一学科的专家，又是教育教学工作的承担者。按照《中华人民共和国教育法》和《中华人民共和国教师法》中的定义：教师是履行教育教学职责的专业人员，承担教书育人、培养社会主义事业建设者和接班人、提高民族素质的使命。高等学校的教师，不仅承担培养人才的任务，而且还对国家科学技术水平和社会主义物质文明、精神文明建设产生重要影响。因此，建设一支数量适当、结构合理、品德高尚、业务精良的教师队伍，是办好高等学校的关键。

习近平总书记于 2018 年 9 月 10 日在全国教育大会上发表的重要讲话中指

出："教师是人类灵魂的工程师，是人类文明的传承者，承载着传播知识、传播思想、传播真理和塑造灵魂、塑造生命、塑造新人的时代重任。全党全社会要弘扬尊师重教的社会风尚，努力提高教师政治地位、社会地位、职业地位，让广大教师享有应有的社会声望，在教书育人岗位上为党和人民事业作出新的更大的贡献。"

一、高等院校教师的地位

社会地位是社会学的一个术语，它是指社会成员基于社会属性的差别而在社会关系中的相对位置以及围绕这一位置所形成的权利和义务关系。一种职业的社会地位的高低主要取决于该职业对社会的贡献。高校教师是国家的宝贵财富，是社会主义教育大军中的中坚力量之一，是人类科学技术文化艺术宝贵遗产的继承者、传播者、新知识新文化的创造者，理应受到社会的尊重，享有较高的社会地位。与中小学教师相比，高校教师的社会地位是较高的。近年来，随着国家对教育的重视，高校教师的专业地位、经济地位、政治地位及职业声望都得到了提高。

（一）高校教师的专业地位

一般来说，一种职业所需要的教育训练时间越长，可替代性越低，其专业化程度越高，其社会地位也就越高。反之亦然。联合国教科文组织在《关于教师地位的建议》中提出，教师应被视为一种专门的职业后，各国纷纷认同教师的专业地位。我国 1986 年颁布的《中华人民共和国国家标准职业分类与代码》中，将教师列在"专业技术人员"中。1993 年颁布的《中华人民共和国教师法》规定：教师是履行教育教学职责的专业人员。这些法规条例都承认了教师的专业地位。高校教师大多数具有硕士、博士研究生学历，受教育训练时间较长，拥有专业化的知识储备和技术水平，可替代性较低，因此拥有较高的专业地位，甚至有一些教师能够成为本行业、本专业的领军人才，受到尊重。

（二）高校教师的经济地位

教师的经济地位是指教师的经济待遇在社会职业体系中所处的相对高度，包括社会物质财富的分配、占有和享用的状况，以及待遇、生活水平、行业吸引力等，是教师社会地位最直接和最基础的指标。目前，高校教师的经济地位不高，收入与付出不平衡，高校教师职业的吸引力比其他很多职业小等问题一定程度上制约着教师的发展。① 另外，高校中青年教师的经济地位问题尤其值得关注。目前，高校青年教师普遍面临着发展压力过大、整体待遇较低等问题，对高校教师的工作积极性和生活状态造成了一定的影响。由于收入的偏低和生

① 参见于畅：《高校青年教师教学能力发展研究》，沈阳：辽宁人民出版社 2006 年版，第 162 页。

活成本的攀升，使青年教师难以承受生活的压力之重，再加上近年来一些高校对青年教师实行规定年限内“非升即走”“非升即转”的政策，更加剧了他们的压力，使青年教师普遍处于“焦虑”状态。

(三)高校教师的政治地位

教师的政治地位是指教师参政议政的程度以及在社会政治体系中所处的位置，包括教师参政的深度、广度、幅度和专业权限、政治待遇、法律保障等。由于教师主要从事培养人的工作，有着公共事业的性质，所以许多国家都把教师确定为国家公务员。教师政治地位的高低受社会经济、政治制度发展水平的影响。新中国成立后，教师与其他劳动者一起成为国家的主人，其政治地位不断得到提高。1985 年 1 月 21 日，第六届全国人大常委会第九次会议通过决议，确定每年 9 月 10 日为“教师节”。此外，每年的“两会”都有教师代表参加，教师参政议政的机会越来越多，其政治地位不断提升。

(四)高校教师的职业声望

职业声望是社会公众对某一职业的意义、价值和声誉的综合评价，具体体现在职业形象的优劣、职业吸引力的大小、职业稳定性和威信等方面。教师职业声望是指“他人和社会对教师职业的有利评价和承认，如公众的认可和称道，尊敬和钦佩，荣誉和敬意等”。在我国，教师都具有较高的职业声望。我们通常称教师为“人类灵魂的工程师”“从事着太阳底下最光辉的职业”等，高校教师同样享有这一职业声望。

二、高等院校教师的作用

与一般教师相比，高校教师的特殊作用主要体现在以下几个方面：

首先，高校教师的基本任务是培养高级专门人才，而高级专门人才在科学技术和社会发展中起骨干作用。现代科学技术的发展，最终取决于高等教育所培养的人才数量和质量；生产力水平的提高，国民经济的发展，文化教育卫生事业的昌盛，综合国力的增强，社会的整体进步，很大程度取决于高等教育所培养的人才的数量与质量。而高级专门人才的质量又取决于大学教师的工作。

其次，高校教师既是科学文化的传递者，又是科学文化的创造者。历来对人类社会有伟大贡献的科学家、思想家、活动家，不少是汇集于高等院校或当过高校教师。人们往往把高校教师这一职业同文化发达、科学昌盛、政治民主、人类进步紧密联系在一起，用“学者”“专家”来称呼高校教师，把高校教师的声望作为一个国家学术水平的标志，把高校教师的社会地位作为一面文明建设的镜子。

再次，高校教师既是教育工作者，又是社会活动家，以其专家、学者的身份，对科学、文化、经济、政治的远见卓识，参与社会活动，直接为社会服务。在现代信息社会中，高校教师对社会改革的高见，对重大事件的评论，在报刊、电台上占有重要的地位，起着舆论导向的作用。

最后，高校教师是科技创新的主力军。高等学校教师的强项不仅在理论研究，在强调应用成果的国家技术发明奖和国家科学技术进步奖上，近几年来高校获奖数量也有了显著提高。2019 年度国家科学技术奖励授奖项目共 239 项，144 所高校作为主要完成单位获奖 198 项，占授奖总数的 82.8%；91 所高校作为第一完成单位获奖 159 项，占授奖总数的 66.5%。这说明近年来高校在产学研合作等方面的改革已初见成效，高校正在成为名副其实的科技创新主力军。

第二节　高等院校教师的资格、职务和聘任制度

根据《中华人民共和国教师法》的规定，国家实行教师资格制度、教师聘任制度和教师职务制度。教师资格制度解决教师资格的问题；教师聘任制度解决教师职业的问题，要求做到“能进能出”；教师职务制度解决岗位的问题，要求做到“能上能下”。其中教师聘任制度是转变教师任用机制的关键。

一、教师资格制度

根据《高等教育法》第四十六条规定：高等学校实行教师资格制度。中国公民凡遵守宪法和法律，热爱教育事业，具有良好的思想品德，具备研究生或者大学本科毕业学历，有相应的教育教学能力，经认定合格，可以取得高等学校教师资格。不具备研究生或者大学本科毕业学历的公民，学有所长，通过国家教师资格考试，经认定合格，也可以取得高等学校教师资格。教师资格制度也叫“教师资格证书制度”或“教师证书制度”，是国家对教师实行的一种特定的职业许可制度。教师资格制度的建立和实施对于依法管理教师队伍、促进教师专业化发展、保证教师质量等方面具有极其重要的意义。

资格证书制度起源于工业革命以后，是各个行会推行的行业技术资格证书和技术职称制度。教师资格证书制度最早产生于美国。1825 年，美国俄亥俄州最先对教师进行考核，通过者由教育主管部门颁发合格证书。随后，该制度开始在世界其他地区陆续实施。现在，教师资格证书制度已经成为世界上绝大多数国家和地区都采用的、具有严格的立法基础和多元检定程序的教育质量保障制度之一。

二、山东省高校教师资格证申请条件

（一）申请认定高等学校教师资格人员的条件

（1）遵守《中华人民共和国宪法》和法律，拥护中国共产党领导，坚持社会主义办学方向，贯彻党的教育方针，热爱教育事业，履行《中华人民共和国教师法》规定的义务，遵守高等学校教师职业道德规范。

（2）具备中国公民身份；在我省高等学校担任或拟担任教学工作的港澳台居民，可凭港澳台居民居住证、港澳居民来往内地通行证、五年有效期台湾居民来往大陆通行证提出申请。

（3）具有研究生或者大学本科毕业学历。

（4）具备承担教育教学工作所必需的基本素质和能力：

①参加省教育厅统一组织的山东省高等学校教师岗前培训并取得山东省高等学校教师岗前培训考试暨教师资格笔试合格证。

②按照《山东省高等学校教师资格考试面试办法及标准（试行）》由受委托高校（指受我厅委托认定本校教师资格的高等学校，下同）或省统一组织面试，成绩合格。

③普通话水平应达到国家语言文字工作委员会颁布的《普通话水平测试等级标准》二级乙等以上标准。

④具有良好的身体素质和心理素质，无传染性疾病，无精神病史，适应教育教学工作的需要，在县级以上医院体检合格。

高等学校聘任副教授以上教师职务或具有博士学位者申请认定高等学校教师资格，只需具备上述条件中第（1）款、第（2）款、第（3）款和第（4）款第①④项中规定的条件。师范类专业毕业生所申请任教学科与所学专业一致的，申请认定高校教师资格只需具备上述条件中第（1）款、第（2）款、第（3）款和第（4）款第①③④项中规定的条件。

（二）获得教师资格证必须具备的条件

（1）身份条件：必须是中国公民。身份条件是我国高校教师的先决条件。只要是中国公民，并具备了法律规定的相应条件，均可取得高校教师资格。符合条件的外国公民虽然可以在我国高校任教，但并不意味着他们取得了中国教师资格。

（2）思想条件：必须具有良好的思想品德。“学高为师，身正为范”。作为教师，既要学问高深，又要为人正派，成为德才兼备的人才。就思想品德而言，高校教师一方面要遵守公民基本道德规范，做到爱国守法、明礼诚信、团结友善、勤俭自强、敬业奉献；另一方面又必须遵守教师职业道德规范，做到热爱教育事业、热爱学生、与其他教师团结协作、为人师表。“其身正不令而行，其身不正虽令不从”，教师劳动的示范性决定了教师必须在思想品德方面更加严格要求自己，这样才能为人师表，教书育人。

（3）学历条件：必须具备一定的学历或者经过教师资格证考试合格。关于我国教师的学历，《中华人民共和国教师法》第十一条对此作出了详尽的规定：取得高等学校教师资格，应当具备研究生或者大学本科毕业学历。因此，要想取得高校教师资格，必须具备研究生或者大学本科毕业学历，对于不具备研究生或大学本科毕业学历的公民，如果学有所长，通过教师资格考试，经认定合格，也可以取得高等学校教师资格。高等学校教师资格考试根据需要举行，申请参加高等学校教师资格考试的，应当学有专长，并有两名相关专业的教授或者副教授推荐。根据规定，教师资格考试科目、标准和考试大纲由国务院教育行政部门审定，属于高等学校教师资格考试的，由国务院教育行政部门或者省、自治区、直辖市人民政府教育行政部门委托的高等学校组织实施。

三、教师职务制度

教师职务是根据学校教育教学、科研等实际工作需要设置的有明确职责、任职条件和任期，并需要具备专门的业务知识和相应的学术水平才能担负的专业技术工作岗位。教师职务制度是国家对教师岗位设置及各级岗位任职条件和取得该岗位职务的程序等方面规定的总称。国家实行教师职务制度，从法律的高度确立了教师地位及其职业的不可替代性，促使教师队伍建设走上规范化、法制化的轨道，促进教师工资福利等待遇的改善，为优秀教师脱颖而出创造条件，这对于充分调动和发挥广大教师为社会主义教育事业服务的积极性和创造性无疑有着巨大的推动作用。[①]

教师职务制度与资格制度密切相关，当高校教师的资格被认定以后，就有资格赋予高校教师一定的职务。所以，教师职务制度可以看作教师资格制度的一种延伸。根据《高等教育法》第四十七条和《高等学校教师职务试行条例》第二条的规定，高等学校教师职务设四级：助教、讲师、副教授、教授。它们是根据学校所承担的教学、科学研究等任务的需要而设置的工作岗位。

（一）高校教师职务制度的历史沿革

新中国成立以来，我国高校教师职务管理制度经历了专业技术职务任命制、专业技术职务评定制、专业技术职务聘任制以及专业技术职务岗位管理制四个阶段，高校教师管理初步实现了从身份管理向岗位管理的转变，“按需设

① 参见袁兆春、宋超群：《教育法学（修订版）》，济南：山东人民出版社2004年版，第164页。

岗、按岗聘任、聘约管理”为主要特点的专业技术职务岗位管理制度正逐步成为我国高校基本的用人制度。

(1)专业技术职务任命制阶段:新中国成立初期至20世纪60年代初,实行专业技术职务任命制和职务等级工资制,将专业技术人员列入“国家干部”系列管理。“文化大革命”十年期间,高校教师职务工作全部停止。

(2)专业技术职务评定制阶段:1977～1983年,我国高校教师专业技术职务评定以评为主,只评不聘,专业技术职称只作为一种荣誉性的学术称号,由本人申报提交材料,并附所在单位的意见,然后由各级专业技术职务评审委员会进行评定,评审通过后,由主管行政机关授予专业技术职称,仅作为任用专业技术人员的参考依据之一,没有岗位要求和职数限制,不与工资待遇挂钩,没有任期限制,一旦获得,终身拥有。1983年,我国决定暂停专业技术职务评定,研究制定新的专业技术职务管理制度。

(3)专业技术职务聘任制阶段:20世纪80年代中后期,随着经济体制改革的深入,我国开始探索建立专业技术职务聘任制度。1986年2月,国务院发布的《关于实行专业技术职务聘任制度的规定》指出,专业技术职务是根据实际工作需要设置的有明确职责、任职条件和任期,并需要具备专门的业务知识和技术水平才能担负的工作岗位,不同于一次获得后终身拥有的学位、学衔等各种学术、技术称号。教师在任期内履行职责,并享受相应的职务工资待遇。自此,教师职务评聘工作逐步走上经常化的轨道。1993年10月,《中华人民共和国教师法》颁布,标志着我国教师队伍建设和管理进入法制化、规范化的轨道。“国家实行教师职务制度”已明确写入《教师法》,确立了其法律地位,将得到国家法律的保护。

(4)专业技术职务岗位管理制阶段:2000年以来,随着新一轮高校人事制度改革的不断深化,高校教师职务“身份制”“终身制”的思想受到了很大的冲击,打破教师职务终身制,实行教师岗位管理制度成为高校教师职务管理制度改革的重点。2002年7月,国务院办公厅转发《人事部关于在事业单位实行人员聘用制度的意见》,提出实行岗位聘任制,彻底改变高校教师职务聘任制存在的因人设岗的现象,教师职务只是高校与教师个人之间的聘用合同关系,从而打破了教师职务终身制。[①]

(二)高校教师职务的任职条件及职责

高校教师要想取得相应的教师职务,必须具备一定的任职条件。《高等教

① 参见李子江:《我国高校教师职务管理制度的历史沿革与展望》,《大学教育科学》2010年第4期。

育法》第四十七条规定,高校教师任职的基本条件应当包括以下几个方面:(1)取得高等学校教师资格;(2)系统地掌握本学科的基础理论;(3)具备相应职务的教育教学能力和科学研究能力;(4)承担相应职务的课程和规定课时的教学任务。教授、副教授除应当具备以上基本任职条件外,还应当对本学科具有系统而坚实的基础理论和比较丰富的教学、科学研究经验,教学成绩显著,论文或者著作达到较高水平或者有突出的教学、科学研究成果。高等学校教师职务的具体任职条件由国务院规定。

《高等学校教师职务试行条例》对助教、讲师、副教授及教授的职责做了具体的规定:

1.助教的职责

(1)承担课程的辅导、答疑、批改作业、辅导课、实验课、实习课、组织课堂讨论等教学工作(公共外语、体育、制图等课程的教师还应讲课),经批准,担任某些课程的部分或全部讲课工作,协助指导毕业论文、毕业设计;(2)参加实验室建设,参加组织和指导生产实习、社会调查等方面的工作;(3)参加学生的思想政治工作或教学、科学研究等方面的管理工作;(4)参加教学法研究或科学研究、技术开发、社会服务及其他科学技术工作。

2.讲师的职责

(1)系统地担任一门或一门以上课程的讲授工作,组织课堂讨论,指导实习、社会调查,指导毕业论文、毕业设计;(2)担任实验室的建设工作,组织和指导实验教学工作,编写实验课教材及实验指导书;(3)参加科学研究、技术开发、社会服务及其他科学技术工作,参加教学法研究,参加编写、审议教材和教学参考书;(4)根据工作需要协助教授、副教授指导研究生、进修教师等;(5)担任学生的思想政治工作或教学、科学研究等方面的管理工作;(6)根据工作需要,承担辅导、答疑、批改作业、辅导课、实验课、实习课和指导学生进行科学技术工作等教学工作。

3.副教授的职责

(1)担任一门主干基础课或两门以上课程的讲授工作(其中一门应为基础课,包括专业基础课或技术基础课),组织课堂讨论,指导实习、社会调查,指导毕业论文、毕业设计;(2)掌握本学科范围内的学术发展动态,参加学术活动并提出学术报告,参加科学研究、技术开发、社会服务及其他科学技术工作,根据需要,担任科学研究课题负责人,负责或参加审阅学术论文;(3)主持或参加编写、审议新教材和教学参考书,主持或参加教学法研究;(4)指导实验室的建设、设计,革新实验手段或充实新的实验内容;(5)根据需要,指导硕士研究生,协助教授指导博士研究生,指导进修教师;(6)承担学生的思想政治工作或教学、科学研究等方面的管理工作;(7)根据工作需要,承担辅导、答疑、批改作业、辅导课、实验课、实习课和指导学生进行科学技术工作等教学工作。

4.教授的职责

除承担副教授职责范围内的工作外,应承担比副教授职责要求更高的工作。领导本学科教学、科学研究工作,根据需要并通过评审确认后指导博士研究生。

四、教师聘任制度

高校教师聘用制是高校与教师之间通过合同聘任的形式,明确双方的权利和义务,形成任职契约关系的人事任用制度。新中国成立以来,计划经济体制下的教师任用制度是一种通过计划录用、行政任命和调配的形式来使用和管理教师的制度。这种教师任用制度曾经对我国教育事业的发展起到过积极的作用,但在社会主义市场经济体制下,已不能适应教育改革和发展的需要,不能解决教师队伍建设和管理中出现的新问题,因此必须加以改革。

1994 年的《教师法》第十七条规定:学校和其他教育机构应当逐步实行教师聘任制。教师的聘任应当遵循双方地位平等的原则,由学校和教师签订聘任合同,明确规定双方的权利、义务和责任。1999 年 1 月,在国务院批转教育部的《面向 21 世纪教育振兴行动计划》中正式明确提出实行教师聘任制。自 2000 年中组部、人事部、教育部联合发布《关于深化高等院校人事制度改革的实施意见》,将聘用制推向实践以来,实现教师由"学校人"向"社会人"转变,建立能上能下、能进能出、完全靠人才市场调控的用人机制,一直是高校人事制度改革的主要目标。2010 年《国家中长期教育改革和发展规划纲要(2010—2020 年)》进一步强调要加强教师管理,创新聘用方式,完善教师退出机制。改进和优化聘用制成为当前高校教师队伍建设的重要内容。2014 年《事业单位人事管理条例》的出台,更为聘用合同的实施、岗位聘用与人事聘用的并轨提供了直接的政策依据,为聘用制扫清了重要障碍。2017 年教育部在《关于加快直属高校高层次人才发展的指导意见》中也提到,要"强化高校与人才的契约关系和法治意识,落实聘用合同管理,明确双方权利、义务和违约责任"。

《高等教育法》第四十八条也规定:高等学校实行教师聘任制。教师经评定具备任职条件的,由高等学校按照教师职务的职责、条件和任期聘任。高等学校的教师的聘任,应当遵循双方平等自愿的原则,由高等学校校长与受聘教师签订聘任合同。

(一)高校教师聘任制的特点

1.聘任关系平等

教师和高等学校之间是一种平等的关系,该关系的建立基于双方自愿。教师具有择业的自由，高等学校具有依法聘任和解聘教师的权利。

2.聘任关系合同化

教师和高等学校通过签订聘任合同的形式，明确双方的权利、义务、责任关系。聘任关系实行合同化管理，合同是解决双方争议的法律依据。

3.实行任期制

聘任合同具有明确的聘任期限，长期聘任也不等同于终身制。

4.聘任过程社会化、公开化和教师任职流动化

高等学校可以且应当面向社会公开招聘。教师聘任制将打破教师资源单位所有制，使教师个人不再固定为某一高等学校所有，而成为整个社会共享的人力资源。教师聘任过程社会化有利于实现教师就业机会均等，同时也拓宽了师资来源渠道。采取公开竞聘的方式也有利于聘任的公平、公正，在保障教师合法权益的基础上促进教师合理流动。[①]

5.实行双向选择和择优机制

教师凭实力竞争上岗，高等学校积极创造条件吸收优秀师资、争夺人才。高等学校择优聘任教师、教师也选择高等学校，缺乏吸引力的岗位被人才冷落。教师和高等学校都将在竞争中优胜劣汰。

6.聘任形式多样化

教师聘任合同制是一种灵活的用人形式。根据教师和高等学校达成的协议，教师可以为一个高等学校聘用，也可以同时为几个高等学校聘用。聘任教师可以有全职聘任、兼职聘任，长期聘任、短期聘任以及正式聘任和临时聘任等多种形式。

（二）高校教师聘任制存在的问题

1.传统观念深入人心

高校作为事业单位的典型代表，其人事制度改革远落后于其他行业，传统的建立在计划经济体制下的高校人事管理制度已无法适应社会主义市场经济的需要。绝大多数高校仍停留在事业单位的状态，教师以“国家干部”自居，受到“体制”的保护，享受优厚的养老、医疗福利保障，“铁饭碗”“吃大锅饭”的现象普遍存在。另外，长期以来高校过分注重其个人身份，“官本位”意识仍普遍存在；职务与待遇挂钩，使得教师过分追名逐利，认为只有被重用和提拔，成为行政部门领导，才能提高个人待遇，这也导致了学术职称的贬值。

2.能上不能下，能进不能出

目前大部分高校教师职务聘任仍以封闭的内部晋升为主，且长久形成的传

---

① 参见秦晓红：《中外高校师资管理比较研究》，长沙：湖南教育出版社2007年版，第202页。

统是论资排辈，其职务只有上升机制，即“能上不能下”传统和思想在多数高校管理者和教师中很难突破。同时，教师不论受聘还是落聘，都有学校的编制，都需要在学校内部进行消化，教师聘任合同规定的聘任年限变成了一个摆设，这就使得教师没有了压力，严重影响了学校教学科研活动的正常进行。对于考核不合格的教师，非但没有被淘汰，反而继续占据学校编制，这种“能进不能出”制度又使高校教师聘任制的实施很难形成开放的良好态势。

3.不能按需设岗

目前，国内很多高校只是简单按照学校现有教师人数和职称设岗，并未做到按需设岗，也未能科学制定各岗位的职责，致使教师聘任与岗位职责严重脱节，岗位体系分类不明。同时，由于我国对高校专业技术人员的管理方法一直采取控制编制的做法，高校根据上级主管单位传达的编制额进行岗位设置，而没有对学校的实际工作进行考量。这样，在实际工作中往往会造成教师岗位职责混淆，形成“因人设岗、人浮于事、论资排辈”等不良现象，影响正常的教师聘任制实施。

4.教师绩效考核及职称晋升机制不合理

目前，高校教师的岗位考核评价体系主要是以论文篇数、课时数、科研项目数等量化指标为主，虽然量化指标可以减少人为干涉的因素，体现客观、公正的原则，但过度强调量化考核指标，阻碍了教师的创造性，影响了工作“质”的提升。另外，评价体系中科研指标比重较大，教学方面的指标则相对欠缺。只考虑教学工作量，缺乏对教学效果的评价，没有突出师德、教学的中心地位，也没有将社会服务纳入考核体系中，一定程度上制约了复合型、高素质教师的培养。

第三节　高等院校教师的待遇

高校是人力资源密集型组织，需要建立科学的薪酬体系。薪酬制度其实是一种社会评价和激励机制。高待遇可以吸引高素质人才，高素质人才可能带来高产出。低待遇则可能会使组织陷入低投入、低产出、低质量、低效益的恶性循环。《教师法》第七条第四款规定：教师享有“按时获取工资报酬，享受国家规定的福利待遇以及寒暑假带薪休假”的权利。随着国家对教育的重视，高校教师的待遇逐渐得到改善。我国高校教师工资水平从 2001 年起才高于社会平均工资，从 2010 年起才位居我国社会行业排名中等水平，而发达国家的教师收入基本上属于本国社会的中上层级。[①] 近年来，高校教师工资虽然有所增长，但仍有提升空间。进入 21 世纪，高校青年教师的待遇过低、压力过大也一度引起社会的广泛讨论，这也反映出新时代高校教师待遇的新问题。

一、高校教师工资的结构与现状

目前，高校教职工的工资收入一般可分为三大部分：国家政策性的基本工资、地方政策性的津贴和校内创收津贴。

基本工资是 1993 年国家对机关事业单位工资制度进行全面改革时形成的，它分为职务工资和津贴工资。津贴工资是按职务工资与津贴工资 7：3 的比例计算得来的。基本工资主要与教职工的职务（职称）、工作年限与任职年限有关。1993 年工资制度改革的显著特点：一是建立了工资增长机制，既有正常的增资机制（在年度考核合格的基础上，每两年晋升一档工资），也有定期的职务工资标准调整，使工资水平能够随着国民经济水平的提高而增长。二是增设了奖励性质的工资，如一定比例的考核优秀者可提前晋升工资、发放年终一次性奖金等，在一定程度上调动了教职工工作积极性。这一制度对提高高校教职工的总体待遇，增加高校的职业吸引力，保障高等教育事业的发展起到了一定的积极作用。

地方政策性的津贴、补贴，项目较多，名称也各不相同，在一定程度上体现了地方差异和行业差异。校内津贴由各校自行建立，如课时津贴、劳务酬金等。津贴发放水平因校而异，发放办法多样、形式灵活。近几年中，有相当一部分高校将可支配的地方性津贴和校内津贴相结合，建立了岗位津贴、业绩津贴以及特殊津贴制度。岗位津贴是对教师实行岗位聘任，以岗定薪，岗变薪变，效率优先，岗位津贴主要与教师的职称、学历和能力有关。业绩津贴是按照一定的当量将教学、科研、带研究生或指导学生等各项任务进行量化，通过考核按教师履职工作量或业绩点发放业绩津贴，按劳分配，多劳多得。

作为一种高人力资本投入、高素质人员密集的行业，我国高校教师的工资水平相对较低，且行业工资平均增长率低于市场平均水平，这与高等教育在国家中长期发展战略中的角色定位是不相称的。从行业平均工资水平的角度看，高校教师的工资水平处于社会各行业相对比较领先的位置，但是作为知识、技术、高素质人才密集的行业，高校人力资本投资收益率却远低于社会平均水平。通过对相关行业的高级专业技术职务人员与高校教授、副教授的工资水平的比

---

① 参见李军良、黄建新、万玺：《高校绩效工资改革管理理论与实践：基于一般地方本科院校的视角》，成都：西南交通大学出版社 2014 年版，第 19 页。

较可以看出，与其他行业的高级研发人员相比，教授的工资水平比较高，但教授中最高收入者的收入水平不算太高，而副教授的工资收入远远低于其他行业的水平。可见，由于高等教育行业的高学历、高职称人员比例较高，且这部分人员的绝对工资收入较高，因此拉高了整个高等教育行业的平均工资水平。事实上，高等教育行业高学历、高职称人员的收入只不过是比本行业或其他部分行业的低学历、低职称人员的工资水平高一些，而与其他行业同类人员相比却比较低。换言之，与其他行业相比，高校不仅不是传统认识中高收入的行业，反而存在一定的“知识贬值”现象。[①] 与国际同行相比，我国高校教师待遇总体偏低，学校运行经费中用于人力开支的比例偏低。以研究型大学为例，2009～2010年，加州大学伯克利分校的人员经费占其运行总经费的61.7%，斯坦福大学为60.7%，密歇根大学为66.5%，其他美国研究型大学的人员经费也大体占运行总经费的三分之二。而我国北大、清华、复旦、南京大学、浙江大学5所大学的平均人员经费比例仅为36%。中国一流大学运行成本低于美国研究型大学，所以人员经费的实际差距就更大。[②]

二、山东高等学校绩效工资内部分配办法改革概要

2016年，中共中央办公厅、国务院办公厅印发的《关于实行以增加知识价值为导向分配政策的若干意见》曾指出，允许科研人员和教师依法依规适度兼职兼薪，包括允许科研人员从事兼职工作获得合法收入和允许高校教师从事多点教学获得合法收入。但是数据显示，仅有21%的被调查教师表示除了工资之外，有其他收入。2020年6月，山东省教育厅、山东省财政厅、山东省人力资源和社会保障厅印发《关于完善高等学校绩效工资内部分配办法的指导意见》，按照“多劳多得、优劳优得、少劳少得、不劳不得”的原则，完善高等学校绩效工资内部分配办法，激发高等学校内生动力，推动高质量发展，提出了以下要求：

(一)强化高等学校主体责任

高等学校要切实履行绩效工资分配主体责任，严格执行国家和省有关绩效工资分配政策，结合学校自身实际，有效开展校内绩效工资分配工作，健全完善与岗位职责、工作业绩、实际贡献紧密联系的绩效工资分配机制。

(二)落实高等学校绩效工资分配自主权

高等学校根据特色发展、人才培养、人员结构和岗位类别等因素，按照规定

---

① 参见李军良、黄建新、万玺：《高校绩效工资改革管理理论与实践：基于一般地方本科院校的视角》，成都：西南交通大学出版社2014年版，第19页。

② 参见李立国：《高校人事制度改革的走向》，《光明日报》2014年6月3日。

程序在核定的绩效工资总量内自主确定收入分配办法，自主确定绩效工资的具体项目、标准(省统一规定的除外)，自主实施绩效考核，自主搞活绩效工资分配。鼓励高等学校根据二级单位的发展目标、工作任务、年度考核、成果贡献等情况，将绩效工资总量切块到二级单位，由二级单位进行自主分配。创收收入优先用于绩效工资分配。高等学校通过校企合作、技术服务、社会培训、自办企业等创收净收入，可按照不低于50%的比例用于奖励性绩效工资分配，纳入绩效工资总量管理。

(三)完善高等学校绩效工资管理机制

建立绩效工资总量调控机制。高等学校绩效工资实行总量管理。省人力资源和社会保障厅、省财政厅根据省属高等学校年度分类考核结果，结合高等学校财政拨款、创收收入、发展需要等情况，合理调控绩效工资水平。高等学校执行自收自支事业单位调控线，按基准线的2.3倍确定，限高线按基准线的5倍确定。对绩效工资水平超过调控线的高等学校，按有关规定征缴调节基金。

优化绩效工资结构。高等学校要根据发展需要，自主确定基础性绩效工资与奖励性绩效工资所占比重，逐步加大奖励性绩效工资占比，到2020年底，奖励性绩效工资实际分配总量在绩效工资总量中占比一般不低于70%。

(四)完善以增加知识价值为导向的绩效工资分配激励机制

加大教学岗位绩效工资激励力度。绩效工资分配要向教师、教学倾斜，提高教学工作在绩效工资分配中的比重，有效体现教师课时量和工作绩效，加大对教学型名师、教学成果奖的绩效激励力度，完善教授、副教授给本科生上课的约束机制，更好引导教师投入教学。设立教学型教师年度专项奖励，健全完善教学型教师业绩评价机制，教学业绩考核评价优秀的，可给予重点奖励。

落实教师从事科学研究的奖励绩效。加强对重要科研项目立项、科学技术奖(含人文社科奖)、发明专利、论文著作、智库成果和标准制定等科研奖励管理，突出质量创新导向，合理确定奖励等次，分类明确奖励标准，高水平成果可设立单项奖，激发教师科研工作动力。

对高层次人才实行更加灵活的分配方式。鼓励高等学校对高层次人才实行年薪制、协议工资、项目工资等灵活的分配方式，年薪、协议工资在绩效工资总量中单列，不作为高等学校绩效工资控制基数。对不实行年薪制、协议工资制等分配方式的高校，在核定绩效工资总量时予以倾斜，将高层次人才绩效工资在绩效工资总量中单列。

强化科技成果转化收益奖励。教学科研人员实行工资、科研绩效和成果转化收入三元薪酬结构。成果转化现金净收益，以及技术转让、作价投资股份等依法取得的科技成果转化收益，不纳入学校工资总额基数，给予教师或团队的收益不低于成果转化收益总额的70%，不高于95%，由成果完成人自主分配。探索赋予科研人员职务科技成果所有权或长期使用权。对在科技成果转化过程中做出重要贡献的成果完成人，可按照成果转化净收益给予一定奖励。

（五）完善各类岗位绩效分配调控机制

完善岗位分类管理机制。高等学校要严格年度考核和聘期考核，把考核结果与绩效工资分配挂钩，实行分类管理，分类调控，科学确定教学科研、管理、教辅工勤等人员的绩效工资标准，合理调节不同岗位的收入，不得平均发放或按岗位津贴级别标准发放，充分体现业绩和贡献导向，拉开档次，有效激发教师队伍活力。

完善高等学校主要负责人绩效工资分配机制。高等学校党政主要负责人按照考核结果分类确定绩效工资水平。高等学校年度分类考核优秀等次的，最高可按本单位绩效工资平均水平的3倍发放；考核良好等次的，最高可按本单位绩效工资平均水平的2倍发放；考核一般等次的，按不高于本单位绩效工资平均水平的1.5倍发放；考核结果为较差等次的或不定等次等情况，按不高于本单位绩效工资平均水平的1倍发放。

第四节　高等院校教师的管理

改革开放以来，尤其是1995年到现在，政府对高等教育不断加大投入，并出台一系列政策促进高等教育发展，高校教师管理的研究越来越受到重视。21世纪初是中国教育改革和发展的战略机遇，人类真正进入了信息技术和知识经济的时代。我国在实施"科教兴国""人才强国"战略的过程中，高等教育事业得到了长足的发展，教师队伍面貌也发生了巨大的变化，其素质、结构、质量和效益都有了明显的改观。但是，随着中国高等教育的连年扩招，学校规模迅速膨胀，各种矛盾日益突出，与创建人民满意的高水平大学教师队伍的要求相比，仍然存在很多不容忽视的问题。由于中国正处在经济社会转型的大背景下，原有的计划经济体制下形成的管理模式尚未突破，一些新的管理模式的尝试与原有的职称制度、招聘人才制度等还存在着矛盾和冲突。

一、现行高校教师管理的现状

目前，我国高校普遍实行的还是传统的人事管理制度，所谓人事管理制度就是对人事关系的管理，它是以从事社会劳动的人和相关的事为管理对象，在一定管理思想和原则的指导下，运用组织、协调、控制、监督等手段，形成人与人之间、人与事之间相互关系的某种状态，以实现一定目标的一系列管理活动的总和。人事管理过程包括进、管、出三个环节，管理过程强调事而忽视人，人的调进、调出被当作了管理活动的中心内容。在社会主义市场经济体制已经逐步建立的今天，原有的高校教师管理体制已经不再适应学校发展的要求，主要表现在以下几点：

(1)缺乏教师资源的开发和利用。目前的人事管理仍着重教师的进、管、出，视教师为人力成本，把人事工作当作组织的行政事务，以事为中心，以教师的招募、考核、工资、福利、奖惩等为主要工作，缺乏对教师本身重要性的认识，未形成教师是资源的理念，缺乏对教师资源的有效开发和利用。

(2)高校对教师实行单方面行政式垂直管理，较少关注教师方面的权利、需求及感受，忽视教师的情感需求。教师作为综合素质较高的特殊群体，有着强烈的自我尊重和自我实现意识，在满足基本物质条件的前提下，更加注重精神需求，而自上而下的行政式垂直管理既容易引起其心理排斥，也不利于充分调动其积极性和主动性。

(3)在师资队伍的建设上，注重人才引进，轻视自有人才的培养，在教师待遇上内外有别。在教师培养方面更多的是个人的自主行为，没有根据学科的发展需要制定长期的、科学的培养规划。

(4)在教师管理上，实行的是身份制而非契约制。虽然现在好多高校与教师签订合同，但在实质上仍非真正的契约制管理。特别是对高校而言，要想与教师解除合同推向社会，在实际操作上难度很大，主要是由于目前实行的退休金制度，高校教师普遍没有缴纳社会养老保险，从而无法推向社会。

(5)教师绩效评估体系亟待完善。现行高校教师的绩效考核指标通常从德、能、勤、绩、廉五个方面进行考核，但实际上主要是以岗位所要求的业绩量化指标为依据，对教师的主动性、奉献精神、合作意识等难以采用量化的指标进行考核。绩效考核结果存在误差，由于考核的基本环节要由人去操作和判断，绩效考评的许多标准容易受主观因素的影响，会出现评价者的偏差。考核周期设置不合理。目前，我国各高校的绩效考核多数是一年一次，以年终考核为主。事实上，不同的绩效指标需要不同的考核周期。对于教师成果绩效的考核，则需要较长的周期。例如教师的科研活动一般需要较长时间才能出成果，而这种成果要转化为现实的生产力，实现其经济或社会价值则需要更长的时间。

(6)教师资格准入制度不完善，人才引进与岗位设置不匹配。教师资格标准规定较笼统，更为注重对学历的考查，无法考查教师的专业素质和教学能力，体现不出教师职业的专业性；教师资格证书的类型简单，含金量达不到应有的水平；对教师的心理素质没有严格的把关，教师一旦拿到了教师资格证就可以终身使用，导致缺乏对教师自身专业发展的激励。

二、高校教师管理改革的发展趋势

根据高校人事管理制度的发展需要以及国家下发的一系列文件要求，高校人事制度改革呈现出以下几种趋势：

(1)在管理理念上由人事管理向人力资源管理发展。传统的人事管理重在对人的管理和事的管理，重在对人的人事档案和业务档案的管理，实质上是对教师进行身份管理。这种管理在效果上缺乏激励和引导，是一种静态的管理，视教师为成本。而人力资源管理重在对现有人员的开发和利用，同时注重队伍的重组和提升，视教师为资源。

(2)在管理方式上由静态管理向动态管理发展。现有的管理方式下，教师在达到一定的阶段后就没有了继续努力的动力，比如评定终身的职称制度以及工资制度等。在管理者身上同样存在这种问题，能上不能下的行政管理制度使得管理者在管理过程中不思进取，人浮于事。高校教师管理改革要求打破教授终身制，打破管理者手中的铁饭碗，从而提高工作的积极性。

(3)在分配上由平均主义向差异分配发展。拉大差异，注重激励，有助于调动教师的积极性，符合教师间能力存在差异以及工作投入程度不同的现实。

(4)在制度上由身份制向契约制发展。在人员聘任上，打破原有的重身份、重资历、重级别的人事管理方式，科学设定编制和岗位，竞争上岗、择优聘用、合同管理可以强化竞争机制，使人力资源配置更符合事业发展的需要。[①]

第五节　高等院校教师的学术规范

学术规范是从事学术活动的行为规范，是学术共同体成员必须遵循的准则，是保证学术共同体科学、高效、公正运行的条件，它在学术活动中约定俗成地产生，并成为相对独立的规范系统。学术规范并非源于某种“行政化”的操作，而是在学术共同体内部所构建的一种自觉的约束机制。[②] 学术规范能调节学术工作者在学术活动中的利益与人际关系，同时也是判断学术科研活动正邪善恶的准则。学术道德规范是学术道德建设的中心环节，也是衡量学者学术道

① 参见岳若惠:《现代教育理念下的高校教育教学管理》，杨凌:西北农林科技大学出版社 2013 年版，第 90 页。

② 参见教育部科学技术委员会学风建设委员会:《高等学校科学技术学术规范指南》，北京:中国人民大学出版社 2017 年版，第 2 页。

德修养、开展学术道德评价的标准。①

近年来，我国学术失范，既普遍且严重，这与我国日新月异的科教事业发展极不相称。高校教师是教育界的学术主力军，同时也是学术失范的主体。高校教师学术失范的严重性影响了我国教育事业的持续健康发展。

(1)教师群体存在严重的学术失范，会影响教师进行学术规范教育的群体威信，影响学术规范教育的效果。

(2)教师群体在学术规范的素养上是有欠缺的，有的教师能够苦口婆心地对学生进行学术良知的训导，而自己对抄袭剽窃等学术规范的基本技术性规定，知之甚少，为此造成了我国教育界、学术界学术失范的恶性循环：教师缺乏学术规范素养，培养了缺乏学术规范素养的学生，而这些缺乏学术规范素养的学生又成了教师……尽管我们大多数高校教师有很高的专业能力和专业素养，但在学术规范上，他们很多人远远不及格，甚至是门外汉。

为深入贯彻党的十八大和十八届三中、四中、五中全会及习近平总书记系列重要讲话精神，全面推进依法治校，有效预防和依法规范处理高等学校发生的学术不端行为，营造风清气正的学术环境，促进教学和科研事业的健康发展，教育部制定了《高等学校预防与处理学术不端行为办法》，自 2016 年 9 月 1 日起施行。

一、常见的学术不端行为

学术不端行为是指高等学校及其教学科研人员、管理人员和学生，在科学研究及相关活动中发生的违反公认的学术准则、违背学术诚信的行为。

《高等学校预防与处理学术不端行为办法》中认定的学术不端行为主要包括：(1)剽窃、抄袭、侵占他人学术成果；(2)篡改他人研究成果；(3)伪造科研数据、资料、文献、注释，或者捏造事实、编造虚假研究成果；(4)未参加研究或创作而在研究成果、学术论文上署名，未经他人许可而不当使用他人署名，虚构合作者共同署名，或者多人共同完成研究而在成果中未注明他人工作、贡献；(5)在申报课题、成果、奖励和职务评审评定、申请学位等过程中提供虚假学术信息；(6)买卖论文、由他人代写或者为他人代写论文；(7)其他根据高等学校或者有关学术组织、相关科研管理机构制定的规则，属于学术不端的行为。

认定的情节较为严重的学术不端包括：(1)造成恶劣影响的；(2)存在利益输送或者利益交换的；(3)对举报人进行打击报复的；(4)有组织实施学术不端

① 参见杨云霞、高宝营：《学术道德规范与知识产权概论》，西安：西北工业大学出版社 2016 年版，第 13 页。

行为的;(5)多次实施学术不端行为的;(6)其他造成严重后果或者恶劣影响的。

因此,常见的学术不端行为主要有以下几种:

(1)抄袭、剽窃他人成果,即未经许可擅自取用他人思想产品并将其作为自己的思想产品的错误行为。主要做法是在自己的文章中使用他人的思想见解或语言表述,而没有注明其来源。我国司法实践中认定抄袭和剽窃一般来说遵循三个标准:一是被剽窃或抄袭的作品是否受《著作权法》保护;二是剽窃或抄袭者使用他人作品是否超出了"适当引用"的范围,不仅仅是从量上来把握,主要还是从质上来确定;三是引用是否标明出处。①

(2)伪造或篡改实验数据。伪造是指在科学研究活动中,记录或报告无中生有的数据或实验结果的一种行为;篡改实验数据是指故意选择性地忽略实验结果,甚至伪造数据资料,但不包括诚实性错误,或者在解释或判断数据时的诚实性差异。伪造和篡改都属于学术造假,其研究成果中提供的材料、方法、数据和推理等都不符合实际,无法通过重复实验再次取得,使得科学研究者很难向前继续开展研究,也会导致众多研究者在一条错误道路上浪费大量的时间、精力和资源。

(3)一稿多投或重复发表。一稿多投是指作者将同一篇文章,在法定或约定的禁止再投期间,或者在期限以外获知自己作品将要发表或已经发表,在期刊编辑不知情的情况下,将自己的文章再次投向其他期刊或允许其他期刊发表此论文。基本上所有的期刊都在投稿须知中告知投稿者再投稿期限,期限一般是三个月,没有收到用稿通知,作者可自行处理稿件。重复发表是指作者向不同期刊投稿时,将自己的文章修改或不修改后再次发表的行为。

(4)不当署名。不当署名是指未参加实际研究或者文章、著作的写作,未经原作者同意或违背原作者意愿,而在别人发表的作品中署名,或未经本人同意盗用他人署名。如在论文发表时将有声望而没有参与研究或撰写工作或贡献很小的人列为第一作者。

(5)引用不规范。一是假引用,虚伪的、不真实的引用,如"友情引用""装门面引用""滥用自引用"。二是该引用的偏偏不引用,这种做法轻者是掠人之美,重者则是剽窃抄袭。三是"伪引用"就是有意做掩盖本来面貌的虚假引用。因此,在学术活动中,必须尊重知识产权,充分尊重他人已经获得的研究成果。引用应尊重原意,不可断章取义;引用应以论证自己观点的必要性为限,避免过度引用;引注观点应尽可能追溯到相关论说的原创者,不要采用转引;引用应伴以

---

① 参见教育部科学技术委员会学风建设委员会:《高等学校科学技术学术规范指南》,北京:中国人民大学出版社2017年版,第43页。

明显的标识,以避免读者误会;凡引用均须标明真实出处,提供与引文相关的准确信息;引用未成文的口语实录应将整理稿交作者审核并征得其同意。

二、学术不端行为的惩治与预防

学术不端行为的危害,轻者造成文章被撤,影响自身的学术声誉,严重的有可能面临被辞退的危险。2017 年 4 月,世界著名学术出版机构——德国的施普林格(Springer)出版社发表撤稿声明,旗下期刊《肿瘤生物学》(Tumor Biology)宣布因同行评审造假撤回 107 篇文章,全部与中国作者有关,涉及国内 125 家单位 524 名作者,涉及的单位甚至有北京协和医院、解放军总医院等全国知名的三甲医院,复旦大学、上海交通大学、武汉大学等重点高校也名列其中。创下了正规学术期刊单次撤稿数量之最。这次论文撤稿事件之所以引起国内学术界的轰动,引起了科技部、教育部等相关部委的高度重视,不仅是因为这次撤稿事件严重损害了我国学术界的国际声望,更主要的是它暴露了国内学术失范行为的群体性趋势。

《高等学校预防与处理学术不端行为办法》规定:学术不端行为的处理应当根据高等学校学术委员会的认定结论和处理建议,结合行为性质和情节轻重,依规定程序对学术不端行为责任人作出如下处理:(1)通报批评;(2)终止或者撤销相关的科研项目,并在一定期限内取消申请资格;(3)撤销学术奖励或者荣誉称号;(4)辞退或解聘;(5)法律、法规及规章规定的其他处理措施。同时,可以依照有关规定,给予警告、记过、降低岗位等级或者撤职、开除等处分。学术不端行为责任人获得有关部门、机构设立的科研项目、学术奖励或者荣誉称号等利益的,学校应当同时向有关主管部门提出处理建议。学生有学术不端行为的,还应当按照学生管理的相关规定,给予相应的学籍处分。学术不端行为与获得学位有直接关联的,由学位授予单位作暂缓授予学位、不授予学位或者依法撤销学位等处理。

因此,必须加强对高校教师的学术规范教育,开展学术规范继续教育。任职期内参加继续教育是很多部门对员工的基本要求。高等学校、科研部门应把学术从业人员的学术规范素养的提高纳入继续教育机制,可以通过两个途径完成:单位培训和自我进修。

学术规范的培训应该是常态化的机制,其具体培训可以是本单位也可以是其他单位举办的,重点关注几个节点的培训:一是新入职的岗前培训。新入职的高校教师或科研人员,是单位的新鲜血液和生力军,可结合岗位的需要进行系统的学术规范岗前培训,不仅要进行科学精神与学术道德的教育,而且还要有学术规范操作培训。二是新导师的上岗培训。硕博研究生导师以及本科论文指导教师，要指导学生的学业和学位论文，其工作具有特殊性，其培训不仅是如何规范做科研、如何规范写论文，而且还要有如何发现和处理学术失范和不规范的技术、技巧。三是晋高职的资格培训，对晋升高级职称的人员要有进修学术规范的要求。

对在职人员来说，学术规范继续教育也可以通过自我教育(self-education)即自学、自修来完成。对于中青年学者来说，今后的学术生涯还长，如果不重视学术规范的学习，就可能在不知不觉中产生一些失误，或犯下一些无法弥补的错误。等到成为教授、名家或走上领导岗位后，这些历史上的错误就可能束缚其前进的脚步，甚至毁掉自己的前程。工欲善其事，必先利其器。可以说，自修学术规范知识，是夯实学术研究的基础，是学术生涯平坦通畅的保障。

〔**经典案例**〕

小保方晴子学术造假事件

小保方晴子(Haruko Obokata)，生于1983年，日本理化学研究所发育与再生医学综合研究中心学术带头人，于2014年1月在英国《自然》杂志上发表论文宣称成功培育出能分化为多种细胞的STAP“万能细胞”，被追捧为有望冲击诺贝尔奖的“日本居里夫人”。然而，很快便有众多研究人员对论文提出诸多疑点。在舆论压力下，理化学研究所2014年2月中旬成立专门委员会调查论文材料可信性。委员会4月1日公布报告，认定小保方晴子研究过程中存在“捏造”和“篡改”图片行为，并于2014年7月正式撤回STAP细胞论文。2014年8月，STAP细胞的中期验证实验报告宣告失败。8月6日，导师笹井芳树自缢身亡，终年52岁。他留下的遗书中，对小保方晴子论文造假引起的不良影响表示谢罪。2014年10月，小保方晴子的博士学位亦被早稻田大学取消。2014年12月19日，日本理化学研究所公布STAP细胞事件结论，小保方晴子未能制作出这种细胞，实验宣告结束。小保方晴子宣布辞职。

于某茹涉嫌抄袭被撤销博士学位

于某茹2013年7月于北京大学历史学系博士毕业，进入中国社科院世界历史研究所博士后流动站。2014年8月17日，新闻传播类知名学术期刊《国际新闻界》在其官方网站挂出了一则《关于于某茹论文抄袭的公告》。《公告》称，期刊近期接到读者举报，于某茹的论文《1775 年法国大众新闻业的“投石党运动”》涉嫌抄袭。该刊认为，于某茹的行为已构成严重抄袭。为了反对此类学术不端行为，该刊决定采取三点措施：第一，将于某茹论文抄袭情况公告于本刊网站，并向作者相关单位进行了通报；第二，联系相关文献收录机构，删除于某茹该文的电子版；第三，五年内拒绝于某茹的投稿。2015 年 1 月 10 日，北大通报称，根据调查，专家组认为于某茹存在严重的抄袭行为。于某茹本人对网络举报的事实也予以承认。校学位评定委员会根据《国际新闻界》刊登的《关于于某茹论文抄袭的公告》、专家组提供的评审意见，于某茹本人提供的相关说明，确认于某茹期刊学术论文《1775 年法国大众新闻业的“投石党运动”》抄袭情况属实。委员们经过投票表决，同意撤销于某茹的博士学位。

〔案例评析〕

无论是小保方晴子还是于某茹都由于自身的学术失范受到了应有的惩罚。但是近年来，我国学术失范，既普遍且严重，且表现出一种群体现象，高校教师是学术研究、科学研究的主力群体，也是学术失范的主要群体。学术失范已演变为我国学术界的一种群体性现象，影响了正常的学术发展秩序、引发了学术诚信的危机，对此我们必须要有深刻的认识、理性的分析。

学术失范的原因是多方面的，而深层原因是我国学者在学术规范素养上存在着历史的和时代的结构性欠缺。1977 年恢复高考以来，高等教育有了新的发展，一些学科得以快速的恢复与重建，一些新学科也得到快速发展，但是，学术规范教育长期以来没有得到应有的重视，没有纳入正规的教学计划，没有设置有学分的课程，没有专门的教材，没有专门的师资，因此，绝大多数博硕本学生，几乎没有经过学术规范的严格训练，并且一届一届的学生都这样。长期以来学术规范教育处于一种缺位的状态。

要改善这一状况，可以说是一个庞大的、长期的系统工程，学术界不会因为一代一代学术规范素养欠缺的人退休和退出而有所改善，因为存在着这种学术规范素养欠缺的结构性、制度性的恶性循环。遏制这种恶性循环的再生，关键点在于制定协商一致的国家标准和开展有效的学术规范教育与继续教育。

推荐阅读：

[1]房敏：《规制与引领：地方本科高校教师教学管理制度研究》，北京：中国社会科学出版社 2018 年版。

[2][美]肯·贝恩：《如何成为卓越的大学教师》(第二版)，廷雄、彭汉良译，北京：北京大学出版社 2014 年版。

[3]王珊：《大学教师学术权力伦理研究》，北京：人民出版社 2019 年版。

[4]黄明东：《中、美、法高校教师法律地位比较研究》，武汉：武汉大学出版社 2011 年版。

[5]龚钰淋：《行政法视野下的公立高校教师法律地位研究》，北京：中国政法大学出版社 2013 年版。

[6]苏林琴：《行政契约：中国高校与学生新型法律关系研究》，北京：教育科学出版社 2011 年版。

[7]教育部科学技术委员会学风建设委员会：《高等学校科学技术学术规范指南》，北京：中国人民大学出版社 2017 年版。

[8]岳若惠：《现代教育理念下的高校教育教学管理》，杨凌：西北农林科技大学出版社 2013 年版。

[9]袁兆春、宋超群：《教育法学》(修订版)，济南：山东人民出版社 2014 年版。

[10]李子江：《我国高校教师职务管理制度的历史沿革与展望》，《大学教育科学》2010 年第 4 期。

第十章 高等学校学生:权益保护与教育管理

章节提要

在走向权利的时代,高等学校学生的权益保护问题越来越受到全社会的普遍关注。高等学校学生是指我国高等教育学段在大学、独立设置的学院和高等专科学校接受教育的学生群体。作为法律关系的主体,高等学校学生依法享有法定权利,同时承担法律义务,是独立的权利义务主体。明确高等学校学生的法律地位,正确认识高校学生与高等学校的法律关系,全面掌握高等学校学生的权利与义务内容,理解高等学校学生的法律救济,依法实施好教育教学工作和学生管理工作,落实新时代立德树人的根本任务,是现代法治社会对于高校教师依法执教的必然要求,也是政府践行依法治教、高等学校践行依法治校理念的具体体现。

第一节 高等学校学生的法律地位

法律地位是法律主体享受权利与承担义务的资格,是由法律关系中的双方所享有的权利和履行的义务决定的。学生的法律地位,是指“学生以其权利能力和行为能力在具体法律关系中取得的一种主体资格,它通过学生在不同法律关系中享有的权利与应履行的义务以及学生的法律身份来表现”[①]。从法学的视角界定，学生是在依法成立或国家法律认可的学校及其他教育机构中按规定的条件具有或获得学籍的公民。《中华人民共和国教育法》（以下简称《教育法》）规定的“受教育者”包括了中华人民共和国境内接受学制系统的学前教育、初等教育、中等教育、高等教育，以及特殊教育、职业教育和继续教育的中国公民。其中，根据《中华人民共和国高等教育法》（以下简称《高等教育法》）规定，高等教育是指在完成高级中等教育基础上实施的教育。而高等学校学生，特指我国高等教育学段在大学、独立设置的学院和高等专科学校（包括高等职业学校和成人高等学校）接受教育的学生群体。作为法律关系的主体，高等学校学生依法享有法定权利，同时承担相应的法律义务，是独立的权利义务主体。

高等学校学生的法律地位，是指高等学校学生以其权利能力和行为能力在具体法律关系中取得的一种主体资格。其法律地位一方面通过高等学校学生在与学校的不同法律关系中所享有的权利与应履行的义务来表现，另一方面通过学生的法律身份来表现。

一、高等学校学生与学校的法律关系

学生与学校的法律关系是指依照法律规定，在教育活动过程中学生和学校之间所形成的一定的权利义务关系。学生与学校之间的法律关系，本质上就是学生与学校之间的权利义务关系，核心是学生权利范围及其法律保障问题。学生在学校内不仅享有受教育权，还享有宪法规定的其他基本权利。同时，由于学校教育的特殊性，为维持正常的教育教学秩序，法律也赋予了学校及其教师对学生的管教权和教育教学权。学生在享有法定权利的同时，应当履行法定义务，受到国家法律的约束，遵守学校规定的各项规章制度。

确立高校学生与学校的法律关系，就是要将权利与义务具体化到高校学生与高等学校的关系中，从而保证高等学校教育教学工作和学校管理工作的顺利开展，保障学生权利的实现。高校学生与学校的法律关系表现形态不是单一的，而是具有复合性的特点。依照我国现行法律规制的不同，高校学生与学校具有宪法法律关系、民事法律关系、行政法律关系，以及基于高校内部规章制度确立的、不为法律所调整的内部关系，高校学生与学校的权利义务内容在不同法律关系中各不相同。

（一）高等学校学生与学校的宪法法律关系

《中华人民共和国宪法》（以下简称《宪法》）第四十六条第一款规定：“中华

---

① 余雅凤：《学生权利与义务》，南京：江苏教育出版社2012年版，第30页。

人民共和国公民享有受教育的权利。”所谓受教育权，即公民享有在各类学校、各种教育机构或通过其他途径获得文化科学知识以及提高自己科学文化、业务水平的权利。其中，学习的权利作为权利主体享有接受教育并通过学习而在智力和品德等方面得到发展的权利，是受教育权的核心内容。从宪法角度而言，高等学校是满足高校学生受宪法赋予的受教育权的义务主体，国家设立高等学校，是满足学生受教育权的国家意志的体现。

针对学校与学生间的权利义务关系问题，我国在立法层面基于上位法《宪法》指导，目前建立了相对成熟的教育法律法规体系，包括《教育法》《中华人民共和国职业教育法》《高等教育法》以及国务院及各行政主管部门所颁布的一系列教育行政法规，如《普通高等学校学生管理规定》(中华人民共和国教育部令第 41 号)。这些法律法规对作为公民的高校学生受教育权的保障作了宏观的规定，但是对于高校的地位及其与学生的法律关系的性质、内容等问题没有明确规定，对于教育机构的管理权以及学生的权利义务的界定较为抽象，对有关招生录取、奖励处分、学籍管理等涉及高校学生受教育权的具体事项规定较为模糊，权责界定不清，整体倾向于将高校与学生间的法律关系理解为单纯的管理者与被管理者之间的隶属法律关系。

(二)高等学校学生与学校的民事法律关系

民事法律关系是由民事法律法规调整所形成的、以民事权利和民事义务为核心内容的社会关系，是民法所调整的平等主体之间的财产关系和人身关系在法律上的表现，包括财产法律关系和人身法律关系。在民事法律行为中，学生与学校的法律地位是平等的，不存在隶属法律关系。《教育法》第三十二条第二款规定：“学校及其他教育机构在民事活动中依法享有民事权利，承担民事责任。”《高等教育法》第三十条第二款规定：“高等学校在民事活动中依法享有民事权利，承担民事责任。”

随着社会主义市场经济体制逐步建立和完善，高等教育领域内的社会关系与管理范畴发生了重大变化，在高校与学生之间出现了具有平等主体之间的横向的民事法律关系。其具有如下特征：(1)主体间法律地位平等，我国高等学校在民法上的属性属于事业单位法人，高校学生属于自然人，双方具有同等的法律地位。(2)权利义务平等，高校与学生均享有民事权利、履行民事义务。(3)意思自治，不存在一方强制另一方作为或不作为一定行为的现象，民事法律关系的发生不是他人强迫的结果。高校学生与学校的民事法律关系属于民事法律关系的一种，是一种属于或具有服务合同性质的民事法律关系。高校学生与学校的民事法律关系涉及所有权、契约及侵权损害赔偿等诸多问题，在高等学校与学生之间经常发生的是由于学校伤害事故造成学生人身及财产安全问题而产生的侵权损害赔偿纠纷，以及在教育教学活动中发生的侵害学生人格权纠纷等问题。

(三)高等学校学生与学校的行政法律关系

行政法律关系是指经过行政法律规范调整的，因实施国家行政权而发生的、行政主体与行政相对人之间以及行政主体之间的权利与义务关系。行政法律关系以权力服从为基本原则，以领导与被领导的行政管理为重要内容。学生与高等学校的行政法律关系是学校依照法律规定，在履行教育教学管理职责过程中与学生形成的权利义务关系。《教育法》第二十九条规定："学校及其他教育机构行使下列权利：(一)按照章程自主管理；(二)组织实施教育教学活动；(三)招收学生或者其他受教育者；(四)对受教育者进行学籍管理，实施奖励或者处分；(五)对受教育者颁发相应的学业证书；(六)聘任教师及其他职工，实施奖励或者处分；(七)管理、使用本单位的设施和经费；(八)拒绝任何组织和个人对教育教学活动的非法干涉；(九)法律、法规规定的其他权利。国家保护学校及其他教育机构的合法权益不受侵犯。"依照《教育法》规定，学校拥有招生权、学籍管理及处分权、颁发学业证书权等，这些权力带有明显的单方意志性、强制性和自由裁量性，符合行政权力的特征，在性质上属于行政权力。《高等教育法》第六章"高等学校的学生"对学生的义务也进行了相应规定，如第五十三条中的"高等学校的学生应当遵守法律、法规，遵守学生行为规范和学校的各项管理制度"，第五十四条中的"高等学校的学生应当按照国家规定缴纳学费"，第五十五条中的"获得贷学金及助学金的学生，应当履行相应的义务"，第五十七条中的"学生团体在法律、法规规定的范围内活动，服从学校的领导和管理"。根据权利义务对等的原则，上述条款中关于高等学校学生履行法定义务的具体规定，是以学校权力服从为基本前提，明显体现了学校行政权力的强制性特征。

另外，根据《中华人民共和国学位条例》等相关法律、法规及规章的规定，我国目前实行的是国家学位制度，高等学校根据法律授权实施高等教育，代表国家决定是否向学生颁发毕业证和授予学位。因此，我们可以把高等学校看作是经由国家法律授权、具有行政主体地位的组织。高等学校在取得授权主体资格，行使法定权力，履行行政职责时，与学生之间的关系属于纵向的行政法律关系。高等学校基于教育行政行为与学生形成的关系，是高等学校与高校学生行政法律关系的重要内容。

(四)高等学校学生与学校的内部关系

高校学生与学校之间存在一些社会关系不为法律所调整，而是依照高等学校自己制定的章程及其他内部规则来调整。学校章程及其规则内容也是除学生法定权利与义务以外的权利与义务，从性质上而言，他们之间所形成的关系不是严格意义上的法律关系，而是一种特殊的内部关系。高校学生与学校之间的权利义务关系，更多地受到学校职能部门为调整日常管理工作和教育教学工作秩序而制定的内部规则所调整，更多受到道德规范的调整。这些内部关系主要涉及调节系科招生比例、设置和调整学科专业、制定教学计划、选编教材、教师及课程安排、学校秩序及作息规定、学术及学习评价、奖励处分、学籍管理，以及开展科学研究、技术开发和社会服务等诸多学校内部事务的规定。

二、高等学校学生的法律身份

在高等教育领域，高校学生具有国家公民和正在接受高等教育的公民双重身份。作为国家公民的高等学校学生，享有宪法和法律赋予公民的一切权利；作为正在接受高等教育的公民，高校学生既是具有独立人格的教育的主体，又是学校教育和管理的对象。

（一）作为国家公民的高等学校学生

公民是一个法律概念。我国《宪法》第三十三条第一款规定："凡具有中华人民共和国国籍的人都是中华人民共和国公民。"《中华人民共和国国籍法》第二条规定："中华人民共和国是统一的多民族的国家，各民族的人都具有中国国籍。"第四条规定："父母双方或一方为中国公民，本人出生在中国，具有中国国籍。"高校学生首先是一个国家的公民，具有作为国家成员的资格。在这个意义上，高等学校的学生，就是在依法成立或国家法律认可的高等学校及其他高等教育或研究机构中按规定条件具有或取得学籍，并在其中接受高等教育的公民。

高校学生作为公民，其基本属性就是不仅具有法律上的独立人格，而且需要国家法律与经济作为保障。《宪法》第三十三条第二款规定："中华人民共和国公民在法律面前一律平等。"高校学生作为公民，平等享有《宪法》及相关法律规定的包括受教育权在内的公民的一切权利，并承担相应义务，不能因为民族、种族、性别、年龄、财产状况、家庭出身、宗教信仰而否定学生的独立人格。学生的人格权一旦受到他人侵害，可以依据法律实施自力救济，也可以请求公力救济。有完备、高效的法律救济，才有实质意义上的真正权利。

（二）作为民事主体的高等学校学生

民事主体是参与民事法律关系，享有民事权利和承担民事义务的人。民事权利是指民事主体为实现某种利益而依法为某种行为或不为某种行为的自由。[1] 民事义务是指义务主体为满足权利人的利益需要，在权利限定的范围内

---

① 参见王利明：《民法》，北京：中国人民大学出版社2000年版，第43页。

必须为一定行为或不为一定行为的约束。民事主体包括作为自然人的公民和作为法人的社会组织。前者如学生、教师和家长，后者如学校、企业、社会公益机构、民间社团等。在高等学校学生与学校形成的民事流转等关系中，学生可以作为民事主体而出现。《中华人民共和国民法典》第二章“自然人”第十七条规定：“十八周岁以上的自然人为成年人。不满十八周岁的自然人为未成年人。”第十八条规定：“成年人为完全民事行为能力人，可以独立实施民事法律行为。十六周岁以上的未成年人，以自己的劳动收入为主要生活来源的，视为完全民事行为能力人。”第十九条规定：“八周岁以上的未成年人为限制民事行为能力人，实施民事法律行为由其法定代理人代理或者经其法定代理人同意、追认；但是，可以独立实施纯获利益的民事法律行为或者与其年龄、智力相适应的民事法律行为。”第二十条规定：“不满八周岁的未成年人为无民事行为能力人，由其法定代理人代理实施民事法律行为。”

从实足年龄及其民事行为能力的性质来看，高等学校学生一般为完全民事行为能力人，依法享有《教育法》和《高等教育法》及其他教育法律规定的受教育权或学习权，如平等权、公正评价权、物质帮助权，以及财产权，人身权，救济权，监督权等方面的权利，并承担民事义务。作为学生权利相对方的教师、学校或教育行政机关，不能因为履行教育职权而侵害学生的法定权利。在高校学生与学校的教育民事活动中，学生与包括高等学校在内的其他民事主体具有平等的法律地位，双方的合法权益均受法律保护。二者的地位是平等的，双方权利义务的确定具有可选择性和自由意志性，应依据双方协议享有权利并履行义务。

(三)作为行政相对人的高等学校学生

行政相对人是在国家行政管理关系中处于被管理地位的主体，行政主体与行政相对人是管理与被管理的关系。所谓行政主体，是指享有国家行政权，能以自己的名义行使行政权，并能独立地承担因此而产生的相应法律责任的组织。[①] 行政主体对行政相对人的管理属于法定职权，既不能超越，也不能疏于管理，否则就是对法定职权的渎职或滥用。在行政管理关系中，学校并非国家行政机关，但从相关法律来看，学校应属于法律法规授权对学生实施管理的组织，学校的学生管理权源于法律授权，是学校的法定职责。《教育法》第三章“学校及其他教育机构”第二十九条规定：“学校及其他教育机构行使下列权利：(一)按照章程自主管理；(二)组织实施教育教学活动；(三)招收学生或者其他受教育者；(四)对受教育者进行学籍管理，实施奖励或者处分；(五)对受教育者颁发相应的学业证书；(六)聘任教师及其他职工，实施奖励或者处分；(七)管

---

① 参见罗豪才、湛中乐：《行政法学》，北京：北京大学出版社 2005 年版，第 50 页。

理、使用本单位的设施和经费;(八)拒绝任何组织和个人对教育教学活动的非法干涉;(九)法律、法规规定的其他权利。国家保护学校及其他教育机构的合法权益不受侵犯。"《教育法》第四十四条规定:"受教育者应当履行下列义务:(一)遵守法律、法规;(二)遵守学生行为规范,尊敬师长,养成良好的思想品德和行为习惯;(三)努力学习,完成规定的学习任务;(四)遵守所在学校或者其他教育机构的管理制度。"《高等教育法》第二章第七条针对高等学校学生在校期间应依法履行的义务进行了专门规定:"(一)遵守宪法和法律、法规;(二)遵守学校章程和规章制度;(三)恪守学术道德,完成规定学业;(四)按规定缴纳学费及有关费用,履行获得贷学金及助学金的相应义务;(五)遵守学生行为规范,尊敬师长,养成良好的思想品德和行为习惯;(六)法律、法规及学校章程规定的其他义务。"上述关于学校权利及学生义务的具体规定表明,作为受教育者的学生是被管理者,明显体现了学校对学生管理的单方意志性和强制性,赋予了学校一定的行政管理职权以履行教育职能,符合行政权力的特征,学校便具有行政诉讼法中的行政主体资格,相应地,学生的法律身份是行政相对人。

基于行政管理职权,作为行政主体的高等学校制定各种规章制度,与作为行政相对人的高校学生之间便形成了管理与被管理的关系,一方面,高等学校必须履行法定职责;另一方面,高校学生必须接受学校管理,履行应尽义务。在这种管理关系中,高校遵从法治原则,依法享有行政管理权是行政权力主体,学生是行政义务主体。高校学生从入学到毕业,一方面必须服从和接受高校的内部管理,包括学籍管理、学业成绩与档案管理、学生日常行为管理、班级管理、组织活动管理等;另一方面享有行政相对人依行政法规定的、针对行政主体可以主张的权利,如申请权、行政监督权、陈述申辩权、受平等对待权等。

第二节　高等学校学生的权利和义务

在走向权利的时代,随着民主与法制建设的深入推进,我国公民的权利意识普遍提升,知法守法、依法维权的观念逐渐形成。作为具有独立个性和主体意识的公民,高等学校学生不仅同其他公民一样享有宪法和法律赋予的各项权利,同时作为受教育者,还享有《教育法》《高等教育法》等规定的基于其特殊身份所享有的学生一般权利和特殊权利。权利与义务是统一的,二者相互依存,相互促进。没有无义务的权利,也没有无权利的义务。高等学校学生在享有法定权利的同时,也应该履行法律规定的义务。认识学生的权利和义务,尊重学生正当的法定权利,明确学生应当履行的义务,依法实施学生管理,全面落实新时代立德树人的根本任务,是政府、高等学校践行依法治教、依法治校理念的具体体现，也是现代法治社会对于高校教师依法执教的必然要求。

一、高等学校学生的权利

学生权利是指法律规定的、作为法律关系主体的学生在受教育过程中具有的自己这样行为或不这样行为，或要求他人这样行为或不这样行为的能力或资格，即法律规定的学生可以自主决定作为某种行为的许可和保障手段。学生权利在结构上包括以下三方面的内容：一是学生自己实施某种行为的可能性，即学生积极行为的权利，如学生有积极参加国家组织的高等学校招生考试，通过平等竞争获得进入高等学校学习的权利。二是学生请求对方履行义务的可能性，即要求他人作为或不作为的权利，如学龄未成年人有权要求其父母、监护人履行送自己进入学校接受教育的义务。三是在义务人不履行义务时，学生可以诉诸法律，要求保护自己相关权利的可能性，即当权利受到侵害时要求保护的权利，如学生认为自己的学业成绩评价权利受到不公正对待时，有通过申诉或诉讼的救济途径寻求相应保护的权利。

学生是兼具公民、受教育者等多重身份的群体，因而学生的权利与义务也具有多重性。在我国，高等学校学生所享有的权利由三部分构成：一是作为国家公民所享有的宪法规定的公民权利；二是作为一般学生所享有的权利；三是作为高等学校学生所享有的高校学生特别权利。

（一）公民的宪法权利

公民的宪法权利即公民的基本权利，是宪法所确认的首要的、根本的、具有决定性意义的权利，是每一个公民的基本权利，也是学生应当享有的基本权利。高等学校学生首先是一个国家的公民，应当享有宪法规定的各项基本权利，包括政治权利、人身人格权利、社会经济权利、文化教育权利、监督权以及权利受到侵害后的救济权利，同时应履行作为公民的法定义务。宪法规定的公民权利，学生也平等享有，不能对学生差别对待。尊重并保护学生的基本权利，是培养学生树立尊重人权观念的基本前提，是高等学校和高校教师落实新时代立德树人、高质量完成学校管理工作和教育教学工作的应有之义。

（二）学生的一般权利

为保障学生健康发展，高等学校学生除享有宪法规定的基本权利，还享有与其他公民不同的学生的一般权利。作为受教育者身份，《教育法》规定了学生的受教育权利。受教育权作为一般权利，其具体内容在《教育法》第五章“受教育者”中得到了明确规定。《教育法》第五章第四十三条明确规定，高等学校学生享有作为受教育者法律身份的五类权利。

1.参加教育教学计划安排的各种活动，使用教育教学设施、设备、图书资料

参加教育活动权是学生受教育权的基础，是学生最基本的权利，也是保障学生参与教育教学活动、学习科学文化知识的前提条件。高校学生的这一权利的实现主要通过两个途径：其一，参与学校安排的各种教育教学活动，如授课、讲座、报告、讨论、观摩、实验、实习、考核、考试等。其二，使用教学设备、图书资料、数据库等平台进行自主学习。前者需要高校对学生进行科学合理的培养计划制定，告知学生教学活动安排，并提供教学平台，组织教学行为；后者需要学校提供符合教学要求的仪器、设备、资料、数据，并保证学生平等使用。

2.按照国家有关规定获得奖学金、贷学金、助学金

获得学金权是促进教育公平、维护学生受教育权的重要物质保障。学金包括奖学金、贷学金、助学金三部分，其中奖学金是为鼓励在校学生追求进步，为品学兼优的学生设立的。此外，为保证国家重点建设项目、国防建设、文化建设、基础学科、边远地区和某些艰苦行业所需的专门人才，有关专业会设立专项奖学金。国家为家庭经济困难的学生，设立贷学金和助学金。贷学金属于一种特殊形式的贷款，一定期限内必须归还，归还的形式可以以现金，也可以以到边远、贫困地区服务一定期限的劳务方式来归还。

3.在学业成绩和品行上获得公正评价，完成规定的学业后获得相应的学业证书、学位证书

这项权利包括两方面权利：一方面是获得公正评价权，另一方面是获得学业证书和学位证书权。公正评价权是对学业成绩和品行获得公正评价的权利，学业成绩的评价是高等学校对学生在受教育的某一阶段的学习情况、知识结构和能力水平的概括性鉴定，包括课程考试成绩记录，平时学习情况和总评等。品行评价是教育机构对学生的思想品德和行为表现作出鉴定，包括对学生政治觉悟、道德品质、劳动态度的评定。学生有权要求获得学业成绩评价和品行评价，而且有权要求评价实事求是，体现公平、公正，不允许出现歧视和多重标准。实际上它不仅是学生的一项基本权利，也是教育机构必尽的义务。学业证书、学位证书是对学生某一阶段受教育时期的学业成绩、学术水平和品行的终结性评定。获取学业证书和学位证书是学生的一项重要权利。学生在品行考核合格的前提下，修完培养计划所规定的全部课程，经考核及格，在该教育阶段结束时均有权获得相应的学业证书和学位证书。我国实行国家教育证书制度，经国家批准或认可的学校及其他教育机构可以依照国家有关规定向学生颁发相应的学历证书或资格证书及其他学业证书。国家实行学位制度，学位分学士、硕士、博士三级，学校依照国家有关规定，对具有一定学术或者专业技术水平的学生授予相应的学位。

4.对学校给予的处分不服向有关部门提出申诉，对学校、教师侵犯其人身权、财产权等合法权益，提出申诉或者依法提起诉讼

申诉诉讼权是公民申诉权和诉讼权在学生身上的具体体现。根据《中华人民共和国民事诉讼法》(以下简称《民事诉讼法》)和《教育法》第四十三条的规定，学生享有的申诉诉讼权利包括以下几个方面：

(1)学生对学校或教师侵犯其受教育权可以提起申诉或诉讼。

(2)学生对学校或教师侵犯其人身权利可以提起诉讼。

(3)学生对学校和教师侵犯其合法财产权利可以提起诉讼。

(4)学生对学校或教师侵犯其知识产权可以提起诉讼。

学生对学校给予的处分不服，认为处分过重或不该受处分，可以提出申诉，对学校、教师侵犯其人身权、财产权等合法权益的行为在不提起诉讼的前提下，也可提出申诉。此时学生的申诉属于非诉讼上的行政申诉。①

5.法律、法规规定的其他权利

以上是作为一般的学生身份都享有的权利，也是基于学生身份享有的法律地位。需要明确的是，"不同类型、不同年龄阶段的学生享有的法律地位有所不同，这是由特定的学生身份所决定的。"②高校学生与中小学生的身份不同，成年学生与未成年学生的身份不同，其权利与义务就有所不同。《教育法》所赋予的学生权利依据学生年龄不同、其所就读学校不同而有所区别，如关于奖学金、贷学金的规定主要适用于高等学校和中等专业学校的学生，学位证书制度主要适用于高等学校的学生等，接受免费教育、强制适龄儿童入学则适用于义务教育学段的学生。

(三)高等学校学生的特殊权利

为规范普通高等学校学生管理行为，维护普通高等学校正常的教育教学秩序和生活秩序，保障学生合法权益，从高等学校学生实际出发，《高等教育法》第六章"高等学校的学生"专门针对高等学校学生的权利和义务进行了相应规定，并明确提出，高等学校学生的合法权益，受法律保护。《普通高等学校学生管理规定》(中华人民共和国教育部令第 41 号)第二章第六条，专门针对高等学校学生的权利进行了详细规定，明确指出，高校学生在校期间依法享有下列权利：

(1)参加学校教育教学计划安排的各项活动，使用学校提供的教育教学资源；

(2)参加社会实践、志愿服务、勤工助学、文娱体育及科技文化创新等活动，

---

① 参见刘复兴、檀慧玲：《高等教育法规概论》，北京：首都师范大学出版社 2019 年版，第 134～136 页。

② 余雅风：《学生权利与义务》，南京：江苏教育出版社 2012 年版，第 11～12 页。

获得就业创业指导和服务；

（3）申请奖学金、助学金及助学贷款；

（4）在思想品德、学业成绩等方面获得科学、公正评价，完成学校规定学业后获得相应的学历证书、学位证书；

（5）在校内组织、参加学生团体，以适当方式参与学校管理，对学校与学生权益相关事务享有知情权、参与权、表达权和监督权；

（6）对学校给予的处理或者处分有异议，向学校、教育行政部门提出申诉，对学校、教职员工侵犯其人身权、财产权等合法权益的行为，提出申诉或者依法提起诉讼；

（7）法律、法规及学校章程规定的其他权利。

与原《普通高等学校学生管理规定》（中华人民共和国教育部令第21号）相比较，新《普通高等学校学生管理规定》（中华人民共和国教育部令第41号）突出了高校立德树人的根本要求，更加注重保护学生权益，为学生创新创业提供制度支持，有利于促进学生自我管理，进一步推进高校依法治校。

二、高等学校学生的义务

学生义务是指法律规定的，学生在受教育过程中应这样行为或不这样行为的一种限制或约束，即法律规定的对学生行为的一种约束手段。学生义务在结构上包括三个方面的内容：一是学生根据权利人的要求作出一定行为的必要性，即积极作为的义务，如高校学生要努力学习，完成规定的学习任务。二是学生抑制某种行为的必要性，即消极不作为的义务，如高校学生要遵守所在学校的管理制度，恪守学术道德。三是学生侵犯权利人的利益，接受国家强制措施的必要性，即接受法律制裁的义务，如学生违反学校行为规范，侵害其他学生的生命健康权利，依法进行民事赔偿的义务。

在我国，高等学校学生所履行的法定义务由三部分构成：一是作为国家公民所履行的宪法规定的公民义务；二是作为一般学生所履行的法定义务；三是作为高等学校学生所履行的高校学生特别义务。

（一）公民的宪法义务

我国公民的基本义务即以宪法的形式所确认的国家、社会、他人对公民个人的基本要求。学生作为一般社会关系中的公民，首先要履行宪法义务。《宪法》第二章“公民的基本权利和义务”第三十三条规定：“任何公民享有宪法和法律规定的权利，同时必须履行宪法和法律规定的义务。”我国《宪法》规定的公民的基本义务包括：劳动的义务；夫妻双方有实行计划生育的义务；父母有抚养教育未成年子女的义务，成年子女有赡养扶助父母的义务；维护国家统一和全国各民族团结的义务；遵守宪法和法律，保守国家秘密，爱护公共财产，遵守劳动纪律，遵守公共秩序，尊重社会公德的义务；维护祖国的安全、荣誉和利益的义务；依照法律服兵役和参加民兵组织；依照法律纳税的义务。中华人民共和国公民在法律面前一律平等，任何公民都必须遵守法律、法规。《宪法》第四十六条规定："中华人民共和国公民有受教育的权利和义务。"在规定受教育是公民权利的同时，强调了接受教育也是公民应当履行的义务。高等学校的学生作为公民，应履行宪法规定的上述各项基本义务。

（二）学生的一般义务

高等学校的学生作为受教育者，是教育法律关系的参与者，在享有《教育法》所规定的法定权利的同时，也应履行《教育法》所规定的法定义务。《教育法》第五章"受教育者"第四十四条明确规定，受教育者应当履行下列义务：

1.遵守法律、法规

目前，我国的教育法规体系逐渐完善，除了国家的根本大法《宪法》有关教育的条款外，我国已经颁布施行了七部专门的教育法律及《高等教育自学考试暂行条例》《残疾人教育条例》等教育行政法规。此外，国务院教育行政部门单独或与其他部委联合制定、实施了若干关于教育的部门规章，地方立法机构也依法制定了大量的地方性教育法规和行政规章。这些教育法律、法规和规章涉及到学生的权利和义务内容，任何公民都必须遵守法律、法规。学生作为公民，遵守法律、法规是一项基本要求。

2.遵守学生行为规范，尊敬师长，养成良好的思想品德和行为习惯

尊师重道是我国的传统美德，也符合社会主义核心价值观，这些规章集中体现了国家对学生不同阶段政治、思想、品德等方面的要求，各类学校的学生都应当自觉遵守，养成良好的思想品德和行为习惯。尊敬师长是遵守学生行为规范的具体要求，是良好的思想风貌和行为修养的具体体现。

3.努力学习，完成规定的学习任务

学生的本职任务是学习，学生进入学校就意味着承担接受教育、完成学业的义务。对于高等学校学生而言，学生应在学校规定年限内，修完教育教学计划规定内容，并使德、智、体、美、劳等方面达到毕业要求。

4.遵守所在学校或者其他教育机构的管理制度

高等学校并非行政机关，但相关法律赋予了其一定的行政管理职权以履行教育职能，是国家教育管理制度的重要组成部分，也是确保学校及其他教育机构教育教学活动正常有序进行的基本措施。基于这些行政管理职权，高校制定的各种规章制度，从广义上说，它是国家法律法规的具体化，遵守学校或其他教育机构的管理制度与遵守国家的法律法规，在本质上是一致的，学生作为广泛

的教育活动主体之一，有义务遵守和服从。

需要指出的是，学生的具体义务内容，也会依学生年龄与就读学校的类别差异会有所不同，学生在履行义务时，需要依靠教师及家长的教育和支持。由于学校教育的特殊性，为维持正常的教育教学秩序，保护学生健康成长，法律赋予学校和教师教育教学权和对学生的管理权，学生行为必然要受到国家法律的约束，学生必须遵守学校纪律，履行法定义务。

（三）高等学校学生的特殊义务

高等学校学生除了履行《教育法》规定的学生的一般义务外，还应履行其作为特殊群体的特殊义务。其中，《高等教育法》第六章“高等学校的学生”第五十三条规定：“高等学校的学生应当遵守法律、法规，遵守学生行为规范和学校的各项管理制度，尊敬师长，刻苦学习，增强体质，树立爱国主义、集体主义和社会主义思想，努力学习马克思列宁主义、毛泽东思想、邓小平理论，具有良好的思想品德，掌握较高的科学文化知识和专业技能。”第五十四条规定，“高等学校的学生应当按照国家规定缴纳学费。”《普通高等学校学生管理规定》（中华人民共和国教育部令第 41 号）第二章“学生的权利与义务”第七条专门针对高等学校学生的义务进行了规范，明确规定其在校期间依法履行下列义务：

（1）遵守宪法和法律、法规；

（2）遵守学校章程和规章制度；

（3）恪守学术道德，完成规定学业；

（4）按规定缴纳学费及有关费用，履行获得贷学金及助学金的相应义务；

（5）遵守学生行为规范，尊敬师长，养成良好的思想品德和行为习惯；

（6）法律、法规及学校章程规定的其他义务。

在此，高校学生应当履行的特殊义务需要强调三点：一是高校学生“应当按规定缴纳学费及有关费用”。高等教育属于非义务教育阶段，属于准公共产品，需要学生及其家长合理分担教育成本，高等学校应当并可以收取适量的学费。二是“获得贷学金及助学金”的学生，应当履行相应的义务，这是高校部分行使学金权的学生应当承担的专项义务。三是针对高等学校学生特别提出“恪守学术道德”，完成规定学业。这是针对当前大学生群体中存在的学位论文、公开发表的研究成果存在抄袭、篡改、伪造等学术不端行为而提出的。从结构上而言，这类义务属于高校学生消极不应作为的义务，学生一旦作为，就必须承担相应的法律责任。

综上所述，高校教师需要熟悉高等学校学生的权利和义务的具体内容，在教育教学工作中加强对高校学生自我权利意识和义务意识的引导，明晰权利与义务的对等关系，实现二者相互依存、相互促进，通过言传身教使学生明确自身享有的各项权利，同时履行好法律规定的各项义务。

第三节　高等学校学生的法律救济

“有权利就必须有救济。”“没有法律救济的权利不是真正的权利。”①所谓法律救济，是指依据法律解决权利冲突，即当公民的权利受到侵害时，可以从法律上获得解决，或请求司法机关及其他机关给予解决，使受损害的权益得到补救。法律救济的基本特征包括：权利受到损害是法律救济存在的前提；法律救济具有弥补性，是事后对受损害的权利的弥补；法律救济的根本目的是实现合法权益并保证法定义务履行。在当前依法治国背景下，解决法律救济对于保障高等学校学生的合法权益，促进学校管理的法治化，推动高等学校依法办学、依法治校，监督政府依法治教，具有重要的现实意义。

我国教育领域法律救济有多重途径和形式。高等学校的学生作为法律救济的主体，可以通过行政救济和行政诉讼来依法维护自己的正当权益。

一、高等学校学生的行政救济

行政救济是指行政相对人不服行政决定，向行政主体请求予以撤销或变更行政决定的制度，是行政主体通过自身纠正违法或不当行为的行政行为，是保障公民权利的救济方式。高等学校学生的行政救济方式主要表现为申诉制度和行政复议制度。

(一)申诉制度

学生申诉制度是指学生在接受教育的过程中，对学校给予的处分或处理不服，或认为学校、教师的行为侵犯了其合法权益，依照教育法律、法规或者规章的规定，向主管机关或单位申诉理由，提出要求重新作出处理的制度。高等学校的学生申诉主要是指依照《教育法》及其他法律规定，向主管的行政机关申诉理由，请求处理的制度。我国《教育法》第四十三条第四款规定：“对学校给予的处分不服向有关部门提出申诉，对学校、教师侵犯其人身权、财产权等合法权益，提出申诉或者依法提起诉讼。”根据此项规定，学生申诉的范围一般涉及学生的受教育权、公正评价权、隐私权、名誉权和荣誉权，以及其他人身权及财产权受到学校或教师侵犯的行为。

《普通高等学校学生管理规定》(中华人民共和国教育部令第 41 号)对于高

---

① 劳凯声：《变革社会中的教育权与受教育权：教育法学基本问题研究》，北京：教育科学出版社 2003 年版，第 463 页。

校学生申诉作了较为全面的规范,在原有基础上加强了学生申诉制度建设,在其第二章"学生的权利与义务"第六条第六款规定:"对学校给予的处理或者处分有异议,向学校、教育行政部门提出申诉,对学校、教职员工侵犯其人身权、财产权等合法权益的行为,提出申诉或者依法提起诉讼。"《普通高等学校学生管理规定》(中华人民共和国教育部令第41号)专门新增第六章"学生申诉",进一步明确了高等学校学生的申诉权利,强化了高校学生申诉委员会的职责,从第六十条至六十四条,对高等学校学生申诉的受理机构、申诉范围、提起申诉的条件和申诉的时效等作出了具体规定,规范了高校学生的处分程序,完善了申诉制度,增加了教育部门对学校行为的监管措施。

1.学生申诉的范围

学生申诉的范围十分广泛,一般涉及学生的受教育权、升学权、公正评价权、隐私权、人身权、名誉权和荣誉权、财产权等各项合法权益受到侵害的申诉。依提起诉讼的对象和内容可分为如下情形[①]:

第一,学生对学校给予的处分不服的,包括学籍管理、考试、校规等方面,可以提起申诉。

第二,学生对学校侵犯其合法财产权利的行为,可以提出申诉。

第三,学生对学校侵犯其人身自由的行为,可以提出申诉。如学生对学校在校级管理中处理不当而侵害了其健康权、名誉权的各种行为,有权申诉。

第四,学生对教师侵犯其合法财产权利的行为,可以提出申诉。如学生对教师强迫其购买与教学无关的物品,或者以各种名义对学生予以罚款的行为,有权申诉。

第五,学生对教师侵犯其人身权利的行为,可以提出申诉。如学生对教师在教学过程中侵犯其健康权、名誉权的各种行为,有权申诉。

第六,学生对学校或教师侵犯其知识产权的行为,可以提出申诉。如教师剽窃学生的著作权、发现权、发明权或其他科技成果权,学校强行将学生的知识产权归学校等行为,不仅侵害了学生的人身权,也侵害了其财产权,学生有权申诉。

2.学生申诉的受理机关

《教育法》第四十三条规定,学生对学校给予的处分不服可以向有关部门提出申诉,并没有明确受理学生申诉的机关。《普通高等学校学生管理规定》(中华人民共和国教育部令第41号)第六条规定:学生对学校给予的处理或者处分有异议,向学校、教育行政部门提出申诉,结合我国高等教育实践,高校学生申

① 参见余雅风:《学生权利与义务》,南京:江苏教育出版社2012年版,第154~155页。

诉的受理机关分为两类：

一是学校内部申诉受理机关。《普通高等学校学生管理规定》(中华人民共和国教育部令第41号)第五十九条规定："学校应当成立学生申诉处理委员会，负责受理学生对处理或者处分决定不服提起的申诉。学生申诉处理委员会应当由学校相关负责人、职能部门负责人、教师代表、学生代表、负责法律事务的相关机构负责人等组成，可以聘请校外法律、教育等方面专家参加。"学生申诉处理委员会作为学校申诉受理机关，负责处理本校学生对学校给予的不当处分不服而提出的申诉案件。

二是设立在教育行政部门内的申诉受理机构。《普通高等学校学生管理规定》(中华人民共和国教育部令第41号)第六十二条规定："学生对复查决定有异议的，在接到学校复查决定书之日起15日内，可以向学校所在地省级教育行政部门提出书面申诉。省级教育行政部门应当在接到学生书面申诉之日起30个工作日内，对申诉人的问题给予处理并作出决定。"省级教育行政部门内的申诉受理机构负责处理本省高校的学生提出的申诉案件。

3.学生申诉的程序①

学生申诉要遵循一定的程序。根据《普通高等学校学生管理规定》(中华人民共和国教育部令第41号)，学生对学校的处理或者处分决定有异议的，可以在接到学校处理或者处分决定书之日起10日内，向学校学生申诉处理委员会提出书面申诉。学生申诉处理委员会对学生提出的申诉进行复查，并在接到书面申诉之日起15日内作出复查结论并告知申诉人。情况复杂不能在规定限期内作出结论的，经学校负责人批准，可延长15日。学生申诉处理委员会认为必要的，可以建议学校暂缓执行有关决定。对申诉结果不服的，学生对复查决定有异议的，在接到学校复查决定书之日起15日内，可以向学校所在地省级教育行政部门提出书面申诉。省级教育行政部门应当在接到学生书面申诉之日起30个工作日内，对申诉人的问题给予处理并作出决定。提出申诉可以以口头或书面形式。以口头形式提出的要讲明被申诉人的自然状况，申诉的理由和事件发生的基本事实经过，最后提出申诉要求。书面形式的申诉要求写明申诉人的年龄、性别、住址、与被申诉人的关系等；写明被申诉人的名称、地址、法定代表人的姓名、性别、职务等；写明申诉要求，主要写明申诉人对被申诉人因侵犯其合法权益或对某个具体行为的实施，要求受理机关重新处理或撤销决定的具体要求；申诉理由和事实经过，要求写明被申诉人侵害申诉人合法权益的事实经过和处理决定的事实与法律政策依据，并陈述理由。只要认为是受侵害，都可

① 参见刘复兴、檀慧玲：《高等教育法规概论》，北京：首都师范大学出版社2019年版，第142页。

提出申诉。

需要注意的是，自处理、处分或者复查决定书送达之日起，学生在申诉期内未提出申诉的视为放弃申诉，学校或者省级教育行政部门不再受理其提出的申诉。处理、处分或者复查决定书未告知学生申诉期限的，申诉期限自学生知道或者应当知道处理或者处分决定之日起计算，但最长不得超过6个月。如果学生认为学校及其工作人员违反本规定，侵害其合法权益的，或者学校制定的规章制度与法律法规和本规定抵触的，可以向学校所在地省级教育行政部门投诉。

（二）行政复议制度

行政复议，是指行政相对人认为行政主体做出的具体行政行为侵犯了其合法权益，依法向行政复议机关提出复查该具体行政行为的申请，行政复议机关依照法定程序对被申请人的具体行政行为进行合法、适当性审查，并作出行政复议决定的一种法律制度。[①] 行政复议不是行政机关按照自己的职权主动进行，行政相对人提出行政复议申请，是行政机关进行行政复议的基本前提。1999年10月1日颁布实施的《中华人民共和国行政复议法》对我国的行政复议制度进行了明确、详细的规定。

教育行政复议制度，作为行政复议制度的内容之一，是我国以立法形式确立起来的、比较完备的非诉讼的法律救济制度，是对违反或不当的具体行政行为进行补救而建立起来的一种教育行政救济制度。教育行政复议机关在查明事实，判明具体行政行为是否合法、合理的基础上，对违法的具体行政行为可以撤销，对不当的行政行为可以变更，对行政机关造成相对人的损害可以责令被申请人赔偿等。同时，教育行政复议必须严格依照《行政复议法》明确规定的程序进行。例如，复议的提起和复议机关的裁决都有严格的法定期限限制，复议机关超过法定期限不作出决定时，相对人可依法提起行政诉讼。这是其他非诉讼救济手段所不具备的。

当高等学校学生的合法权益受到来自行政机关、法律法规授权的组织以及行政机关委托的组织作出的具体行政行为的侵害时，可以通过申请行政复议的方式来保护自己的权利。学生通过行政复议的方式维护自己合法权益的情形主要包括以下几种[②]：

第一，学生对行政申诉结果不服，向申诉受理机关的上一级主管机关申请

---

① 参见姜明安编：《行政法与行政诉讼法》，北京：北京大学出版社、高等教育出版社1999年版，第279页。

② 参见余雅风：《学生权利与义务》，南京：江苏教育出版社2012年版，第160～161页。

行政复议。例如，学生因考试作弊被学校开除学籍，向学校所在地省级教育行政部门提出书面申诉。若对教育行政部门做出的申诉处理决定不服，可进一步向教育部提出行政复议，请求其对该处理决定做出合法、适当性审查。

第二，学生对行政机关做出的警告、罚款、没收违法所得、没收非法财物等行政处罚不服，向有权的行政复议机关申请行政复议。

第三，学生申请行政机关履行保护人身权利、财产权利、受教育权利的法定职责，行政机关没有依法履行的，可向有权的行政复议机关申请行政复议。例如，招生单位在招生工作中违规操作，导致学生未能顺利入学。学生认为这种违规行为侵犯了自己的受教育权，遂要求教育部门予以查处。如果教育部门对此不予理睬，不履行其指导监督招生工作的法定职责，学生就可向上一级教育行政部门申请行政复议。

二、高等学校学生的行政诉讼

行政诉讼，是指公民、法人或者其他组织认为行政机关和被授权组织的具体行政行为侵犯其合法权益而不服的，依照法定程序向人民法院起诉，由人民法院依法受理，并在双方当事人及其他诉讼参与人的参与下，依法对具体行政行为的合法性进行审理并就相关行政争议作出裁决的审判活动及其诉讼制度。

作为高等学校学生诉讼救济的主要形式，教育行政诉讼属于行政诉讼，适用于《中华人民共和国行政诉讼法》(以下简称《行政诉讼法》)。所谓高等学校教育行政诉讼，是指教育行政管理相对人认为教育行政机关的具体行政行为侵犯其合法权益，依法向人民法院起诉，请求给予法律救济，并由人民法院对具体行政行为的合法性进行审查和裁判的诉讼活动和制度。

(一)教育行政诉讼的特点[①]

1.诉权专属

这是一种向国家机关请求依法保护合法权益的权利。在行政诉讼中法律只赋予行政管理相对人以诉权，而没有赋予行政机关诉权。教育行政诉讼只能由教育行政管理相对人提出，不能由教育行政机关提起。但是，教育行政机关有上诉权，没有反诉权。

2.主管确定

教育行政诉讼是人民法院运用国家审判权，监督教育行政机关依法行使职权和履行职责，保护公民、法人和其他组织的合法权益不受行政机关违法行为

---

① 参见刘复兴、檀慧玲:《高等教育法规概论》，北京:首都师范大学出版社 2019 年版，第 148～149 页。

侵害的一种司法活动,因此,教育行政诉讼的主管机关只属于人民法院。这不仅使教育行政诉讼在性质和目的上区别于其他教育民事诉讼和教育刑事诉讼,而且也有别于其他非诉讼教育行政救济。

3.标的恒定

在经济合同中,标的是合同当事人双方权利义务共同指向的对象。教育行政诉讼的标的则是指教育法律规定的具体教育行政行为。教育行政机关实施的民事行为或教育行政立法行为不能成为教育行政诉讼的标的。

4.被告举证

《行政诉讼法》第三十二条规定,被告对做出的具体行政行为负有举证责任,应提供作出具体行政行为的证据和所依据的规范性文件。根据此项规定,在教育行政诉讼中,作为被告的教育行政机关负有举证责任。这种举证责任的确立主要基于两方面的原因:其一,在教育行政法律关系中,教育行政机关作出的行政处理决定,是其单方面的主张和决定,处于主动地位。其二,教育行政机关作为管理者,在收集证据方面处于优越地位。基于以上两个因素,决定了教育行政机关应负举证责任。

5.不得调解

人民法院在审理教育行政诉讼案件时,不得采用调解作为审理程序和结案方式。一般说来,调解在于法院说服当事人让步,达到互相谅解而结束案件。在教育行政法律关系中,教育行政机关享有的是一种公共权利,其义务是为着公共利益履行法定职责。而对于管理相对人来讲,其合法权益是受法律保护的,如果对侵犯这种权益的行为做出让步,无异于让行政相对人承认侵害合理,甘心承受损失,这显然违背行政诉讼制度建立的初衷。

(二)教育行政诉讼的受案范围

《行政诉讼法》第二条规定:“公民、法人或者其他组织认为行政机关和行政机关工作人员的行政行为侵犯其合法权益,有权依照本法向人民法院提起诉讼。”指出了人民法院受理的行政行为是行政机关及其工作人员作出的。《行政诉讼法》第十二条规定细化了行政诉讼的具体内容。一般认为,具体行政行为是国家行政机关(包括法律法规授权的组织)所作出的、实际影响特定公民、法人或其他组织权利义务的行政职权和职责行为。[①]

教育领域中的行政诉讼制度越来越受到重视。我国《教育法》第四十三条第四款规定,对学校、教师侵犯其人身权、财产权等合法权益,学生可以依法提起诉讼,这是对受教育者教育行政诉讼的专门法律规定。《普通高等学校学生

① 参见应松年编:《行政诉讼法学》,北京:中国政法大学出版社2007年版,第63页。

管理规定》(中华人民共和国教育部令第41号)第六条第六款,专门针对高等学校学生的行政诉讼作出了规定,“对学校、教职员工侵犯其人身权、财产权等合法权益的行为,提出申诉或者依法提起诉讼。”如果高等学校学生认为行政机关的具体行政行为侵犯了其合法权益,可以依照法定程序,通过人民法院对教育行政部门提起诉讼,维护自己的合法权益。在教育行政诉讼中,人民法院的受案范围主要集中在以下几个方面:(1)对教育行政处罚不服的;(2)认为符合法定条件申请教育行政机关颁发许可证或执照,教育行政机关拒绝颁发或不予答复的;(3)申请教育行政机关履行保护人身权、财产权的法定职责,教育行政机关拒绝履行或者不予答复的;(4)认为教育行政机关违法要求履行义务的;(5)认为教育行政机关侵犯其他人身权、财产权的。

关于高等教育领域中行政诉讼的司法实践,一直是近年来社会广泛关注的焦点问题。如果高等学校学生对学校的处分不服,或者认为学校侵犯了自己的受教育权、人身权、财产权等合法权益,高校学生可以通过行政诉讼制度获得权利救济。1998年,北京市海淀区人民法院首次受理了田某诉北京科技大学拒绝颁发毕业证、学位证行政诉讼案。1999年海淀区人民法院受理了刘某诉北京大学、北京大学学位评定委员会的行政诉讼案。这两个案件的共同之处在于,高校学生状告的是自己就读的母校,是行政诉讼制度介入高等教育领域的先河。这表明,高等学校作为法律、法规授权的组织,即行政主体,应行使法律、法规赋予的行政权力,其行政行为应遵循行政法的基本原则。同时,高等学校可以作为适格的行政诉讼被告,法院可以根据行政法的基本原则受理教育行政诉讼案件。

高等学校行政行为是否合法,是人民法院审理教育行政诉讼案件的关键所在。人民法院依法重点针对高等学校的相关行政行为进行正当程序审查,以彰显程序正义,从而保障高等学校学生的合法权益。至于教学、学术研究等关涉高等学校内部的专业性认定及其纠纷问题,属于高等学校学术自治权利范畴,一般不宜司法介入。“于某茹诉北京大学撤销博士学位决定案”,是我国首个因涉嫌论文抄袭导致博士学位被撤销的行政诉讼案件。2017年6月6日,北京市第一中级人民法院维持了一审判决,认定北京大学作出撤销于某茹博士学位决定的程序违法,缺乏明确法律依据,遂驳回北京大学上诉。法院判决书“北京市第一中级人民法院行政判决书(2017)京01行终277号”明确认定:北京大学在作出被诉《撤销决定》之前,应当遵循正当程序原则,在查清事实的基础上,充分听取于某茹的陈述和申辩,保障于某茹享有相应的权利。本案中,北京大学虽然在调查初期与于某茹进行过一次约谈,于某茹就涉案论文是否存在抄袭陈述了意见。但此次约谈系北京大学的专家调查小组进行的调查程序,北京大学在作出《撤销决定》前未充分听取于某茹的陈述和申辩。因此,北京大学作出的对于某茹不利的《撤销决定》,有违正当程序原则。虽然北京大学当庭辩称此次约谈有可能涉及撤销学位问题,但北京大学未能提供相关证据予以证明。因此,法院对北京大学的上述辩称意见不予采信。终审判决生效后,北京大学通过官微表态,尊重法院的判决,依照相关程序处理,但也将继续严肃学术规范,对任何违反学术道德、抄袭剽窃的行为绝不姑息,切实维护学术共同体的尊严。

〔经典案例〕

杭某诉南京理工大学因隐瞒恋爱被取消研究生入学资格案[①]

杭某于1996年9月至2000年7月在南京理工机械学院机械设计及制造专业完成四年制本科学习,于2000年7月2日获得毕业证书和学士学位证书。2001年9月,杭某考取南京理工硕士研究生,于当年9月8日入学。2002年5月6日,南京理工作出"关于取消杭某硕士研究生入学资格的决定",其原因为对2001届硕士研究生政审复查中,发现杭某隐瞒在本科阶段与曹某谈恋爱的违纪及越轨行为,不符合军工专业硕士研究生入学条件。根据《南京理工研究生学籍管理规定实施细则》的有关规定,取消杭某的研究生入学资格。

杭某在得知南京理工作出上述决定后,于2002年10月8日向南京市玄武区人民法院提起行政诉讼。一审判决结果为撤销被告南京理工取消杭某硕士研究生入学资格的决定。一审宣判后,被告南京理工不服,向南京市中级人民法院提起上诉,要求依法予以改判,称对杭某作出的"关于取消杭某硕士研究生入学资格的决定"不是行使国家行政职权的行政行为。

〔案例评析〕

上述案例中,南京理工大学称对学生杭某作出的"关于取消杭某硕士研究生入学资格的决定"不是行使国家行政职权的行政行为,向南京市中级人民法院提起上诉。据此可知,目前,我国法律对高等学校与学生间的

① 资料来源:北大法宝,法宝引证码:CLI.C.26181。来源网址:http://www.pkulaw.cn/case/pfnl_1970324837000773.html? keywords=%E6%95%99%E5%B8%88%20%E5%A4%A7%E5%AD%A6&match=Exact.

法律关系的界定相对模糊，使得司法机关在介入学生和高等学校间的纠纷时不可避免地面临着法律适用的困难，也对高校和学生各自权利的维护构成了困难和阻碍。因此，从学理上厘清高等学校学生的权利与义务及双方的法律关系和法律地位可为司法实践和立法工作提供支撑。

为了适应现代行政的发展需要，国家直接通过法律规范将其行政权的一部分授予国家行政机关以外的组织，有时在法律法规中规定有权机关可以将其享有的行政权的一部分按照法定程序和要求授予其他组织，接受授权的组织便具备了成为行政主体的决定性条件。公办高等学校在我国定位为事业组织，作为高级专门人才的培养机构，我国教育法和高等教育法规定了高等学校对学生的管理权力，从而使高等学校具有了行政主体的资格。

上述案例中，南京市中级人民法院根据《中华人民共和国行政诉讼法》第二十五条第四款前段“由法律、法规授权的组织所作的具体行政行为，该组织是被告”，以及《最高人民法院关于执行〈中华人民共和国行政诉讼法〉若干问题的解释》第一条的规定“除行政机关以外，被法律、法规、规章授予行政权的组织也可能成为行政诉讼的被告”的内容，认为尽管上诉人南京理工不属于国家编制系列的行政机关，但是《教育法》《高等教育法》等相关法律赋予了其一定的行政管理职权，认定南京理工大学具有行政主体资格，驳回了南京理工大学的上诉请求。这也是高等学校与学生具有行政法律关系的一个具体体现。

推荐阅读：

[1]王利明：《民法》，北京：中国人民大学出版社2000年版。

[2]罗豪才、湛中乐：《行政法学》，北京：北京大学出版社2005年版。

[3]劳凯声：《变革社会中的教育权与受教育权：教育法学基本问题研究》，北京：教育科学出版社2003年版。

[4]刘复兴、檀慧玲：《高等教育法规概论》，北京：首都师范大学出版社2019年版。

[5]余雅风：《学生权利与义务》，南京：江苏教育出版社2012年版。

[6]姜明安：《行政法与行政诉讼法》(第七版)，北京：北京大学出版社2019年版。

[7]应松年：《行政诉讼法学》，北京：中国政法大学出版社2007年版。

第十一章　高等教育政策与法规改革趋向

章节提要

世界高等教育面临着新的发展态势，我国高等教育发展也进入了新阶段，国际环境新变化、政治发展新方向、经济社会发展新态势、科学技术发展新手段、民众对高等教育新诉求推动高等教育政策和法规必须作出调整。首先是改革的价值取向方面，高等教育公平和质量在内涵和发展形态方面需要给出全新的解释和研判。其次是必须对我国高等教育发展中的热点和难点问题作出回应，高等教育也必须发挥主动意识，谋划好自身发展，为经济社会发展作出时代性的支持。在人才培养方面，思想政治教育、一流本科教育、国际留学生的教育和留用问题需要得到回应；在师资队伍建设方面，师德建设、教师评价方式是未来相当长一段时间面临的难题；在高等教育治理现代化方面，强化依法治校、优化高等教育办学体系、落实高校办学自主权、推进高等教育信息化建设是高等教育政策与法规调控的重点。

第一节　高等教育政策与法规改革的价值取向

高等教育政策与法规调控的主要着力点之一是价值取向。我国在推进高等教育现代化的进程中，面临着全新的历史使命和重大挑战，高等教育政策与法规必须在价值取向的内涵、表现形式和落实路径方面作出新的思考和调整。

一、高等教育公平的新内涵、新形态

高等教育强国是一个“结构优化与功能耦合的有机系统”，其建设更是一个结构、质量、公平、国际化以及治理等多重机制协同互动的大工程，高等教育公平在其中发挥了隐秘而独特的功能。改革开放40多年来，我国高等教育发展的基本思路之一就是运用效率杠杆来改善公平环境。在新时代背景下，我们面对新形势、新挑战，亟须运用公平杠杆来推动效率提升，重新探寻并启动高等教育改革的新动能，即“效率机制”能够承担起建设“高等教育大国”的历史重任。同时在“高等教育强国”的建设征程中，“公平机制”更加不可或缺，且理应处于中心地位。党的十九大报告强调，“努力让每个孩子都能享有公平而有质量的教育”。可以说，“公平正义是中国特色社会主义的内在要求”，教育公平是党和国家在新时代背景下给予人民的庄严承诺，它在高等教育领域同样弥足珍贵且意义深远。坦言之，高等教育公平是高等教育强国的典型标志，同时也是建设高等教育强国的有力工具与重要内容。就此而言，高等教育公平并非一个纯粹的理论议题，而是一道异常艰深且必须予以正面解答的实践议题。

（一）“有底线”的高等教育公平

有底线的高等教育公平是国家必须介入并予以保障的最起码的公平，是一种面向并满足绝大多数人民群众基本高等教育需求的“普惠性公平”。与此同时，它理应成为高等教育各级各类组织必须毫不动摇坚守的基本价值取向，从而也是高等教育强国建设不可回避的基本价值。展开来说，高等教育公平是通过公平感的比较而作出的一种价值判断。如果公平感基本得到满足，那么主体内心将趋于平衡，否则就会感受到一种相对剥夺感，由内心秩序失衡所引发的各种问题也就不可避免。尽管公平感主要是一个相对量概念，但它首先具有绝对量的含义，即“公平底线”。譬如，省属与部属高校在高等教育资源配置（经费划拨、学科评审、工程建设等）基准上存在较大差距，民办与公办院校在基础公平问题上同样对照鲜明，区域高等教育资源配置不均衡也日益暴露出基准公平问题，是故由虹吸效应所形成的办学格局固化现象引人深思。进言之，高校招生腐败问题历来都可谓是对高等教育公平底线最严重的破坏，高校教师贫富差距扩大、学科建设马太效应日益显著则是近年来绩效主义盛行的结果，这些都成了人们对公平底线的一种反身性拷问。毫不夸张地说，由击穿公平底线所导致的无活力、“有蝼蚁”的高等教育体系对高等教育强国建设将造成致命戕害。显然，这种高等教育公平底线必须由以正义为前提的制度或规则来加以维系，否则，洞穿或丧失公平底线对教育公平、社会公平乃至社会稳定都将造成极大威胁。这就要求我们从“制度伦理”“制度正义”的立场深刻检视高等教育领域的通行政策、制度或规则，对其中有违公平底线精神的部分必须加以调整或者废除。

（二）“有差别”的高等教育公平

如果说有底线的高等教育公平是一种“基准公平”，那么有差别的高等教育公平则是在底线基础上于合理范围内对公平的适度偏离。“让一部分有能力的主体先发展起来”和“让弱势群体一同沐浴教育正义的阳光”都是对这种公平的侧面写照。国家重点建设工程、学校组建精英学院、教师破格晋升职称、学生破格录取等，都属于面向精英群体的有差别的高等教育公平。少数民族加分政策、农村专项招生计划、贫困大学生资助政策、中西部地区高等教育政策倾斜等，都属于面向弱势群体的有差别的高等教育公平。值得一提的是，目前我国已经形成包括国家奖助学金、国家助学贷款、勤工助学金、学费补偿贷款以及学费减免等形式多样的大学生资助政策体系，“让每一个学生不因家庭经济困难而失学”的目标基本实现。需要注意的是，有差别的高等教育公平固然是一种制度性矫正或调节，但它一定要在各方利益群体可以接受的合理范围之内，一旦矫枉过正，必然会引发对高等教育公平的质疑声浪。例如，一所地方本科院校的精英学院，就面临来自其他院系师生诸多公平问题的声讨，涉及优惠政策倾斜、充足经费支持、先进硬件设施、优先配备师资、诱人的奖学金及境外访学基金等，这些质疑始终困扰并制约着该精英学院的发展。这说明有差别的高等教育公平必须合理把握“偏离度”，否则公平导向的行动反而会走向公平的对立面，甚至引发更大的不公平。由此而言，高等教育强国建设必须审慎对待“两大公平群体”，前者拷问高等教育强国建设究竟可以走多快，后者则拷问高等教育强国建设究竟能够走多远。

（三）“有尊严”的高等教育公平

有尊严的高等教育公平是实践基准公平和差别公平过程中必须坚决捍卫的价值取向，即高等教育公平行动需要在心理自尊的关照下进行程序合法性或方式正当性的审查，但这一点在现实中常常被人们忽视甚至漠视。例如，给贫困大学生发放奖、助学金不失为体现高等教育公平的做法，但许多学校、院系、班级通过比穷、比惨来认定贫困资格的操作方式让人寒心。其造成的后果就是，要么贫困生标签将学生的自尊压得喘不过气，要么干脆放弃资格认定以保留一丝尊严。显然，上述现象根本不符合高等教育公平的基本精神。我们经常说“扶贫必先扶智”，但“扶贫更要扶志”。我们应该尽量消除在高等教育发展过程中出现的各种歧视，坚决反对各种以道德名义进行的道德伤害。与此同时，我们也应该警惕各种可能的反歧视风险，以及其所带来的尊严扫地、斯文扫地问题。譬如，某重点高校规定了一位教师全年须完成的基本工作量为1680，其中，发表在普通期刊上的学术论文每篇折算工作量为80，核心期刊乃至权威期刊的每篇论文折算工作量统统为100。这种规定看似既遵守基准公平，又兼顾差别公平，但实际上等于变相纵容并怂恿教师发表“垃圾文章”。显然，这是由不正义制度所导致的对优秀教师的“逆向淘汰”，是一种失去卓越、丧失尊严、虚假浮华的高等教育公平！因此，有尊严的高等教育公平要求我们必须正视并尽量矫正各种歧视和反歧视问题。这是高等教育强国建设中最直击人心的板块，能否解决与解决成效如何将直接影响高等教育伟大工程的建设步伐。

(四)“有选择”的高等教育公平

有选择的高等教育公平代表了高等教育大众化与普及化时代的强烈呼声。2018年7月教育部发布《2017年全国教育事业发展统计公报》，数据显示我国高等教育毛入学率已达到45.7%，即将迈入高等教育普及化阶段。可以说，高等教育普及化时代快速到来对我国高等教育提出了新挑战，对高等教育公平提出了前所未有的新要求，从而对我国建设高等教育强国之路也提出了必须正面解答的新课题。从学理上讲，高等教育普及化的深层意味是多元化、差异化乃至个性化。有选择的高等教育公平恰恰要求我们在高等教育活动中设计相对合理而多样的方案，在尊重差异的基础上，赋予主体充分、自由选择的权利。进一步说，我们应该给不同高校、不同教师以及不同学生提供不同的发展选项，毕竟只有唯一选项的公平不是真正意义上的公平。譬如，在学科评估中为不同类型高校设计不同的“赛道和赛制”，高校有权选择并探索适合自己发展的道路；在考核评价上为不同教师提供多元发展机遇，设计相关替代方案，教师根据自己的优势自主选择专业发展道路；为不同学生提供多样的课程模块，打造立体发展空间，让学生在自主探索中享受自主发展、自我成长的乐趣。坦率地说，若让食素者啖肉、让嗜肉者吃素，这对双方而言都是不公平的，将主观意志有意或无意地强加于他人都是有违公平实质的。从这个角度而言，有选择的高等教育公平将在高等教育强国建设之路上体现为一种“有容乃大、有容乃强”的至高境界。

(五)“有质量”的高等教育公平

有质量的高等教育公平表达了高等教育强国建设的一种伦理诉求，是对正义价值的终极追求。然而现实中的“低质量”高等教育公平事例不胜枚举。如某重点高校一学院在保送研究生时需要决定优秀学生究竟“内保”还是“外保”，院系领导竟宣称，“为公平起见”采取抓阄的方式进行。许多高校还出现了更加令人愤慨的现象：国家专项资助贫困大学生的奖、助学金竟然也“为公平起见”而被全班同学平分。现实中还有一种更加普遍的决策方式：为公平起见，投票决定。这使某重点高校打算从国外引进一个生物领域知名科研团队时，却因学院学术委员会的投票结果而无法通过。这种“逆淘汰机制”不得不让我们对习以为常的公平做法警惕起来。也就是说，通过抓阄、均分、投票等方式解决利益冲突的做法，其背后映射出的很可能是“无质量”或“低质量”的高等教育公平。这些做法并没有从制度层面做出应有的努力，使得这种高等教育公平只能是一种虚假的公平。恰如罗尔斯所强调的那样，“正义是社会制度的首要价值。……某些法律和制度，不管它们如何有效率和有条理，只要它们不正义，就必须加以改进和废除”。因此，有质量的高等教育公平表明公平具有层次之分，我们理应从制度正义的角度反思高等教育公平，以制度创新的方式为高等教育强国建设注入一针“强心剂”。

二、高等教育质量的新内涵、新形态

质量是高等教育强国的质的规定性之一，建设高等教育强国必须全面提高高等教育质量。但在不同阶段，高等教育强国建设面临不同的质量问题。在新时代背景下建设高等教育强国，迫切需要准确把握并解决当前高等教育质量突出存在的几个关键性问题，化解一些深层次矛盾，解决这些关键问题即是实现了建设高等教育强国的质量要求。其中，全面建设高水平本科教育、大力提升高校的原始创新能力以及完善中国特色高等教育质量保障体系是三个主要方面。

（一）全面建设高水平本科教育

本科教育是高水平人才培养的最关键阶段，“是提高高等教育质量的最重要基础”。建设高等教育强国迫切需要高本科教育水平。本科教育的“高水平”体现了一种整体性的高等教育质量观，既指一般意义上“高水平的人才培养质量”，更强调“高水平人才培养体系和人才培养能力”，其中，人才培养能力是根本。全面建设高水平本科教育，必须牢牢把握全面提升人才培养能力这个重要着力点。全面提升人才培养能力，需要大力推动人的现代化、知识的现代化和制度的现代化。

人的现代化是全面提升人才培养能力的出发点和落脚点。“以教师为本、以学生为中心”是实现人的现代化的基本遵循。“以教师为本”和“以学生为中心”不是矛盾的，更不是冲突的，而是一体两面、相辅相成的。“以教师为本”是真正做到“以学生为中心”的基本前提，“以学生为中心”是“以教师为本”的目的和归宿。建设高水平本科教育不能脱离教师这个根本。以教师为本意味着要让教师安心教学、乐于教学、善于教学，以学生为中心意味着将学生置于本科教学共同体的中心地位，做到“以学生的发展为中心，以学生的学习为中心，以学生的学习效果为中心”。

知识的现代化是全面提升人才培养能力的主要内容和媒介。知识的现代化离不开课程的现代化和教学的现代化。前者关涉知识是什么,属于知识的组织结构问题;后者关涉知识如何育人的问题,属于知识的功能释放问题。大学课程传达的是一所大学对教育本质的诠释,大学教学将这种“诠释”传递给学生,两者都是“立德树人”的重要载体。在知识现代化方面,无论课程还是教学,都应以促进和实现人的全面发展为旨归。建设高水平本科教育要围绕如何通过知识来发展学生的人性、理性和德行,对大学课程和大学教学进行系统性改革,同时要确保改革落实到高水平课程和高水平教学上。所谓高水平课程,是符合认知规律、有挑战度且能够体现高水平本科教育目标的课程体系;高水平教学则是在遵循学生身心发展规律的基础上,能够激发学生兴趣、有效提升学生批判性思维能力和表达能力等素质和能力的教学。

制度的现代化是全面提升人才培养能力的根本保障。本科教育利益相关者的集体行为是一系列制度塑造的结果,有什么样的制度就产生什么样的行为,因此可以说,人才培养能力本质上是一种制度能力。使本科教育陷入发展困境的不是政策,而是制度。“下位政策的调整无法持续改进实践的时候,应该考虑在制度层面进行创新。”制度创新就是实现制度的现代化。在高等教育系统层面,应建立由政府、高校和用人单位等多方利益主体组成的合作治理委员会。由这个委员会根据市场需求及其对毕业生能力的要求,完善相关专业和课程的动态调整机制,为高校自主、自觉进行本科教育教学改革提供必要的参照。在高校内部,需要以服务和创新的理念重构本科教育教学管理制度。这种制度不应该是控制和完全问责取向的,而应该是激励和改进取向的。判断这种制度现代化与否的标准不应该是形式上的,而应该是精神上的,即应以有效促进学生成长和发展、真正激励和保障教师全身心投入本科教育作为根本标准。

(二)大力提高高校的原始创新能力

原始创新能力是高校竞争力的核心,是竞争力之源。原始创新能力的提高受诸多因素影响,大致可分为制度因素和个体因素。科研人员的水平和素质(个体因素)直接决定了高校的原始创新能力,这也是政府和高校大力引进和培育高层次人才的根本原因。但从社会学的角度来看,科研人员能力和素质能否得到释放和发挥以及能发挥到何种程度均受制度环境影响。“相对宽松、适度竞争、诚实守信”的制度环境能够激发和保护科研人员的学术激情、学术热情和学术能力,有利于营造创新的学术氛围。相反,“严苛问责、过度紧张、急功近利”的制度环境将不断消耗科研人员的学术热情和学术激情,导致职业倦怠,破坏学术生态,使创新停留在初级阶段且难以持续。

持续改善学术职业的制度环境，是从根本上提高高校原始创新能力的“公开秘密”。学术职业环境可以分为大环境和小环境。大环境是指国家和社会所塑造和认可的整体制度环境，小环境特指高校的组织和制度环境。大环境既包括政府的高等教育政策、科研管理和评价体制、战略需求等，还包括社会对学术职业的整体认知和期待；小环境既包括高校对宏观制度环境的接纳方式和程度，也包括高校内部学术职业考评、晋升和奖励等制度。学术职业环境的改善，是政府、社会、高校等所有利益主体形成合力并发挥作用的结果。政府和高校设计、制定相关制度和政策，要充分考虑学术职业和原始创新的特性。

学术职业的对象是一种精神性的知识生产活动，其从业人员（这里指高校教师）的兴趣与自主是从事原始创新的必要条件。强功利导向的绩效主义与此难以兼容，甚至大多数时候会与之产生根本性冲突，弱化乃至消解高校教师的原始创新意愿、动机与能力。因此，制度重构和政策调整的重点是在尊重学术职业自主性的基础上，最大可能激活并呵护高校教师从事原始创新的内在动力。从管理制度和人事政策的角度来看，政府和高校应尽快取消“学术锦标赛制”，破除当前以政府荣誉头衔和物质激励为主要手段的人才“隔离带”和“保护区”，营造“相对宽松、适度竞争”的学术创新氛围。当前，科技部、教育部等五部门联合开展的清理“四唯”（唯论文、唯职称、唯学历、唯奖项）专项行动，正是对功利化科研评价制度的一种矫正。

考虑到探索性、前沿性和累积性是原始创新的根本特征，与之相伴的是长周期和不确定性，制度和政策设计需要为原始创新中可能存在的风险预留空间，即在积极鼓励和推动原始创新的同时，适度宽容可能走出的弯路甚至是失败。政府、高校和相关机构应尊重基于学者个人兴趣的基础和前沿研究，不宜强行设定统一的、刚性的条件和标准，诱导学者偏离轨道，使其不得不从事“短平快”的研究。研究资助机构对学术创新的适当干预是正当和必要的，但对具体过程进行事无巨细的干预和严苛的监控与问责，则极有可能费力不讨好，造成“南辕北辙”，甚至形成恶性学术生态。容易被忽略但又极为重要的是，政府、社会、高校和学术界等所有利益主体都应该积极倡导和遵守学术伦理和责任伦理，在保护原始创新优先权的同时，对学术失范和学术腐败行为进行有效制约和惩戒，在全社会形成尊重和保护原始创新的集体共识。

（三）完善中国特色高等教育质量保障体系

完善中国特色高等教育质量保障体系的重点在于有效解决体系建设中的不充分和不平衡问题。质量保障的制度化程度不高，是高等教育外部质量保障体系建设不充分的集中表现；不平衡则主要表现为教育行政主管部门直接介入质量保障的程度较深，弱化了第三方评估机构等其他重要利益相关者的地位和作用。高等教育内部质量保障体系建设不充分，主要表现为高校的主体意识不足、主体能力薄弱；不平衡主要表现为内部质量保障侧重于回应政府问责而非质量改进。

外部质量保障是基础。一个重要且迫切的突破口是切实贯彻“管办评分离”的理念和原则，在质量保障方面加快立法进程，将高等教育质量保障纳入法制轨道，从法律层面明确规定不同利益相关者在质量保障中的地位、角色、权力、利益以及质量保障的一般程序、基本原则等。其中，最核心的关切是政府应从具体质量保障事务中退出，从“划桨者”转变为代表公共利益行使宏观调控、信息收集与发布、行政监督等职能的“掌舵者”角色。在质量保障主体方面，法律应明确规定高校在质量保障中的主体地位以及相应的权利、责任和义务；在扩大质量保障供给方面，政府和高校应依法采取实质性措施，保证符合条件的第三方评估机构能参与质量保障决策和其他相关工作。在扩大参与范围的同时，要建立风险防控机制，识别、规避和遏制权力寻租；在进行上述结构性改革时，所有利益相关者还应该在全社会范围内创造并倡导多元化质量哲学，形成一种基于“实践认知旨趣”和“沟通理性”的高等教育质量文化。

内部质量保障体系是重点。提升高校的质量保障意识和能力，一方面取决于政府“松绑”的程度和“松绑”后的管理方式，另一方面取决于高校自身质量保障体系的成熟度和能力。前者应该在高等教育外部质量保障体系改革中予以解决，后者则是在解决前者的同时，高校积极自主建构的结果。从国际比较得出的经验来看，一种可能和可行的路径是，高校在依法主动公开信息的基础上，基于专业伦理和责任伦理，建立面向全体利益相关者的自愿问责制度，实现从被动问责走向基于质量改进而主动回应问责的范式转换。与此同时，高校还应该鼓励、激发和保护全体内部利益相关者主动参与质量保障和质量改进的意识和行为，在高校内部形成致力于学生全面发展的质量文化。这不仅有助于从根本上完善内部质量保障体系，也能够在内外部质量保障体系之间架起桥梁，凝聚共识，从而共同致力于提高质量。为此，高校应以“促进学生全面发展”的理念来重塑内部质量保障体系，将学生全面发展作为判定内部质量保障体系有效性的根本标准。总的来说，面对新时代背景下高等教育强国建设的基本要求，高校应以立德树人为根本任务，以课程体系改革为支点，以全面促进教师专业发展为动力，以全员、全过程育人的学习支持系统为支撑，借助智能化信息反馈系统平台，构建致力于质量持续改进的内部质量保障体系。

第二节 中国高等教育政策与法规调控热点问题

面对全球化转型、我国经济社会发展及教育现代化目标等现实背景，高等教育事业发展面临的一系列挑战，为此，中国高等教育政策与法规需要在人才培养、科学研究、社会服务、管理体制机制改革等方面作出调整。

一、人才培养方面

（一）强化课程思政建设

全面推进高校课程思政建设是落实立德树人根本任务的战略举措。在高校价值塑造、知识传授、能力培养“三位一体”的人才培养目标中，价值塑造是第一要务。全面推进课程思政建设，就是要将价值观引导寓于知识传授和能力培养之中，帮助学生塑造正确的世界观、人生观、价值观，这一举措影响甚至决定着接班人问题，影响甚至决定着国家长治久安，民族复兴和国家崛起。

2020 年 6 月，教育部印发《高等学校课程思政建设指导纲要》。《纲要》指出，课程思政建设总的目标就是立足于解决培养什么人、怎样培养人、为谁培养人这一根本问题，围绕全面提高人才培养能力这个核心点，在全国所有高校、所有学科专业全面推进，让课程思政的理念在各地各高校形成广泛共识，全面提升广大教师开展课程思政建设的意识和能力，建立健全协同推进课程思政建设的体制机制，构建全员、全程、全方位育人大格局，努力培养担当民族复兴大任的时代新人，培养德智体美劳全面发展的社会主义建设者和接班人。

全面推进课程思政建设的主要工作思路是：

(1)坚持知识传授和价值引领相统一。育人为本，德育为先，课程思政建设就是要实现价值塑造与知识传授、能力培养一体化推进，把专业教育与思想政治教育紧密融合，形成协同效应。

(2)坚持显性教育和隐性教育相统一。在充分发挥思政理论课重要作用的同时，用好隐性教育渠道，挖掘各类课程中蕴含的思政教育元素，既形成“惊涛拍岸”的声势，也产生“润物无声”的效果。

(3)坚持统筹协调和分类指导相统一。既加强顶层设计协调推进，建立包括内容体系、教学体系和工作体系在内的一整套课程思政建设育人体系，也要针对不同专业、不同课程的特点强化分类指导，不断提高课程思政建设的水平。

(4)坚持总结传承和创新探索相统一。一方面及时总结各地各高校典型经验，形成可复制推广的经验做法；另一方面通过选树典型，以“点”带“面”，鼓励高校积极探索，形成课程思政建设全面推进的良好局面。

(二)推进一流本科教育

没有一流本科教育,就没有一流高等教育,也就没有中国高等教育现代化。2018 年 5 月,在四川成都召开的新时代全国高等学校本科教育工作会议上,150 所高校联合发出《一流本科教育宣言(成都宣言)》,提出培养一流人才,建设一流本科教育,在全国正式吹响了一流本科教育改革的号角。《宣言》提及的改革点是未来我国高等教育政策与法规作出调整的关键点。

(1)培养堪当民族复兴大任的时代新人是高等教育的核心使命。中国特色社会主义进入新时代,世界范围新一轮科技革命和产业变革扑面而来,我国高等教育正面临着千载难逢的历史机遇和挑战。只有因时而进、因势而新,以人才培养作为高校的核心使命,造就一大批堪当大任、敢于创新、勇于实践的高素质专业人才,才能为民族复兴提供坚实的人才基础。

(2)坚持以本为本、推进"四个回归"是高等教育改革发展的基本遵循。高教大计,本科为本;本科不牢,地动山摇;人才培养为本,本科教育是根。立足当前,面向未来,我们将把本科教育放在人才培养的核心地位、教育教学的基础地位、新时代教育发展的前沿地位,加快建设一流本科教育,为我国高等教育强基固本。把回归常识、回归本分、回归初心、回归梦想作为高校改革发展的基本遵循,激励学生刻苦读书学习,引导教师潜心教书育人,努力培养德智体美劳全面发展的社会主义建设者和接班人,加快建设高等教育强国。

(3)致力于立德树人。全面贯彻党的教育方针,把立德树人的成效作为检验学校一切工作的根本标准。坚持社会主义办学方向,把马克思主义作为中国特色社会主义大学的"鲜亮底色"。促进专业知识教育与思想政治教育相融合,发展素质教育,围绕激发学生学习兴趣和潜能,深化教学改革,全面提高学生的社会责任感、创新精神和实践能力,交给学生打开未来之门的"金钥匙",让他们能够敏锐地洞悉未来、自信地拥抱并引领未来。

(4)致力于教书育人。努力建设高素质教师队伍,把师德师风作为教师素质评价的第一标准,引导教师以德立身、以德立学、以德施教,更好担当起学生健康成长指导者和引路人的责任。全面提升教师教育教学能力,加大对教学业绩突出教师的奖励力度,改革教师评价体系,引导教师潜心教书育人,享受得天下英才而育之的职业幸福。

(5)致力于提升内涵。着力建设高水平教学体系,提升专业建设水平,建设面向未来、适应需求、引领发展、理念先进、保障有力的一流专业;推进课程内容更新,将学科研究新进展、实践发展新经验、社会需求新变化及时纳入教材;推动课堂革命,把沉默单向的课堂变成碰撞思想、启迪智慧的互动场所;建立学生中心、产出导向、持续改进的自省、自律、自查、自纠的质量文化,将质量要求内化为师生的共同价值和自觉行为。

(6)致力于领跑示范。必须适应新技术、新产业、新业态、新模式对新时代人才培养的新要求,大胆改革,加快发展,形成领跑示范效应。加快建设新工科,推动农科、医科、文科创新发展,加强基础科学和文、史、哲、经济学拔尖创新人才培养。持续深化创新创业教育改革,造就源源不断、敢闯会创的青春力量。努力建设新时代中国特色社会主义标杆大学,把"四个自信"转化为办好中国特色世界一流大学的自信。

(7)致力于变轨超车。深入推进"互联网＋高等教育",打破传统教育的时空界限和学校围墙,以教育教学模式的深刻变革推动高等教育变轨超车。大力推动现代信息技术的应用,打造智慧课堂、智慧实验室、智慧校园,探索实施网络化、数字化、智能化、个性化的教育,重塑教育教学形态。加大慕课平台开放力度,打造更多精品慕课,推动教师用好慕课和各种数字化资源,实现区域之间、校际之间优质教学资源的共建共享。

(8)致力于公平协调。围绕国家主体功能区定位,将学校发展规划与经济带、城市群、产业链的布局紧密结合起来。积极配合国家实施"中西部高等教育振兴计划升级版",推动中西部地区加快现代化进程。充分发挥高等教育集群发展的"集聚—溢出效应",以区域经济社会发展为目标导向,增强高校的"自我造血能力",激发内在动力、发挥区域优势、办出特色办出水平。

(9)致力于开放合作。我们将汇聚育人合力,深入推进产教融合、教科结合,健全高校与实务部门、科研院所、行业企业协同育人机制,实现合作办学、合作育人、合作就业、合作发展。扩大对外交流合作,主动服务"一带一路"建设,加快打造"留学中国"品牌,积极与国外高水平大学开展合作,培养具有宽广国际视野的新时代人才。

(10)致力于开拓创新。改革是第一动力,创新是第一引擎,要成就伟大的教育,教育创新就不能停顿。中国要强盛,要复兴,要成为世界主要科学中心和创新高地,首先必须成为世界主要高等教育中心和创新人才培养高地,同时紧紧把握高等教育发展的历史机遇,加快人才培养的思想创新、理念创新、方法技术创新和模式创新,从而推动一流本科教育建设的洪流奔涌向前。

(三)强化青年拔尖人才培养

青年拔尖人才是民族复兴的关键力量,是科技创新发展的核心力量。2019年4月,教育部、中央政法委、科技部等13个部门在天津联合启动"六卓越一拔尖"计划2.0,全面推进新工科、新医科、新农科、新文科建设,提高高校服务经济社会发展能力。新工科建设将应对第四次工业革命的需要,加强战略急需人才培养。新医科作为构建健康中国的重要基础,要实现从治疗为主到生命全周期、健康全过程的全覆盖，提升全民健康力。新农科要用现代科学技术改造升级涉农专业，助力打造天蓝水净、食品安全、生活恬静的美丽中国。新文科建设则是要推动哲学社会科学与新科技革命交叉融合，培养新时代的哲学社会科学家，创造光耀时代、光耀世界的中华文化。

其中，创新拔尖人才培养一直是我国高等教育的难点和痛点。2018 年 10 月，教育部等六部门发布《关于实施基础学科拔尖学生培养计划 2.0 的意见》，强调七大改革措施。

(1)强化使命驱动。引导学生面向国家战略需求、人类未来发展、思想文化创新和基础学科前沿，增强使命责任，激发学术志趣和内在动力。服务国家重大需求，激励学生把自身价值的实现与国家发展紧密联系起来，把远大的理想抱负和所学所思落实到报效国家的实际行动中。

(2)注重大师引领。汇聚热爱教育、造诣深厚、德才兼备的学术大师参与拔尖人才培养，通过学术大师言传身教，加强对拔尖学生的精神感召、学术引领和人生指导，让学生通过耳濡目染激发学术兴趣和创新潜力。

(3)创新学习方式。给天才留空间，营造创新环境，厚植成长沃土。

(4)提升综合素养。教育引导学生坚持以马克思主义为指导，加强素质教育，强化实践能力和创新创业能力，培育科学道德、批判精神和创新精神。

(5)促进学科交叉、科教融合。把促进交叉作为拔尖创新人才培养的重要途径，建设跨学科课程体系，组建跨学科教学团队，设立交叉学科研究课题，为拔尖学生参与跨学科学习和研究创造条件。

(6)深化国际合作。构建国内外双向互动、合作共赢的拔尖人才培养长效机制。

(7)科学选才鉴才。选才与鉴才结合，真正发现和遴选志向远大、学术潜力大、综合能力强、心理素质好的优秀学生。年龄不是学者创新的充分条件，而是必要条件之一。“双一流”要实现高端人才聚集效应，就必须考虑到年龄问题，即能否在恰当的年龄段上产出更多更高的研究成果，相关制度设计也应该与年龄阶段的产出方式匹配起来。

(四)打造留学品牌与人才留用

2018 年来华留学生数据统计显示，接受学历教育的外国留学生总计 25.81 万人，硕士和博士研究生共计 8.51 万人；我国出国留学人员总数为 66.21 万人；我国已经成为留学生最大输出国和亚洲最大留学目的国。来华留学的目的不仅仅是来学习、传播文化，中国在未来发展中，更为重要的是将留学生中的优秀人才留下来，将培养、储备、引进和使用有机统一起来。从世界发展经验来看，这正是一流大学高端人才充沛的重要原因之一。

当前，我国在该领域还存在很多短板：

(1)发达国家来华留学数量直接限制了对国际高端人才的可选择范围。虽然近几年“来华留学工作和出国留学工作并重”的工作理念开始大力推行，但来华留学多年来存在的历史障碍还没有完全清除，所以在海外学习的中国留学人员与来华留学人员之间的逆差(即留学赤字)问题依然严峻。《2015 教育概览》显示，在八大留学目的国中，澳大利亚的国际留学生占其高校在校生人数的比例为 17.97%，美国的该比例达到3.87%，而中国在该比例中只占 0.46%，位列八大留学目的国末尾，近年来比例有所好转，但基本没有得到实质性改观。

(2)发达国家来华所读专业限制了对国际高端人才的可选范围。从 33 个发达国家取样数据得出，有 76%的学生求学诉求是汉语学习，只有 24%的学生需要攻读学位。这基本符合全球国际学生流动规律，发达国家学生去相对教育发展落后国家求学时，往往不是攻读学位课程。其中，有 86%的韩国学生来华求学的目的是学习汉语，只有 14%的学生需要攻读学位；有 94%的日本学生来华求学的目的是学习汉语，仅有 6%的学生攻读学位。

(3)国际学生的学历层次限制了国际高端人才来华的比例。在不同层次的学历教育中，来华国际学生中高端人才的比例都处于最低值，这不仅反应了中国的高校教育国际化水平有待进一步加强，而且反映了来华留学生的来源有待拓展，来华留学生在华期间的成长空间有待提升，来华留学生毕业后的预期有待明确。

二、师资队伍建设方面

(一)强化师德建设

党的十八大以来，习近平总书记多次就加强师德师风建设发表重要讲话，强调评价教师队伍素质的第一标准是师德师风，先后对广大教师提出“四有”“四个引路人”“四个相统一”“六要”的标准和期望，要求在全社会大力弘扬尊师重教的良好风尚，让广大教师在岗位上有幸福感、事业上有成就感、社会上有荣誉感，让教师成为让人羡慕、最受社会尊重的职业。2019 年 12 月，教育部、中央组织部、中央宣传部、国家发展改革委、财政部、人力资源和社会保障部、文化和旅游部等七部门联合印发《关于加强和改进新时代师德师风建设的意见》。其主要内容是：从加强教师队伍思想政治工作、提升教师职业道德素养、将师德师风建设要求贯穿教师管理全过程、营造全社会尊师重教氛围、加强师德师风建设工作保障等五个方面，提出包含“三个坚持”(坚持思想铸魂、坚持价值导向、坚持党建引领)、“三个突出”(突出课堂育德、突出典型树德、突出规则立德)、“四个严格”(严格招聘引进、严格考核评价、严格师德督导、严格违规惩处)、“四个强化”(强化地位提升、强化权利保护、强化尊师教育、强化各方联动）和“一个加强”（加强工作保障）在内的十五项具体任务，全方位构建师德师风建设新格局。

（二）优化高校教师评价

评价问题一直是一个限制我国高等教育教师队伍良性发展的难题，《中共中央国务院关于全面深化新时代教师队伍建设改革的意见》和《中共中央办公厅国务院办公厅关于深化职称制度改革的意见》要求，需要进一步完善教师评价机制。2020 年 7 月，人力资源和社会保障部办公厅、教育部办公厅发布了《关于深化高等学校教师职称制度改革的指导意见（征求意见稿）》，调整点如下：

（1）健全制度体系。创新岗位类别。设有教学为主型、教学科研型等岗位类型，高校可根据自身发展实际，设置新的岗位类别。

（2）完善评价标准。将师德表现作为教师职称评审的首要条件。突出教育教学能力和业绩，把课堂教学质量作为主要标准，提高教学业绩和教学研究在评审中的比重，突出教书育人实绩，注重对履责绩效、创新成果、实际贡献的评价。克服唯学历、唯资历、唯“帽子”、唯论文、唯项目等倾向。

（3）创新评价机制。分类分层评价，按照教学为主型、教学科研型等岗位类别，哲学社会科学、自然科学、工程科技等不同学科领域，基础研究、应用研究等不同研究类型，建立科学合理的分类分层评价标准。推行代表性成果评价，注重标志性成果的质量、贡献、影响，突出评价成果质量、原创价值和对社会发展的实际贡献。创新评价方式，完善同行专家评议机制，健全完善外部专家评审制度，提高职称评价的科学性、专业性、针对性。建立重点人才绿色通道，引导教师主动服务国家重大战略需求，注重工作实绩，对取得重大基础研究和前沿技术突破、解决重大工程技术难题、在经济社会各项事业中作出重大贡献的教师以及引进的高层次人才和急需紧缺人才等，在严把程序的前提下，可制定较为灵活的评价标准，畅通人才发展通道。完善信用和惩处机制，建立完善评审专家的诚信记录、利益冲突回避、动态调整、责任追究等制度，严格规范专家评审行为。

（4）落实自主评审。下放职称评审权，高校教师职称评审权直接下放至高校，自主组织评审，按岗聘用，主体责任由高校承担。加强监管服务，加强对高校教师职称评审工作的监管，加强职称评审信息化建设，探索推广在线申报和评审，简化申报信息和材料报送等相关手续。

（5）优化思想政治工作评审。强化教师思想政治工作要求，将学生思想政治教育工作作为教师的基本职责，把从事学生思想政治教育计入学校思想政治工作兼职教师的工作量。

三、治理现代化方面

（一）强化依法治校

高等教育领域全面推进依法治校、加强法治工作，是学习贯彻习近平总书记全面依法治国新理念新思想新战略的一项重大政治任务，也是破解当前高等学校改革发展面临的突出问题、推进治理体系和治理能力现代化的必然要求。教育部党组高度重视高等学校法治工作。2012年《全面推进依法治校实施纲要》发布以来，高校法治工作取得了积极进展，为高校改革发展提供了有力的支撑和保障。实践中一些学校法治意识不强、法治能力不足，违法决策、任性管理、侵权塞责等现象仍然存在。随着高等教育改革深入推进，高校办学自主权逐步落实，高校内外部环境愈加复杂、治理难度越来越大。特别是近年来高校办学、管理活动越来越多地纳入司法审查范畴，涉及高校的各类复议、诉讼案件逐年增加，如何有效规避法律风险、依法维护学校权益成为高校面临的重要课题，迫切需要进一步加强高校法治工作。

2020年7月，国家出台了《教育部关于进一步加强高等学校法治工作的意见》（以下简称《意见》），这是教育部第一次针对高校法治工作专门发文、第一次在文件中明确高等学校法治工作的概念，以前提得较多的是依法治校、教育法治工作、学校法律事务等。《意见》对高等学校法治工作的目标定位是推进高校依法治理，提高高校治理体系和治理能力现代化水平。《意见》明确了高校法治工作的五项重点内容。

（1）构建以章程为核心的规章制度体系，推动形成以章程为核心，规范统一、分类科学、层次清晰、运行高效的学校规章制度体系。

（2）完善学校法人治理体系，进一步坚持和完善以党委领导下的校长负责制为核心的学校领导体制和治理体系，推进决策、管理的科学化、民主化、法治化。

（3）健全师生权益保护救济机制，建立健全校内权益救济制度，完善教师、学生申诉的规则与程序。

（4）完善学校法律风险防控体系，健全合同管理制度，积极推进各类涉法事务管理，维护学校合法权益。

（5）开展以宪法教育为核心的法治教育，把学习宣传宪法摆在普法工作的首要位置，将宪法教育寓于学生培养全过程。

需要特别强调的是，法治工作是融入性、贯穿性、经常性的工作，学校办学治校各环节、全过程都要体现法治的要求。学校法治工作不只是法治工作机构的事，法治工作机构要发挥综合管理和统筹协调作用，学校各职能部门、各教学科研机构都要发挥积极作用，做好本部门的法治工作。

(二)优化高等教育办学体系

1.普通高等教育办学结构优化

未来我国普通高等教育办学结构必须走向分层分类，构建层次合理、职能分工合理的高等教育办学体系。

从高等教育办学体系的高端层面来看，“双一流”建设是对“985 工程”和“211 工程”的超越，是未来引领国家和地方高等教育高层次发展的风向标。2015 年，国务院印发《统筹推进世界一流大学和一流学科建设总体方案》，提出的总目标是：推动一批高水平大学和学科进入世界一流行列或前列，加快高等教育治理体系和治理能力现代化，提高高等学校人才培养、科学研究、社会服务和文化传承创新水平，使之成为知识发现和科技创新的重要力量、先进思想和优秀文化的重要源泉、培养各类高素质优秀人才的重要基地，在支撑国家创新驱动发展战略、服务经济社会发展、弘扬中华优秀传统文化、培育和践行社会主义核心价值观、促进高等教育内涵发展等方面发挥重大作用。(1)到 2020 年，若干所大学和一批学科进入世界一流行列，若干学科进入世界一流学科前列。(2)到2030 年，更多的大学和学科进入世界一流行列，若干所大学进入世界一流大学前列，一批学科进入世界一流学科前列，高等教育整体实力显著提升。(3)到本世纪中叶，一流大学和一流学科的数量和实力进入世界前列，基本建成高等教育强国。在建设一流师资队伍、培养拔尖创新人才、提升科学研究水平、传承创新优秀文化、着力推进成果转化等五个方面强化力度；在组织实施上尤其强化绩效，动态支持。

各省、市、自治区也纷纷出台政策。例如，2019 年 4 月，山东省人民政府出台了《关于推进新时代山东高等教育高质量发展的若干意见》，提出：(1)支持驻鲁部属高校创建世界一流大学，推动省属高校争创国内一流，重点建设 10 所省属本科高校。(2)遴选 40 个左右优势特色学科强化建设，争创国家一流学科。(3)启动省级优质课程和规划教材建设计划，建设 500 门左右国家级、1500 门左右省级优质线上线下课程、500 种左右省级优秀教材；加强虚拟仿真实验教学中心建设，建成 50 个国家级虚拟仿真实验教学项目。建立全省高校在线开放课程平台，推动优质课程资源共建共享。(4)培育一流人才，高校以重点科研平台或学术团队为载体，充分赋予其人才聘用、薪酬待遇、经费使用、项目组织和学科发展等方面的自主权，打造人才聚集高地，引进和培养一批一流人才，实现高层次人才数量倍增。“筑高峰”建设计划：支持山东大学、中国海洋大学、中国石油大学(华东)3 所驻鲁部属高校，对标国际领先高校，强化“双一流”建设，力争用 10 年左右时间，在若干学科领域达到世界一流水平，引领带动山东高等教育高质量发展。2020 年 7 月，山东省政府办公厅印发《山东省高等学校高水平学科建设实施方案》，提出围绕服务国家重大战略和山东“八大发展战略”，对标国际国内一流，按照“筑高峰”“冲一流”“强特色”三种类型，重点建设一批高水平大学。

除了一流建设和特色发展之外，大量高等院校需要转型，2015 年教育部、国家发展改革委、财政部联合印发《关于引导部分地方普通本科高校向应用型转变的指导意见》，提出积极推进转型发展，必须采取有力举措破解转型发展改革中顶层设计不够、改革动力不足、体制束缚太多等突出问题。特别是紧紧围绕创新驱动发展、中国制造 2025、互联网＋、大众创业万众创新、“一带一路”等国家重大战略，找准转型发展的着力点、突破口，真正增强地方高校为区域经济社会发展服务的能力、为行业企业技术进步服务的能力、为学习者创造价值的能力。各地各高校要从适应和引领经济发展新常态、服务创新驱动发展的大局出发，切实增强对转型发展工作重要性、紧迫性的认识，以改革创新的精神，推动部分普通本科高校转型发展。转型发展的任务包括：明确类型定位和转型路径；加快融入区域经济社会发展；抓住新产业、新业态和新技术发展机遇；建立行业企业合作发展平台；建立紧密对接产业链、创新链的专业体系；创新应用型、技术技能型人才培养模式；深化人才培养方案和课程体系改革；加强实验实训实习基地建设；促进与中职、专科层次高职有机衔接；广泛开展面向一线技术技能人才的继续教育；深化考试招生制度改革；加强“双师双能型”教师队伍建设；提升以应用为驱动的创新能力；完善校内评价制度和信息公开制度。

2.高等职业技术教育优质发展

职业教育与普通教育是两种不同的教育类型，具有同等重要的地位。改革开放以来，职业教育为我国经济社会发展提供了有力的人才和智力支撑，现代职业教育体系框架全面建成，服务经济社会发展能力和社会吸引力不断增强，具备了基本实现现代化的诸多有利条件和良好工作基础。随着我国进入新的发展阶段，产业升级和经济结构调整不断加快，各行各业对技术技能人才的需求越来越紧迫，职业教育的重要地位和作用越来越凸显。但是，与发达国家相比，与建设现代化经济体系、建设教育强国的要求相比，我国职业教育还存在着体系建设不够完善、职业技能实训基地建设有待加强、制度标准不够健全、企业参与办学的动力不足、有利于技术技能人才成长的配套政策尚待完善、办学和人才培养质量水平参差不齐等问题，现在到了必须下大力气抓好的时候。

2019 年 1 月，国务院下发《国家职业教育改革实施方案》，2019 年 4 月教育部、财政部又发布《关于实施中国特色高水平高职学校和专业建设计划的意见》，具体调整点如下：(1)完善国家职业教育制度体系，包括健全国家职业教育制度框架，推进高等职业教育高质量发展，完善高层次应用型人才培养体系。(2)构建职业教育国家标准，包括完善教育教学相关标准，启动“学历证书＋若干职业技能等级证书”制度试点工作，开展高质量职业培训；实现学习成果的认定、积累和转换。(3)促进产教融合、校企“双元”育人，包括坚持知行合一、工学结合，推动校企全面加强深度合作，打造一批高水平实训基地，多措并举打造“双师型”教师队伍。(4)建设多元办学格局，包括推动企业和社会力量举办高质量职业教育，做优职业教育培训评价组织。(5)完善技术技能人才保障政策，包括提高技术技能人才待遇水平，健全经费投入机制。(6)加强职业教育办学治理督导评价，建立健全职业教育质量评价和督导评估制度，支持组建国家职业教育指导咨询委员会。

3.泛在大学需要未雨绸缪

现代信息技术正在深刻改变着大学的存在形态，泛在大学有可能成为未来高等教育的一种常态样式。一流人才讲授的课程可以跨越时空，全世界的民众都会有机会接收到这些课程资源，并得到来自世界一流大学中的教师或者其团队的指导，不用缴纳昂贵的学费，就可以获得世界一流的教育。泛在大学成为一股不可阻挡的世界高等教育的发展潮流，就连一向拒斥介入互联网免费教育的哈佛大学，在麻省理工、耶鲁和其他著名大学都在尝试在线分享其教育资源的时候，也更换思路，开始主动迎合这些条件。2012 年，哈佛大学和麻省理工学院共同召开新闻发布会，宣布成立名为 edX 的新机构(麻省理工和哈佛大学于 2012 年 4 月联手创建的大规模开放在线课堂平台。它免费给大众提供大学教育水平的在线课堂。两所大学对这个非营利性计划各资助三千万美元。2012 年秋天，edX 在 MITx 启动)。像斯坦福大学那样，麻省理工学院也拥有一个人工智能实验室。遵循斯坦福模式，该实验室运行了“MITx”项目。在短短几个月之内，哈佛和其他一流大学的加入使“MITx”得到扩张。[①] 泛在大学改变了一流人才与大学之间的关系，也改变了一流人才与国家之间的关系，是否拥有一流人才与一所大学和国家的教育质量之间展现出崭新的样态，一流大学建设好像越来越成为整个世界的事情，一流人才的流动更像是世界通力合作的结果，世界高等教育将会被前所未有地捆绑在一起。这些变化势必会影响到未来高等教育领域中的人才观，中国要建设“双一流”工程，就必须跟上世界高等教育发展的节奏。要引领发展潮流，就需要树立起为人类的进步培养、储备和提升人才的人才观。当世界一流大学已经考虑并推进

---

① [美]凯文·凯里：《大学的终结：泛在大学与高等教育革命》，朱志勇译，北京：人民邮电出版社 2017 年版，第 163 页。

泛在大学建设工程之时，处于中国领先地位的大学对此还没有足够的惊醒度，对高端人才流动和自身责任还缺乏有远见性的预判和规划，如果这种格局没有得到改变，中国“双一流”建设将有可能再一次错失真正进入世界一流的机会。

（三）落实学校办学自主权

简政放权，是深化高等教育体制改革的关键词之一。2014 年 8 月，国家教育体制改革领导小组办公室出台了《关于进一步落实和扩大高校办学自主权完善高校内部治理结构的意见》。在自主学生选拔、开展教育教学活动、选聘教职工、开展科学研究、技术开发和社会服务、管理使用学校财产经费、扩大国际交流合作与提高高等教育国际化水平等七个方面支持推进高校办学自主权落实。各高校通过自身学校章程这一“基本法”来落实办学自主权，但招生、科研等方面的痛点却依旧存在。各省市为此作了深入探索，上海市的改革在该领域具有一定的代表性，反映了未来政策调控的改革趋势。

在人员编制方面，进一步明确公办高校在人员编制内自主制定岗位设置方案和管理办法，报教育、人力资源和社会保障部门备案后，自主招聘录用人员，依法订立或者解除、终止聘用合同；同时编制、教育、人力资源和社会保障等部门在科学核定并动态调整地方公办高校的人员编制时，应当听取高等学校的意见。

在职称评聘方面，明确公办高校自主制定本校教师和相关专业技术人员职称评审办法与操作方案，报教育、人力资源和社会保障部门备案后，在核定的岗位结构比例内，自主开展评聘工作；同时教育、人力资源和社会保障等部门应当根据学校建设和发展情况，确定并动态调整公办高校的专业技术职务岗位结构比例。

在收入分配制度方面，明确公办高校按照激励与约束相结合的原则，在绩效工资总量内自主确定绩效工资分配方案；同时人民政府应当建立适应高等教育行业特点的收入分配制度，科学核定公办高校绩效工资总量，并建立正常增长机制，确保教师收入逐步增长。科技成果转化收益奖励、省部级以上教学和科技奖励、竞争性科研项目中用于人员的经费、引进高层次人才和团队所需人员经费以及捐赠收入中指定用于人员奖励等费用不列入绩效工资总量。

在财务资产方面，开展高等教育投入机制改革，调整高校经常性经费与专项经费投入比例，并确保经常性经费由学校自主安排。同时，为保障科学投入，还专门组建了高等教育投入评估咨询委员会，推行公办高校总会计师委派制，试点实施高校综合预算管理，着力构建充分放权和严格监管并举的财经管理机制。通过鼓励支持社会力量参与办学，建立科学合理的高校培养成本分担机制等举措，为高校发展提供稳定多元的经费保障。

(四)深化应对信息化进程

第一,高等教育治理手段必须充分面对信息化带来的影响和挑战,2020年全球疫情不但使高等教育信息化的进程大大提前,经受了各种考验,但同时也暴露出非常多的问题。为驱动发展新引擎,我国高等教育在《国家中长期教育改革和发展规划纲要(2010—2020年)》《国家教育事业发展"十三五"规划》《教育信息化十年发展规划(2011—2020年)》《教育信息化"十三五"规划》等文件中都作了相关规定。2018年4月,教育部又出台了《教育信息化2.0行动计划》。一是强调继续强化教育信息化建设。二是推进信息技术与教育深度融合,促进教育信息化从融合应用向创新发展的高阶演进,信息技术和智能技术深度融入教育全过程,推动改进教学、优化管理、提升绩效。三是构建一体化的"互联网+教育"大平台,整合各级各类教育资源公共服务平台和支持系统,逐步实现资源平台、管理平台的互通、衔接与开放,建成国家数字教育资源公共服务体系。充分发挥市场在资源配置中的作用,融合众筹众创,实现数字资源、优秀师资、教育数据、信息红利的有效共享,助力教育服务供给模式升级和教育治理水平提升。

第二,高等教育不但自身要构建应对信息化发展趋势的系统,更要在人才培养、科学研究、社会服务方面,全方位强化支持信息化建设的能力。2018年12月,中央经济工作会议就把5G、人工智能、工业互联网、物联网定义为"新型基础设计建设"。为此,我国高等教育必然在专业设置、学科建设、人才培养、产教融合、科教融合等方面作出实质性调整,建立起推进信息化社会所必需的人才标准、专业和学科布局、课程与教学标准、产教和科教深度融合的平台,高校在其中必须发挥出动力源和助推器的作用。

第三,防范信息化推进过程中的风险。信息化推进过程中,科技进步必然也伴随着一些法律、伦理方面的风险点,需要作出未雨绸缪性的回应。与其他领域相比,高等教育在该领域中面临着更加复杂的形势和艰巨的任务。一是在人才培养过程中,必须在强化信息技能素养的同时,强化信息法律和伦理素养的教育和要求。当前我们在该领域还相当欠缺,尤其是在"互联网+""人工智能+"等一系列新兴交叉的研究领域,必须要强化信息化研究中的法律和伦理标准,并切实落实到位。二是高等教育信息化系统必然涉及大量师生个人及科研信息,在分析和运用此类信息的时候,如何从教育的角度,明确法律责任,建立问责机制,做到合法保护,在政策和法规层面必须给予回应。

〔经典案例〕

准“赛场驱动”机制改革与高校高端人才共享

与欧美国家的高端人才引进政策相比，中、日、韩三国建设世界一流大学的相关政策保持着内在的一致性，其间的差异不过是在不同的发展阶段中关注的首要点不同而已。例如，日本“全球COE计划”关注的核心是一流人才尤其是年轻博士的培养问题，韩国的“WCU计划”关注的核心是顶尖人才引入的问题，中国“双一流”关注的核心是一流学科的建设问题。日本“全球COE计划”委员会负责制定评价项目和审查评价方法，并在网站上公布，各大学遵照“全球COE计划”委员会要求提出论证申请，在规定日期内向“全球COE计划”评价委员会提交卓越基地建设企划书，每个大学可申请多个项目。遴选工作由分野别番审查评价部会具体实施。分野别番审查评价部会参考国外评审人员的意见负责书面审查，书面审查通过的项目，由学科审查评价部会举行听证会进行面审以确定最后通过的“全球COE计划”项目，成为“全球COE计划”的正式“成员”，获得政府下发的建设卓越教育科研基地的资金补助。韩国“WCU计划”由韩国教育科学技术部、韩国国家科研基金会、“WCU计划”项目委员会三个部门共同组织实施，职责分明，协同管理，相互制约。教育科学技术部负责全面统筹，主要负责制定并公布“WCU计划”整体规划，确定并公布最终支持课题，管理项目成果；韩国国家科研基金会受教育科学技术部委托，负责项目遴选及评估的部分内容，如接受课题申请、执行项目评选、执行与管理项目研究补助金，制定详细的项目年度执行计划及其后续进程，对“WCU计划”委员会的具体工作进行监管及评估，做好项目的年度评估、中期评估、最终评估及后续进度管理，定期审查、分析并评估项目研究成果，应用并推广研究成果，严格执行并管理相关经费；“WCU计划”项目委员会来自学术团体、经济和产业界及媒体等领域的16位专家组成，委员由韩国教育科学技术部部长亲自指定，任期两年(可连任)，委员会主席由共同投票产生。该委员会为项目规划提供咨询服务，管理综合评审小组，对项目及其管理进行审查与评估，包括“WCU计划”科研补助金分配，处理项目选择中的投诉，对其他相关事务给予建议，负责最终评选的审议等。中国“双一流”的推进流程是，由政府主导评审出资助项目，提供建设资金。各高校建设根据申报的建设方案推进建设工程，经五年建设周期，进行淘汰性考评。

〔案例评析〕

从中、日、韩三国的推进方案来看，高校都是处于政府行政主导和外部考评的中间地带，这就给高校吸引高端人才制造了特殊的环境，即政府将各高校置于一个大的竞赛场，然后，政府运用竞争机制驱使高校开展人才引进大比拼。各高校为了自身的经济利益和学术影响力，自然会想方设法地去搜罗和引进高端人才，对高端人才引进产生了一定成效，但这种驱动机制也会使高校走上各自为政的道路，致使国家力图通过创建协同创新平台来引进高端人才的效力大打折扣。中央政府可以在大型攻关项目上，发挥统筹作用，利用行政力量促使高校协同创新。但这种方式也会面临很多困境，例如政府不可能统筹所有的项目，政府统筹方式对市场变化缺乏灵敏度，过度依赖政府统筹会使高校之间的协同创新面临着官僚化的危险，等等。因此，高校之间自由组织的协同创新是高等教育未来发展的必然选择之一。另外，从“双一流”项目建设的初衷来看，其目标不是局限在具体建设哪几所大学，而是在国家层面拥有世界一流的高等教育，高端人才引进必须提升到国家战略层面。这需要各高校联合起来，创造更高、更大的平台，吸引来数量更多、质量更高的高端人才，同时这也是人才引进螺旋上升历程中的一个关键突破点。与此同时，我们应当看到，当前在国家层面，对高校之间协同创新产出的成果还没有明确的产权划分制度，利益协调机制还很不顺畅，致使政府主导的“赛场驱动”机制缺乏有效支撑，从而招致高校之间的协同创新意愿和能力都出现了弱化的现象。于是，各高校在拼命吸引人才的同时，各自为战也是一种常态，致使高端人才散落于各处。这不仅难以产生高端人才聚变反应，而且还导致了大量重复建设性项目，浪费了大量资源。

推荐阅读：

[1]王建华：《重估高等教育改革》，南京：南京师范大学出版社 2018 年版。

[2]张应强：《中国教育改革 40 年：高等教育》，北京：科学出版社 2019 年版。

[3]张国兵：《高等教育重点建设政策研究》，北京：北京大学出版社 2010 年版。

[4]曾羽：《中国高等教育制度变迁及创新研究》，上海：复旦大学出版社 2015 年版。

[5][美]凯文·凯里：《大学的终结：泛在大学与高等教育革命》，朱志勇译，北京：人民邮电出版社 2017 年版。

[6]安宗林:《大学治理的法制框架构建研究》,北京:北京大学出版社 2011 年版。

[7]祁占勇、李莹:《改革开放 40 年来我国高等教育政策的演进逻辑与理性选择》,《高等教育研究》2018 年第 4 期。

[8]阙明坤、王佳丽:《我国民办高等教育政策的历史演变与逻辑理路——基于政策文本的质性分析》,《中国高教研究》2020 年第 2 期。

[9]赵智兴、段鑫星:《从规模扩张、质量提升到内涵式发展——近二十年国家高等教育政策导向的转变与反思》,《教育学术月刊》2019 年第 7 期。

[10]康宁、张其龙、苏慧斌:《从近十年国家出台的文件看我国高等教育政策制定》,《复旦教育论坛》2018 年第 3 期。